普通高等学校“十四五”规划英语数字化精品教材

翻译理论与实践简明教程

（第2版）

主　编　张万防

副主编　翟长红　沈春华　黄　欣　杜雨珂

華中科技大學出版社
http://press.hust.edu.cn
中国·武汉

图书在版编目（CIP）数据

翻译理论与实践简明教程 / 张万防主编. —2版. —武汉：华中科技大学出版社, 2023.6
ISBN 978-7-5680-9522-8

Ⅰ.①翻…　Ⅱ.①张…　Ⅲ.①翻译理论－教材　Ⅳ.①H059

中国国家版本馆CIP数据核字（2023）第109841号

翻译理论与实践简明教程（第2版）　　张万防　主编
Fanyi Lilun Yu Shijian Jianming Jiaocheng Di er Ban

策划编辑：刘　平
责任编辑：刘　凯
封面设计：原色设计
责任校对：张汇娟
责任监印：周治超
出版发行：华中科技大学出版社（中国·武汉）　　电话：（027）81321913
　　　　　武汉市东湖新技术开发区华工科技园　　邮编：430223
录　　排：孙雅丽
印　　刷：武汉科源印刷设计有限公司
开　　本：787mm × 1092mm　1/16
印　　张：16.75
字　　数：353千字（另含数字资源字数160千字）
版　　次：2023年6月第2版第1次印刷
定　　价：58.00元

再版前言

Foreword to the Second Edition

本书于2015年初版，历经八年的教学实践，得到方家读者的肯定，今修订再版，以适应新形势发展的需要。

在保留了原有编写框架和特点的基础上，本次修订包含了以下几个方面的变动和更新。

其一，改正了初版中所出现的讹误和文字差错。

其二，对个别章节的部分内容进行了扩充。例如：

第一章，第一部分更注重以时间为轴线对翻译定义进行梳理；

对彦琮的“八备说”，进行了更加翔实的评价，扩充了对郭沫若的介绍；

对有关奈达的翻译过程，进行了更为具体的阐释。

其三，对个别章节进行了大幅度的调整。例如：

第十六章，按照新的思路进行了撰写，更换了不合时宜的例子，对所有译例均进行了分析；

第十八章，根据英语专业八级考试新的考试大纲，结合实际对该章节的内容进行了增删或改写。

其四，增加了“翻译理论与实践1000题”等数字资源。

本次修订由张万防教授总体负责。几位编者在统一了修订思路的前提下，结合自己的研究方向，负责了有关章节的修订。其中，张万防负责第1、2、3、4、5、6、7、8、19章，和沈春华共同完成了“翻译理论与实践1000题”的编写任务；翟长红负责第9、10、11、12、13、14、15、17章和第20章中前8套题（含答案）的修订；黄欣负责第16、18章及第20章中第9、10套题（含答案）的修订；杜雨珂负责“翻译理论与实践1000题”（部分）的修订。

修订后的教材可供英语语言文学、英语翻译等专业本科生使用，也适合非英语专业大学生、研究生及广大翻译爱好者。本书坚持科学性、学术性、实用性相统一的原则，力求将理论探讨与技能培训融为有机的整体，使学习者通过本书可以既具备一定的理论知识基础，又具备较强的翻译实践能力。

作为2021年教育部第一批产学合作协同育人项目“英汉互译课程线上线下混合式教学的融合性研究”、2021年度湖北省高等学校哲学社会科学重点研究项目（项目编号：21D059）以及2022年度湖北省教育厅哲学社会科学一般研究研究项目“中国典籍英译中语内翻译和语际翻译的联动”的成果之一，本书修订、重版的过程中，始终得到华中科技大学出版社刘平老师的大力支持和帮助。广东外语外贸大学翻译硕士研究生朱青颖和武汉轻工大学翻译硕士研究生李雪琦两位同学也为本书的修订付出了艰辛的努力，在此一并感谢！

编者
于武汉轻工大学外国语学院
2023年5月

前　言

Foreword

毫无疑问，要做好翻译，仅仅具有理论知识是不够的，因此，翻译课程必须注重翻译实践。然而，要想成为一名优秀的译员，除了熟练掌握翻译技巧与策略，还需要具备良好的理论素养，具备良好的双语能力与跨文化交际能力。翻译理论与翻译实践二者之间的关系应该是平等互动的关系，不能偏废。翻译实践是翻译理论的基础，没有翻译实践，翻译理论就无从谈起；掌握一定的翻译理论，更有利于通观全局，更好地指导翻译实践。

翻译技巧之类的教材可谓汗牛充栋，虽然其中有一些英汉翻译著作不乏真知灼见，但也的确有一些传授诀窍、技巧的翻译教材显得急功近利，忽视了对学生翻译观的培养。尤其在本科阶段，翻译理论一向是翻译教学的薄弱环节。本书编写的一个重要初衷就是弥补这一薄弱环节，使学习者既掌握一定的理论知识和理论表述方式，又能自觉地应用这些理论来指导自己的翻译实践，避免翻译过程中的盲目性和随意性。

谈及“理论”，似乎总是和晦涩难懂、高深莫测、不切实际联系在一起，这也的确是一些翻译理论方面的书籍带给我们的消极印象。虽然理论著作也不乏经典，然而纵观已经出版的翻译理论方面的书籍，大部分都是为已经有研究基础的硕士生、博士生或者从事翻译研究的学者量身定制的，市场上少有适合本科生的翻译理论教程。鉴于此，在参阅大量国内外翻译著作的基础上，本书试图为高等院校英语专业的本科生量身打造一本理论和实践并重的教材。总体来讲，本书有如下特点。

第一，理论与实践并行。从某种意义上说，翻译初学者并不看重思想与观点，而更喜欢一些立竿见影的翻译方法或技巧，这是翻译学习的一个误区。理论与实践相辅相成，偏废理论与实践的任何一方，都无法成为一名合格的译员。

第二，理论阐述简洁化。本书在构建中西方翻译理论的清晰框架时，试图以简单明了的方式进行阐释，尽力避免晦涩难懂的翻译术语，使得初学翻译理论的读者对中西方翻译理论能有初步认知，为以后的深造或翻译实践打下理论基础。

第三，常见术语专章解释。译学术语是构建译学体系的要素，是译学研究的基础和知识亮点。本书将常见的翻译术语专章列出并解释，目的是在名目纷繁的术语海洋中为初学者梳理出重点，为准备进一步深造MTI的学子理清思路。

第四，英语专业八级翻译技巧专章解析。作为一本主要针对英语专业高年级学生的教材，帮助他们顺利应对英语专业八级考试中的翻译考题也是本书的一个关注点，为此，本书专门列出章节，对英语专业八级考试中的翻译题型和翻译技巧进行解析，并辅之以往年真题。

第五，配套测试题有针对性。为巩固学生对本书所述翻译理论和翻译技巧的学习，教材提供了10套配套的测试题及答案。

本书可供英语语言文学、英语翻译等专业本科生使用，也适合非英语专业大学生、研究生及广大翻译爱好者。本书在编写过程中坚持科学性、学术性、实用性相统一的原则，力求将理论探讨与技能培训融为有机的整体，使学习者通过本书可以既具备一定的理论知识基础，又具备较强的翻译实践能力。

本书得以问世，离不开武汉轻工大学外国语学院各位同仁的指导和支持，特别是第四教研室全体老师的大力支持；感谢华中科技大学出版社的刘平老师为本书提出了许多中肯的意见和建议。书中所引观点、译例选自多国文献，由于量大且繁杂，已标明出处的则不再一一在书后标明，在此，对相关作者深表谢忱。另外，武汉轻工大学外国语学院的陶可可、汪菲、席文萍、徐琲等为本书的修改付出了艰辛的努力，在此一并感谢！

在教材编写的过程中，我们分工协作，从当前英语专业本科教学的实际出发，试图编写出一本有所创新又极具实用价值的教材。然而鉴于作者水平有限，书中错讹之处在所难免，敬请读者批评指正。

编者
于武汉轻工大学外国语学院
2015年1月

目　录

Contents

Chapter 15

Chapter 16

Chapter 17

• Chapter 1

第1章 翻译及其核心问题

1.1 何谓翻译

周代《礼记·王制》有言："五方之民，言语不通，嗜欲不同。达其志，通其欲，东方曰寄，南方曰象，西方曰狄鞮，北方曰译。"这是中国最早有关口译人员称呼的记载。《宋高僧传》记载："疑汉以来，多事北方，故'译'名烂熟矣。"后来，佛经译者在"译"字前加上"翻"字，构成"翻译"一词，一直流传到今天。

关于翻译本质，古今中外有诸多的论述和研究。国内外学者从不同的维度，给翻译下了各种定义，言相异而意相同。

东汉许慎在《说文解字》释"译"为"传译四夷之言者"，强调了语义信息的交互传递；唐代的贾公彦在《周礼义疏》中认为，"译即易，谓换易言语使相解也"，这是对译文效果的强调，其实就反映了翻译的交际功能；宋代僧人法云曰："夫翻译者，谓翻梵天之语，转成汉地之言。音虽似别，义则大同"，他认为传意是翻译的重点；明代时意大利传教士利玛窦（Matteo Ricci）表示，"且东西文理，又自绝殊，字义相求，仍多阙略。了然于口，尚可勉图；肆笔为文，便成艰涩矣"，言及翻译之难；近代的严复在《天演论》序中说，"译事三难：信、达、雅"，体现了作品、读者、语言三者之间的关系。

到了近现代，学者也试图给翻译下定义，从而更好地探究翻译的本质。鲁迅指出，凡是翻译，"动笔之前，就先得解决一个问题：竭力使它归化，还是尽量保存洋气"。鲁迅这里所说的"保存洋气"，其实就是"信"，就是使译作保存"异国情调"，"保存着原作的丰姿"；朱自清说："'译'是拿外国文翻成本国文；我是中国人，我现在所说的译，就是拿外国文翻成中国文。"朱自清所谓的"译"，道出了翻译是两种语言之间的转换。傅雷在1951年翻译出版的《高老头》译本序中开篇明义，提出了鲜明的观点："以效果而论，翻译应当像临画一样，所求的不在形似而在神似。"秉承严复的"信达雅"理论，钱钟书先生于20世纪60年代提出"化境"说。他认为翻译的最高标准就是"化"，在翻译的过程中，文字间的相互转化，不应因语言习惯的不同而造成译文的生硬和牵强，而是要在译文行云流畅、通俗易懂的前提下，保持原作原本的风貌，这才称得上"化境"。钱钟书先生定义的翻译，实质上是将一国语言在保存原作风味的条件下转变成另一国语言的过程。

奈达（Nida）认为："所谓翻译，是指从语义到文体在译入语中用最切近而又最自然的对等语再现源语的信息。" 威尔斯（Wilss）认为"翻译是现代信息传递的工具"。费道罗夫（Fedolove）认为，"翻译就是用一种语言把另一种语言在内容和形式不可分割的统一中所业已表达出来的东西,准确而完全地表达出来。" 苏联语言学家巴尔胡达罗夫（Barkhudarov）指出，"翻译是把一种语言的言语产物在保持内容方面（也就是意义）不变的情况下改变为另外一种语言的言语产物的过程。"

随着相关学科的发展，人们对翻译的定义更是繁多，如：

翻译是把一种语言的言语产物变成等值的另一种语言的言语产物（语言学）；

翻译是用一种语言符号解释另一种语言符号（符号学）；

翻译是异语交际活动，通过语言转换达到交际目的（交际学）；

翻译是将一种特定的社会文化背景中言语的意义与内涵再现于另一种社会文化背景之中（社会文化学）；

翻译是艺术，是创作，是创造性地再现原文（文艺学）；

翻译是一定条件下的美学现象，是一种审美活动（美学）；

翻译是对原文及其整个系统的等同反映（系统论）；

翻译是把一种语言承载的信息用另一种语言表达出来，是旨在传递信息的解码与重新编码活动（信息论）。

总之，有关翻译的定义既有相同的，也有相异的。其定义数量之多，可以毫不夸张地说，有多少翻译家或翻译理论家，就有多少关于翻译的定义。自古至今，人们从不同的视角去描述和比附翻译，要达到完全的统一是不可能的，也是不实际的。本书认为，翻译是以译者为主体、以文本为基础、解读作者意图、照顾读者感受的跨语言和跨文化交际活动。

1.2 翻译的核心

尽管翻译的定义纷纭复杂，它包括的范围很广，甚至可包括语言和非语言符号之间的转换。比如你竖起大拇指（put both your thumbs up）,这一非语言符号表达的是"赞扬、欣赏"之意，转换成语言符号就是翻译。这也是雅各布森（Roman Jakobson）翻译分类中的符际翻译（intersemiotic translation）。

然而，我们要讨论的是狭义的翻译，是将某一语言的产物转换到另一语言中去，这类翻译属于语际翻译（interlingual translation），比如英汉翻译、中日翻译，等等。

例 1：我们将以伙伴关系为依托，促进大国关系协调和良性互动，发展同各国的友好合作，推动构建新型国际关系。中国的朋友圈越来越广，新朋友越来越多，老朋友越来越铁。

译文：We will build on our extensive partnerships. We will pursue coordination and sound interactions among major countries, seek friendship and cooperation with other countries, and promote a new type of international relations. China has had a growing network of friends, made more and more new friends, and strengthened ties with old ones.

严格来讲，翻译还应包括某一语言内不同变体间的转换，如古英语翻译成现代英语，古汉语翻译成现代汉语，这类翻译属于语内翻译（intralingual translation）。

例 2：Shall I compare thee to a summer's day? Thou art more lovely and more temperate.（Shakespeare）

现代英语译文：Shall I compare you to a summer's day? You are more lovely and more temperate.

例 3：

《醉花阴·薄雾浓云愁永昼》

李清照

薄雾浓云愁永昼，瑞脑消金兽。佳节又重阳，玉枕纱厨，半夜凉初透。

东篱把酒黄昏后，有暗香盈袖。莫道不销魂，帘卷西风，人比黄花瘦。

现代汉语译文：

薄雾弥漫，云层浓密，烦恼白天太长，香料在金兽香炉中烧尽了。又到重阳佳节，洁白的玉枕，轻薄的纱帐中，半夜的凉气刚刚浸透。

在东篱饮酒直到黄昏以后，淡淡的黄菊清香溢满双袖。别说不忧愁，西风卷起珠帘，闺中少妇比黄花更加消瘦。

无论是符际翻译、语际翻译，还是语内翻译，就翻译的本质而言，三者有雷同之处，核心问题仍然是如何把原文的意思在译文中说出来，这个核心问题不会随着时间的推移而变化。翻译过程中有很多棘手的问题，无论如何，都要把"达意"作为根本问题，这个问题可以概括为"忠实"，也有人提出了一些更为严谨的概念：功能对等、等值、信达雅、信达切、神似、化境，等等。用更加通俗的话来讲：翻译就是把原文中的意思在译文中表达出来。

奈达的翻译定义很好地诠释了翻译的核心：Translating consists in reproducing in the receptor language the closest natural equivalent of the source language message, first in terms of meaning and secondly in terms of style. 这一定义明确指出，翻译的核心在于使源语信息在接受语中再现出其最接近的、最自然的对等，首先是意义上的再现，其次是文体上的再现。换言之，翻译的主要任务是再现意义，"译意"是翻译的核心问题。

这句普通的话落实起来并不容易，问题不仅出在"意思"两个字上，翻译还涉及方方面面。比如 Her performance exceeded all the others.（她的表演超过所有其他人。）这句话意思清楚，翻译起来不至于有什么问题，因为意思和形式是一致的。然而有些句子意思紧紧结合语言本身的形式，给翻译造成了一定的困难。

例 4：民国万税，天下太贫。

译文：Heavy taxes in Republic of China, much poverty throughout the country.

一年春节，四川幽默大师刘师亮，看到一些军阀门口贴着“民国万岁，天下太平”的对联，非常气愤，便在家门口贴出一副对联：“民国万税，天下太贫”。此联一成，立即在全国流传，为人称道。汉语中这种幽默在英语中很难实现，只能试着将其意进行传达。

例 5：The air war heats up as the air war heats up.

译文：北约空袭升温掀起媒体报道热潮。

原文玩了一个小“把戏”，在表述中将音和意结合起来，使得翻译变得非常棘手。本句的背景是北约对科索沃空袭，air war 既可以指代“空袭”，又可以指代“传媒竞相报道”，两个用法在英文语义场上有联系，但在中文里却无法将空袭和传媒战用一个语言单位表达，译者也就无法和原作者那样重现原文的文字游戏。在这两句话上，英语意思和语言结构完全绑在一起，而英汉两种语言结构在某种情况下水火不容，这就造成了“不可译性”（untranslatability）。和上例一样，译者所能做的也只能是传达出意思，并尽量用“升温”和“热潮”来翻译原文的神韵。

1.3 总结

事实上，通过对翻译定义的探究，可以清楚地看出，翻译不仅仅是简单的语言层面的转换，还是一项跨文化的交流活动，亦涉及思维视角的转移。译者应尽量将以上三个方面在译文中忠实、通顺地表达出来，在尊重原文的基础上，力求译文表达层面上的美感，尽力使译文地道。当然，译者在表达的过程中，还必须考虑到译文读者的“期待视野”（horizon of expectation），考虑赞助商的要求，考虑译文的诗学特征。总之，要发挥译者的主体性，而不是做原作和原文的奴隶。

翻译的定义虽然林林总总，角度不同，但都落实到一个焦点上，即如何将原文的意思在译文中表达出来。在翻译过程中要让译文保持原文的本色，做到恰如其分，其信息不增不减，是非常困难的事情。所谓本色，是要求译文忠实于原文本，保持“原汁原味”，具有原始风格，从文字表达、原文形式、遣词造句到思想底蕴、历史文化背景都体现其本来色调。但有些原文，因语言形式或文化不同，使其传译性受到限制，无法在译文中体现其形式美、音韵美及文化内涵等，然而交流不能因此中断，“译意”就成了翻译中退而求其次的必要行为。

Chapter 2

第 2 章 中国翻译简史

亘古以来，人类从未停止沟通和交流的活动，翻译便是一种沟通交流活动。中西方翻译活动都拥有悠久的历史和丰富的翻译理论。其间，译人辈出，大家时现，他们在翻译理论和翻译实践方面所取得的成就无疑是一笔至为宝贵的财富。可以说，世界历史的每一页，从上古时期到中古时期，从近代文明到现代文明，无不记录着翻译的媒介传播作用和纽带桥梁作用，无不浸透了译者的心血和汗水，无不闪烁着译者智慧的光芒。

本章将从翻译史上的几次高潮着手，简单概述中国的翻译历史，以期为翻译理论的初学者勾勒一个简明的翻译史轮廓。

2.1 “翻译”一词的由来

周代《礼记·王制》:“五方之民，言语不通，嗜欲不同。达其志，通其欲，东方曰寄，南方曰象，西方曰狄鞮，北方曰译。”这是中国最早有关口译人员称呼的记载。那么现在为什么只用“译”或者“翻译”呢?《宋高僧传》记载：“汉以来，多事北方，故‘译’名烂熟矣。”

2.2 中国翻译史概述

我国有文字记载的翻译事业有约两千年的历史。不同学者对我国的翻译史有不同的划分。

周作人认为中国翻译史可分为三个阶段：六朝至唐代的佛经翻译；清末之译《圣经》至《时务报》时代；经严复、林纾过渡到新文学时期。

马祖毅将五四运动（1919 年）前的翻译分为三次高潮：从东汉到宋的佛经翻译；明末清初的科技翻译；鸦片战争（1840 年）以后的西学翻译。

陈福康在《中国译学理论史稿》中将中国的翻译历史分为四个时期：古代、晚清、民国、1949 年以后。

综合先前学者的观点，本书将中国的翻译学史划分为五次高潮（东汉到宋的佛经翻译、明末清初的科技翻译、鸦片战争至五四运动的西学翻译、五四以后的文学与社会科学翻译，以及中华人民共和国成立以后的翻译），力图对中国译学理论和历史做一个较为全面的叙述，并将各个高潮时期的重要翻译家以及重要的翻译思想介绍给读者。

2.2.1 东汉到宋的佛经翻译时期

中国的翻译活动可以追溯到春秋战国时期。在当时的诸侯国相互交往中就出现了翻译，如楚国王子去越国时就求助过翻译。当然这种翻译还谈不上是语际翻译。中国真正称得上语际翻译的活动应该说是始于西汉哀帝时期的佛经翻译。那时有个名叫伊存的人到中国来口传一些简单的佛经经句。到了东汉桓帝建和二年（公元148年），佛经翻译就正式开始了。

从西汉开始，一大批佛经翻译家应运而生。僧人开始系统地翻译佛经。特别是从东汉至隋唐，一直到北宋年间，佛经的翻译一直沿着官方（朝廷）和民间（寺庙）这两条线有条不紊地进行着。丰富的佛经翻译造就了一批佛经翻译理论家。代表人物有东汉的安世高和支娄迦谶、三国的支谦、东晋的道安、六朝时代的鸠摩罗什和真谛、隋代的彦琮以及唐代的玄奘。

◆ **安世高**

据史家考证，最早的佛典汉译始于东汉桓帝年间的安世高，他译了《安般守意经》等三十五部佛经，开后世禅学之源。他还是小乘佛经的首译者。其译本“义理明晰，文字允正，辩而不华，质而不野”，其主要偏于直译。

◆ **支娄迦谶**

支娄迦谶（又名娄迦谶，简称支谶）和安世高是佛经翻译较早的两位译者。支谶是中国东汉僧人，本是月氏国人，佛经译师。东汉桓帝末年到洛阳，于汉灵帝时翻译《道行般若经》《兜沙经》等，是最早将大乘佛教传入中国的西域高僧。其所译经典，译文流畅，但为了力求保全原来面目，“辞质多胡音”，即多音译。

◆ **支谦**

一种观点认为，支谦开创了不忠实原著的译风，对三国至西晋的佛经翻译产生了很大的影响。翻译中的“会译”（即将几种异译考校对勘，合成一译）体裁，以及用意译取代前期的音译，也均由支谦始。而另一种观点认为，支谦的《法句经序》中“名物不同，传实不易”，翻译过程要“因循本旨，不加文饰”是一种直译的观点。对此，王福美指出，三国时期支谦的《法句经序》是现存最早的有关翻译批评的文章。一直以来，对《法句经序》有不同的解读，这直接影响到对支谦翻译观点的理解。通过对《法句经序》的文本分析，有人指出支谦的翻译主张既不是“文”派，也不是“质”派，而是文质统一的翻译观，具体到言辞表达上就是“辞达而已矣”。

◆ **道安**

道安是中国翻译史上总结翻译经验的第一人。他主张严格的直译，认为佛经翻译须合乎原文本意，主张“尽从实录，按本而传，不令有损言游字”，明确提出了“敬顺圣言，了不加饰”的直译原则。他总结汉末以来的译经经验，提出了著名的“五失本、三不易”理论，指出五种容易使译文失去原来面目的情况和三种不容易处理的情况。

◆ **鸠摩罗什**

鸠摩罗什不仅熟谙华梵，而且秉承严谨的译事态度，其所译经，“众心惬服，莫不欣赞”，近代梁启超更赞曰：“鸠摩罗什者，译界第一流宗匠也。”鸠摩罗什继道安之后创立了一整套译场制度，开集体翻译、集体审校的先河。他践行意译原则，并提倡署名，主张在存真的原则指导下，不妨“依实出华”，讲究译文的流畅华美，因此他所译的佛经都富于文学趣味，一直受到中国佛教徒和文学爱好者的广泛传诵。他虽然倾向于意译，但在实践上基本仍然是折中而非偏激的。

◆ **真谛**

到南北朝时，应梁武帝之聘，一个名叫真谛的印度佛教学者来到中国，他在华短短二十三年期间，所翻译的经典多达二百余卷，这个数目仅次于玄奘，而近于鸠摩罗什。虽然成就位列玄奘和鸠摩罗什之后，但是，考虑到他颠沛流离、居无定所的坎坷经历，这些成绩不能不令人惊叹。他翻译的《摄大乘论》对中国佛教思想有较大影响。

◆ **彦琮**

隋唐时期是我国翻译事业高度发达的时期。隋代历史较短，译经不多。其中彦琮在《辩正论》中批评了历代译经之得失，提出“宁贵朴而近理，不用巧而背源”，也是坚持忠实第一且倾向于直译的。

他的最大贡献是提出了“八备”，即做好佛经翻译工作的八项条件，在我国译论史上最早较全面地论述了翻译活动的主体——翻译者本身的问题。

“八备”即：①诚心爱法，志愿益人，不惮久时（诚心热爱佛法，立志帮助别人，不怕费时长久）；②将践觉场，先牢戒足，不染讥恶（品行端正，忠实可信，不惹旁人讥疑）；③筌晓三藏，义贯两乘，不苦闇滞（博览经典，通达义旨，不存在暗昧疑难的问题）；④旁涉坟史，工缀典词，不过鲁拙（涉猎中国经史，兼擅文学，不要过于疏拙）；⑤襟抱平恕，器量虚融，不好专执（度量宽和，虚心求益，不可武断固执）；⑥耽于道术，淡于名利，不欲高衒（深爱道术，淡于名利，不想出风头）；⑦要识梵言，乃闲正译，不坠彼学（精通梵文，熟悉正确的翻译方法，不失梵文所载的义理）；⑧薄阅苍雅，粗谙篆隶，不昧此文（兼通汉语，不使译文失准）。八备中既包含人格修养，又包含学识修养，它把译经活动同译者主体的道德风尚、学识修养和语言能力结合起来。德才兼备，方为合格的译者，从某种意义上来说，八备开创了主体性（subjectivity）研究的先河。

◆ **玄奘**

到了唐代，佛经翻译事业达到顶峰。出现了以玄奘为代表的大批著名译者。玄奘是中国佛经翻译的四大译家之一（另外三个为鸠摩罗什、真谛、不空），他把老子著作的一部分译成梵文，成为第一个把汉文著作向国外介绍的中国人。玄奘在翻译理论方面也有自己的贡献，他根据自己的理解和翻译实践提出了“既须求真，又须喻俗”的翻译标准，意即“忠实”“通顺”，直到今天仍有指导意义。制定了“五不翻”的原则（five principles of transliteration），在翻译过程中有五种情况不宜译为汉语，只可用音译的办法来处理：秘密故（佛经密语、咒语要用音译）、含多义故（一词多义的要音译）、无此故（不存在相应概念的要音译）、顺古故（已经约定俗成的古音译保留）以及生善故（为避免语义失真要音译）。他还在翻译实践中创造性地运用了多种翻译技巧：①补充法（即现在我们常说的增词法）；②省略法（即现在我们常说的减词法）；③变位法（即根据需要调整句序或词序）；④分合法（大致与现在所说分译法和合译法相同）；⑤译名假借法（用另一种译名改译常用的专门术语）；⑥代词还原法（把原来的代名词译成代名词所代的名词）。

这些技巧对今天的翻译实践仍然具有一定的指导意义。佛经翻译对中国语言文化的影响主要表现在：促进了汉语构词方式；丰富了汉语的音韵、语法、文体和句法；以无法预想的各种方式丰富着中国的文学题材。

公元907年唐朝灭亡，中国封建社会进入五代十国时期，随后宋元，佛经翻译逐渐走向衰退，像唐朝时期的大型译场早已不多见。宋代虽设译经院，但对佛教的贡献无法与唐代相比。佛教在印度的衰落导致我国的佛经翻译活动从11世纪开始迅速衰落，译场时代也随之结束。中国历史上第一次翻译高潮结束了。

2.2.2 明末清初的科技翻译

这一时期，中国出现了资本主义的萌芽，葡萄牙、西班牙和荷兰侵略中国的沿海地区，欧洲的传教士将基督教传入中国，中西方文化有了新的接触。中国士大夫与传教士联手将欧洲的宗教、哲学、科学、技术和文学等“西学”介绍到中国来，出现了以徐光启为代表的介绍西欧各国科学、文学、哲学的翻译家。徐光启是中西文化交流的先驱之一，是上海地区最早的天主教徒，被称为“圣教三柱石”（指明朝时天主教耶稣会传教士利玛窦在中国传教期间所训练出的第一代基督徒里最有成就的三个人，另外两个是李之藻和杨廷筠）之首，他最早将翻译的范围从宗教、文学扩大到自然科学。他和利玛窦合作翻译了著名的《几何原本》前六卷。

总体来讲，这一时期翻译的特点是：翻译多为外国人主译，国人润色，或中外合译，鲜见国人主译之书籍。

西方科学知识的输入与中国传统观文化相汇激荡，使明末清初之西学东渐成为中西文化交流史上可圈可点的重要事件。对此，来华耶稣会士之所作所为可谓举足轻重，他们对我国第二次翻译高潮的形成具有至关重要的作用。

2.2.3　鸦片战争至五四运动的西学翻译

鸦片战争以后，各国列强入侵，大清帝国摇摇欲坠，鸦片战争使得中国从封建社会过渡到半殖民地半封建社会。一方面，西方各色各样的文化思潮涌入；另一方面，先进知识分子向西方寻求真理救亡图存。在这样一个双向流动的过程中，翻译活动日益频繁，出现了中国翻译史上第三次高潮。涌现的主要翻译代表人物有林则徐、马建忠、梁启超、林纾和严复等。

◆ **林则徐**

虽然他不懂外文，但却通满文，他曾把韩愈的《师说》译成满文，名扬京师。后来他组织人翻译外国历史、地理书籍，他从事翻译的意义在于想要“师夷长技以制夷”。

◆ **马建忠**

马建忠是杰出的语言学家、著名的翻译家和翻译评论家、早期资产阶级维新思想家，著有《马氏文通》。在严复出版《天演论》前数年，马建忠在他写的《拟设翻译书院议》中已发表了他所认为的“善译”的见解。马建忠的“善译”标准包括三大要求：①译者先要对两种语言素有研究，熟知彼此的异同；②弄清原文的意义、精神和语气，把它传达出来；③译文和原文毫无出入，“无毫发出入于其间”，“译成之文，适如其所译”。这些要求是很高的，都有一定的道理，但他本人专研究语法而没有搞翻译工作，因此他对“善译”的见解，被后人忽略了。

◆ **梁启超**

梁启超是近代资产阶级维新思想家、著名史学家，被中国学术界奉为“鸿儒”。经历了维新变法的失败后，梁启超开始转向文学，以翻译西方小说为手段来引进西方的启蒙思想，抨击朝政，改造社会。他的翻译实践有四个特色：以政治小说为译本，从日文转译西学，进行翻译的操控和改写，通过新闻报刊来发表译文。他的翻译理论以深厚的佛学为基础，对今天的译学研究仍有指导意义和借鉴价值。他的翻译实践具有意识形态的特点，从一个侧面反映了20世纪前后中国知识分子学习西方、追求民主的心路历程。

他的翻译思想包括：①“翻译强国”思想译书三义（择当译之本，定公译之例，养能译之才）；②“翻译文体革命思想”（提倡“通俗语体”）；③翻译小说理论的影响；④翻译文学与佛典的关系，科学地提出了佛经翻译的三个时期。

◆ **林纾**

林纾不懂外文，对原本的选择权在于口译者，因而也产生了一些疵误，他的译文删减、遗漏、随意添加之处甚多，把莎士比亚和易卜生的剧本译成小说，把挪威戏剧家易卜生（Henrik Ibsen）的国籍误成德国等。即使这样，林纾仍然译了40余种世界名著。他的翻译对于中国读者了解西方文学作品起到了很大的作用。所译小说中最著名的有《巴黎茶花女遗事》（*La Dame aux Camélias*）、《黑奴吁天录》（*Uncle Tom's Cabin*）、《王子复仇记》（*Hamlet*）等。

◆ **严复**

严复是我国清末新兴资产阶级的启蒙思想家。在《天演论》中提出著名的“信、达、雅”翻译标准——“译事三难：信、达、雅。求其信，已大难矣！顾信矣不达，虽译犹不译也，则达尚焉……此在译者将全文神理，融汇于心，则下笔抒词，自善互备。至原文词理本深，难于共喻，则当前后引衬，以显其意。凡此经营，皆以为达；为达，即所以为信也。”

这里“信”（faithfulness），指忠实原文的思想内容，“达”（expressiveness）指译文通顺流畅，而“雅”（elegance）指脱离原文，片面追求译文本身的古雅，严复本人采用的是“汉以前的字法、句法”。也有不少人对他的翻译标准提出了批评，但中国翻译界却一直把它奉为“金科玉律”，近百年来仍为许多译者喜爱，可见其生命力。

康有为曾经高度评价严复，说“译才并世数严林”，梁启超说严复于中学西学皆我国第一流人物。

2.2.4　五四以后的文学与社会科学翻译

“五四”是我国近代翻译史的分水岭。“五四”以后，我国翻译事业开创了一个新的历史时期，开始介绍马列主义经典著作和无产阶级文学作品。翻译工作在内容和形式上都起了很大变化，白话文代替了文言文。东西方各国优秀文学作品，特别是俄国 / 苏联的作品逐步被介绍到中国来。这一时期翻译界主要代表人物有鲁迅、胡适、林语堂、茅盾、郭沫若、瞿秋白、朱生豪、朱光潜等。

◆ **鲁迅**

鲁迅是二十世纪中国文学一座无法逾越的丰碑，一个无法绕过的存在。鲁迅是一位文学巨匠，是我国现代文学的奠基人。我们常常把他尊称为伟大的无产阶级文学家、思想家和革命家；同时，他又是一名杰出的外国文学研究者和翻译家。鲁迅的翻译工作从来就不曾间断，其成就之高、影响之大、个性之突出，在中国翻译史上写上了重重的一笔。

1903—1918年，大致是鲁迅翻译的第一时期，除了对高岛平三郎的《儿童观念界之研究》的翻译（1914），其余都是鲁迅在留日时期完成的。1906—1907年，鲁迅的翻译发生了一个明显的转向，主要是国民精神、世界知识、“不取媚于群”的提出，应该说，一直贯穿的思想主线是复兴中国的理想，“起其国人之新生”。换言之，鲁迅对翻译文本的选择主要受政治意识的影响。

为了能够更好地将西方先进文化引进中国，鲁迅采用了历经中外数代翻译家实践的“硬译”作为翻译的方法。该方法忠于原著，被鲁迅当作接近文学作品的基本途径。为了使作品具有语言的简洁性和丰富的文学性，鲁迅又在“硬译”的基础上提出了“易解”和“丰姿”的概念，完善了鲁迅的翻译理论基础。

鲁迅指出，凡是翻译，“动笔之前，就先得解决一个问题：竭力使它归化，还是尽量保存洋气”。鲁迅这里所说的“保存洋气”，其实就是“信”，就是使译作保存“异国情调”，“保存着原作的丰姿”。他的这一正确主张，后来得到了人们的普遍认可。

“宁信而不顺”，是鲁迅先生 20 世纪 30 年代提出的一种翻译主张。多年来中国译学界大多从翻译的层面对其进行研究，得出的结论多是指摘或负面的。本书认为，“宁信而不顺”不是一种翻译技巧或翻译标准，也不是“矫枉过正”或“意气用事”。它是鲁迅提出的一种理性的文化主张，是他为中国的新文化建设而发出的呐喊。

鲁迅提倡“直译”“硬译”，无非是想更加忠实于原文，也就是对原文的“信”，同时也是为了促进汉语的发展而不断地输入新的表现法，但并不是说就可以毫无原则地抛弃“易懂”和“通顺”，胡译、死译一通。

◆ **胡适**

胡适是中国第一个提出“翻译要为创作服务”的人，也是中国第一个以白话文创作和进行诗歌翻译的学者。

◆ **林语堂**

林语堂提出了“忠实、通顺、美”的翻译标准，他指出，翻译标准问题大概包括三个方面：第一是忠实标准，第二是通顺标准，第三是美的标准。以罗新璋来说，林语堂将严复的“译事三难”的理论继承下来，加以发展，不仅奠下了我国翻译理论的基础，还启发了后来的翻译工作者。20 世纪 50 年代和 60 年代的翻译理论基本上没有超出严复和林语堂这两位大家所讨论过的范畴，所异者只是表达方式而已。

◆ **茅盾**

茅盾的翻译思想是和他的文学创作思想紧密联系的，而他整个现实主义文艺观深受苏联文艺思想的影响。茅盾的翻译观点主要有三：提出“神韵”说；提出“艺术创造性翻译”的观点，以及重释了“直译”与“意译”的关系。

他在 1921 年发表的《新文学研究者的责任与努力》一文中鲜明地指出译文应保留原作“神韵”。同年，他在《译文学书方法的讨论》一文中还分析指出“形貌”与“神韵”是主次关系，“语言形式是为内容服务的，文学的功用在于感人，译文如果不能保留原文的‘神韵’就难免要失去感人的力量”。

1954 年，茅盾提出了他著名的“艺术创造性翻译”思想，这是对他的翻译实践最好的经验总结。这一思想把传达原作的艺术意境作为翻译的根本任务。

茅盾晚年在回顾中国近现代翻译发展历程时曾对自己的翻译思想做过总结，其核心是重新阐释了他对翻译中“直译”与“意译”关系这一古老命题的理解。茅盾将直译解释为再现原作的风格，即对原作风格的忠实才是最大的忠实。对于意译，茅盾主要是结合译诗来谈的，他反对任意删改原作的意译，强调要保留神韵。

◆ **郭沫若**

郭沫若作为翻译家，就翻译者的素质、译者的动机、诗歌翻译，以及翻译创作论等提出了自己独到的见解。作为红色翻译家，1924年春夏之交郭沫若译完《社会组织与社会革命》以后，便开始直接翻译马克思恩格斯原著。郭沫若翻译的第一部马克思主义经典原著是《政治经济学批判》。他译的《德意志意识形态》是马克思主义经典著作在中国的早期重要译本，该译本对中国马克思主义思想理论界产生广泛而深刻的影响，对当时宣讲普及唯物史观起到了强力助推作用。

◆ **瞿秋白**

瞿秋白指出了翻译应当帮助创造出“新的中国的现代言语”的著名论点。他主张翻译“就是帮助我们创造出新的中国的现代言语”，即“绝对的正确和绝对的中国白话文”“要把新的文化的言语介绍给大众”。

◆ **朱生豪**

朱生豪是中国翻译莎士比亚作品较早和最多的一人，译文质量上乘，风格颇具特色，为国内外莎士比亚研究者所公认。代表译作有《仲夏夜之梦》《威尼斯商人》《第十二夜》等。朱生豪的译文雅语与俚语兼有，归化与异化同处，具有很强的演唱性和舞台表演性。

◆ **朱光潜**

朱光潜先生是著名的美学家、文艺理论家，同时也是一位杰出的翻译家。其翻译思想主要涉及翻译标准、翻译方法、可译性及翻译与创作的关系等。

2.2.5 中华人民共和国成立以后

中华人民共和国成立之后，各项事业百废待兴，翻译学界也呈现出一片生机勃勃的新局面。这一时期的代表性翻译家有傅雷、钱钟书、许渊冲、刘重德、张今等。

◆ **傅雷**

在翻译《高老头》时，他提出了著名的“神似说”（spiritual conformity）。他说“以效果而论，翻译就像临画一样，所求的不在形似而在神似”。

◆ **钱钟书**

20世纪60年代，钱钟书先生提出了“化境论”，作品从一国文字转变为另一国文字，既不能因语文习惯的差异而露出生硬牵强的痕迹，又能保持原作的风味，那就算达到了化境，用钱钟书的话说就是“脱胎换骨”。

◆ **许渊冲**

许渊冲曾经说过，文学翻译不仅是“化”字，简直是“化学”。他的“化学”具体为“美化之艺术，创优似竞赛”，即“三美”“三化”“三之”。“三美”是翻译要做到“音美、意美、形美”；“三化”是翻译要做到“深化、等化、浅化”；“三之”是翻译要做到“知之、乐之、好之”。

1997年11月1日，在北京国际翻译学术研讨会上，许渊冲先生说了三句话。

其一，关于理论与实践。二者如有矛盾，应以实践为主。

其二，关于科学与艺术。翻译理论不是客观的科学规律。

其三，关于创作与翻译。21 世纪是世界文学时代，文学翻译应该提高到和创作同等重要的地位。

◆ **刘重德**

刘重德提出的“信、达、切”三字原则，明显是对严复三字原则的改进，目的是想避免人们对于“雅”字的争论。他说 :“信——信于内容。达——达如其分。切——切合风格。”但以“切”代替“雅”是否真的解决了百年争论呢？目前仍有学者对此怀疑,有人认为“切”字降低了标准，用之于文学翻译，尤其是诗歌翻译，就不尽合适。“切”字很容易成为翻译艺术的绊脚石。

◆ 张今

张今先生在《文学翻译原理》一书中提出了一个新的欣赏和译介文学作品的标准——真、善、美。认为这是“文学翻译的最高境界”，是“科学的翻译标准”。真，是真实性原则 ；善，是思想性原则 ；美，是艺术性原则。

2.3　总结

许渊冲先生说 :“中国的翻译无论是实践还是理论，都不比外国差，我甚至认为比外国强。外国没有一个人出版过中外互译的文学作品，而中国却有人出版了 40 本中、英、法三种文字的翻译文学作品，这就说明以翻译实践而论，中国有人高于外国。”然而我们也必须清醒地认识到，我国的传统译论也有它自身的局限性。比如中国传统译论具有模糊性，以严复、傅雷、钱钟书为例，他们的译论虽高度凝练，却语义模糊，因而引起各家不同的阐释。无论如何，中国传统译论是中华文明的瑰宝。要建设中国现代译论，中国传统译论的现代阐释显得尤为重要。

Chapter 3 第3章 中国翻译史上三位译家翻译思想概述

我国两千多年的翻译史为我们积累了一份宝贵的文化财富，其间经历的翻译家更是数不胜数，想要穷尽所有的翻译家及其思想显然是不现实的，篇幅所限，这里仅列三位，以管中窥豹。他们分别是中国近代第一译者严复、忧国忧民的译者鲁迅，以及人品、译德俱佳的翻译家傅雷。

3.1 中国近代第一译者严复及其翻译思想

3.1.1 严复其人

严复（1854—1921），字几道，出生于福州南台的中医世家，曾赴英留学，毕业于格林威治皇家海军学院（The Royal Naval College, Greenwich），其一生任职无数，在京师大学堂更名为北京大学时，任首任校长。

在李鸿章创办的北洋水师学堂任教期间，严复培养了中国近代第一批海军人才，并翻译了《天演论》，创办了《国闻报》，系统地介绍西方的民主和科学，宣传维新变法思想，将西方的社会学、政治学、政治经济学、哲学和自然科学介绍到中国，提出“信、达、雅”的翻译标准，对后世的翻译工作产生了深远影响，是清末极具影响的资产阶级启蒙思想家、翻译家和教育家，是中国近代史上向西方国家寻找真理的“先进的中国人”之一，近代中国系统翻译介绍西方资产阶级学术思想的第一人。蔡元培说过：“五十年来介绍西洋哲学的，要推侯官严几道为第一”。

3.1.2 严复翻译思想之历史源流

严复的翻译宗旨，乃出于改变内忧外患的中国的远大目标，服务社会，推动变革，为后世翻译活动树立了楷模。严复从事译事活动的时候中国正处在清朝末年外国列强大肆入侵、中华民族面临生死存亡的关头。大批有识之士为寻求救国道路，走出闭关锁国的泥潭，把目光投向西方，不懈地努力和探索。同他们一样，严复走上了以翻译西学开启民智、改变祖国命运的道路。他选择了“物竞天择，适者生存”的原理来警告当局、警醒人民：唯有全国上下奋起抗争，适应“物竞天择”的规律，才能绵延于世，否则必为天演公例所淘汰，陷于亡国灭种的惨境。《天演论》的出版，给了当时中国人以振聋发聩的启蒙影响和难以忘怀的深刻印象。康有为说他“译《天演论》，为中国西学第一者也”。随后，他又翻译和出版了七部重要著作：亚当·斯密的《原富》，斯宾塞的《群学肄言》，约翰·穆勒的《群己权界论》和《穆勒名学》，孟德斯鸠的《法意》，甄克思的《社会通诠》以及耶方斯的《名学浅说》。从严复所选的这些书来看，都是西学的“精髓”，用他自己的话说是西学的“命脉之所在”。王秉钦认为，这些书是反映了西方资本主义国家社会、经济、哲学、逻辑以及政治制度的重要的社会科学，众多学科形成了一个相对完整的治国思想体系。由此可见，严复的翻译有着明确的政治目的：不仅满足国人寻找真理、认识和学习西方社会的迫切需求，而且为救国图存的知识界打开眼界，给他们提供有利的思想武器，对启迪民智，改革社会起到深远的影响。他深入西学观念领域，引进近代西方先进科学思想，作为改造中国人世界观的理论基础和思想启蒙武器，欲从根本上彻底改造中国。这正是严复翻译思想的灵魂。

3.1.3　严复译论之精髓

严复在翻译方面的言论颇丰，涉及面亦广，翻译标准、翻译策略、译名厘定、翻译组织等诸多方面皆有论及。而在翻译理论方面最大的贡献，莫过于人人耳熟能详的“信、达、雅”三字翻译标准。这三字标准绝不是一般意义上的原则和标准，应该说它是中国传统翻译的理论核心，是中国传统翻译思想的纲领。

严复在《天演论》卷首的译例言中对“信、达、雅”作了精辟的厘定。

“译事三难：信、达、雅。求其信已大难矣，顾信矣不达，虽译犹不译也，则达尚焉。……译文取明深义，故词句之间，时有所颠倒附益，不斤斤于字比句次，而意义则不倍本文。”《易》曰：“修辞立诚。”子曰：“辞达而已。”又曰：“言之无文，行而不远。三者乃文章正轨，亦即为译事楷模。故信、达而外，求其尔雅，此不仅期以行远已耳……”（《天演论·译例言》）

“信”指意义不背离原文，即译文要准确，不歪曲，不遗漏，也不要随意增减意思；“达”指不拘泥于原文形式，译文通顺明白；“雅”则指译文选用的词语要得体，追求文章本身的古雅，简明优雅。

这一理论的提出，可谓是继往开来，言简意赅，意义重大，影响深远。梁启超（1936）称“近人严复，标信、达、雅三义，可谓知言”，这是赞誉“译事三难说”具有某种真言性质。

3.1.4　严复的八部翻译著作

Evolution and Ethics and Other Essays（Henry Huxley, 1897）《天演论》

On Liberty（J. Stuart Mill, 1899）《群己权界论》

System of Logic（J. Stuart Mill, 1902）《穆勒名学》

Study of Sociology（H. Spenser, 1902）《群学肄言》

Inquiry into the Nature and the Cause of the Wealth of Nations（Adam Smith, 1902）《原富》

Spirit of Law（C.D.S Montesquieu, 1903）《法意》

History of Politics（E.Jenks, 1903）《社会通诠》

Logic（W.S Jevons, 1908）《名学浅说》

3.1.5 “信、达、雅”内涵解读

严复的“信、达、雅”是一个完整的有机体，三字之间的关系实质上是“你中有我，我中有你”的不可分割的关系，不能肢解。以信为本，以雅为表，以达为其间纽带，三位一体。

首先，“信”是翻译的前提和基础。

所谓“信”是指要忠实于原文，翻译从一定意义上讲是在两种语言符号系统之间寻求相同的意义，将其中一种语言符号所表达的意思用另一种语言符号表达出来。从语义学的角度来看，它是在寻求两种不同语言符号之间的同义和等值，这是最基本的“信”。任何原作不仅存在表面的意思，还有用文字所表达出来的隐藏于文本之中的深层内涵，译者也要将这些信息传递给读者，对读者做到诚实不欺，这是更深一个层次的“信”。事实上，译者只能在原作作者通过原作所给定的范围内进行再创造，包括原作的内容、风格、文体等。只有翻译时在形式和内容上都忠实于原文,才能达到翻译“与原文最接近的功能等值”的效果。

其次，“达”是翻译的目的。

严复所说的“达”，不是指我们在翻译中表达清楚，语言通畅，是“达旨”的“达”，也就是表达原文的宗旨，即表达原文的思想、内容。

从理论上讲，翻译是一个信息转换和传递的过程，目的在于用译入语以最接近、最自然的方式从意义和风格两方面再现原文信息。然而翻译过程不是“字比句次”，而是需要对原文句法进行适当的调整。通过调整句法使语言通顺是做到“达”的基础。“达”的更高层面是要表达原作的深层意蕴，这需要译者对原作“取明深义”，要求译者“将全文神理，融会于心，则下笔抒词，自然互备。至原文词理本深，难于共喻，则当前后引衬，以显其意”。也就是说译者要对原作宗旨有深刻的领会，再以另一种符号表达出来。

最后，关于“雅”的论述。

关于严复“雅”的论述，后人颇有不同的意见和非议。

“雅”就是要注意修辞，富有文采。严复认为“言之无文，行之不远”，如果用方言而不用雅言，由于其受地域制约，则会“行之不远”。他认为要做到“雅”，须选择汉以前的字法、句法。他从事翻译是有目的的，即要吸引当时士大夫们的注意。在十九世纪，像《天演论》这类书的读者，多半是厚古薄今的士大夫们，严复刻意求雅，为的是通过艺术地再现和加强原作的风格特色来吸引当时的读者群，用近代西方的意识形态影响他们。王佐良

先生曾就此指出："选择汉以前字法、句法也不只是从语言或风格着眼的"，"雅，乃是严复的招徕术"。

严复的三字翻译理论从一出世，就引起了激烈的争论和多方面的评论。有许多学者认为严氏的翻译标准有些陈旧，跟不上中外对翻译理论研究的步伐；也有的认为他的理论不够完美，不能有效地指导翻译实践。但绝大多数的翻译工作者或多或少都本着"信、达、雅"这一标准来从事翻译活动，并且有的还在严复的理论基础上发展出自己新的标准，以冀取代严氏的标准。总而言之，我们可以看到随着翻译事业的繁荣和发展，严复的翻译精神在不断地发扬光大，其意义和内涵在不断地延伸和升华，正焕发出新的生命力。

"信、达、雅"三者有主次关系、相互依存关系，又有有机结合的整体性。信，忠于原著；达，译文通顺晓畅。两者是翻译的起码条件。此外"信达而外，求其尔雅"而"用汉以前字法、句法，则为达易"。可见，"雅"的目的也是为了"达"。就如常乃慰所说，"信、达、雅"三事并不仅是要兼顾并重，实有因果相生的关联，即由信而求达，由达而至雅；雅是风格的完成，信是创作的基础，达是表现的过程，由信而至雅的桥梁。三者互为表里，互相制约，相辅相成，相得益彰，不可偏废。

3.1.6　严复经典译文赏析

例 1：It may be safely assumed that, two thousand years ago, before Caesar set foot in southern Britain, the whole countryside visible from the windows of the room in which I write, was in what is called "the state of nature".

（*Evolution and Ethics and Other Essays*, Henry Huxley, 1897）

严复译：赫胥黎独处一室之中，在英伦之南，背山而面野。槛外诸境，历历如在几下。乃悬想二千年前，当罗马大将恺彻未到时，此间有何景物。计有天照草昧，人工未施。（赫胥黎《天演论》, 1897）

例 2：The greatest improvement in the productive powers of labour, and the greater part of the skill, dexterity, and judgment with which it is anywhere directed, or applied, seem to have been the effects of the division of labour.

（*Inquiry into the Nature and the Cause of the Wealth of Nations*, Adam Smith, 1902）

严复译：天下只常言曰：民生在勤。然则，力作者将斯人所定于天之分而无可逃者欤？虽然，均力作矣，其得效则此多而彼少，其致力则此益疾益巧。而彼常拙常迟，其故果安在也？曰：其事首判于功之分不分。（亚当・史密斯《原富》, 1897）

3.1.7 名人名家对严复及其翻译思想的评价

严复于中学西学皆我国第一流人物。（梁启超）

严复是近代中国第一个系统介绍西方文化的启蒙思想家，十九世纪末传播西方政治学说的理论家，传播西学的著名翻译家。（陈九如）

译才并世数严林。（康有为）

严几道先生译的书中,《天演论》和《法意》最糟……这都是因为他不曾对原作者负责任，他只对自己负责任。（傅斯年）

……他的译文，又很雅训，给那时候的学者，都很读得下去。所以他所译的书在今日看起来或嫌稍旧，他的译笔也或者不是普通人所易解。（蔡元培）

严复“造了《天演论》”——这个“天演论”应该被看作他的创作。（鲁迅）

“近时学界译述之政治学书，无有能与严译比其价值者”。（胡汉民）

他是“中国共产党出世以前向西方寻找真理的一派人物”之一。（毛泽东）

3.1.8 总结

严复翻译了《天演论》等诸多西洋学术名著，成为近代中国开启民智的一代宗师。其立身行己且秉持特立独行的操守，学术政见有其一以贯之的原则，在翻译学上更是为一时之先，其风格、思想影响了后期一大批著名翻译家。其众多译著更是留给后世的宝贵遗产。他的功过是非与成败得失，值得后世用心研究总结。虽然研究严复的论著已为数不少，但相对于他在近代中国思想史上的显赫地位而言，还远远不够，尚待学界进一步挖掘材料、变换视角、革新思维，做出更为全面公正的评判。

3.2 忧国忧民的译者鲁迅及其翻译思想

3.2.1 鲁迅其人

鲁迅，原名周树人，字豫才，浙江绍兴人，中国现代伟大的文学家、思想家、革命家、教育家。鲁迅先生一生写作共计有 600 万字，其中著作约 500 万字，辑校和书信约 100 万字。作品包括杂文、短篇小说、诗歌、评论、散文、翻译作品等。毛泽东评价他是伟大的文学家、思想家、翻译家，是中国文化革命的主将。鲁迅是由翻译走上文学之路的，他主张“翻译和创作，应该一同提倡。”鲁迅的翻译数量与创作相近，达 300 万字。鲁迅忧国忧民，因而他的翻译活动不是从个人爱好和美学情趣出发，更不是为翻译而翻译，而是有着明确的社会功利目的，是与他的思想发展有着密切联系的。

作为翻译理论家，他发表了大量论述翻译理论和翻译思想的文章，阐发自己对翻译的主张和观点，同当时翻译界的各种错误思想和不良风气进行不懈的斗争，巩固和发展了中国传统翻译理论和思想，是中国译论的奠基人，也是傲然屹立于世界译坛的一面光辉旗帜。

3.2.2　鲁迅翻译思想的三个阶段

一是在五四运动之前的翻译初期，早在 1930 年在日本的时期，他便翻译了法国凡尔纳的科幻小说《月界旅行》《地底旅行》及雨果《随见录》中的《哀尘》。1907 年与弟周作人合作翻译了俄国、捷克、塞尔维亚、保加利亚、芬兰、匈牙利、希腊等国作品并于 1909 年编印成两本《域外小说集》，仅售出 41 本，但鲁迅认为这本书意义深刻。

二是五四运动至 1927 年的翻译中期，以译东欧、北欧及日本作品为主，内容包括文学及文艺理论著作，有乌克兰、匈牙利、保加利亚、芬兰、德国、日本等一些作家的著作。如日本武者小路实笃的剧本《一个青年的梦》就是鲁迅的翻译作品。

三是 1927 年以后的翻译后期，也是鲁迅的翻译高峰期。这个时期他翻译了卢那察尔斯基的《艺术论》、法捷耶夫的《毁灭》，鲁迅最杰出的译作，也是一生最后所译，是果戈理的《死魂灵》。

3.2.3　鲁迅翻译理论精髓

鲁迅先生的翻译理论涵盖面甚广，对翻译目的、翻译策略、翻译批评及翻译与创作之关系等皆有精辟的论述，为我国译学建设做出了重要的贡献。以下选取鲁迅部分言论，仅供参考。

注重翻译，以作借镜，其实也就是催进和鼓励着创作。——《南腔北调集 · 关于翻译》翻译和创作，应该一同提倡，决不可压抑了一面，使创作成为一时的骄子，反因容纵而脆弱起来。——《南腔北调集 · 关于翻译》

凡是翻译，必须兼顾着两面，一面当然力求其易解，一则保存着原作的丰姿，但这保存，却又常常和易懂相矛盾，看不惯了。不过它原是洋鬼子，当然谁也看不惯，为比较的顺眼起见，只能改换他的衣裳，却不该削低他的鼻子，剜掉他的眼睛。我是不主张削鼻剜眼的，所以有的地方，仍然宁可译得不顺口。——《且介亭杂文二集》

我是至今主张“宁信而不顺”的。自然，这所谓“不顺”，决不是说“跪下”要译作“跪在膝之上”，“天河”要译作“牛奶路”的意思，乃是说，不妨不像吃茶淘饭一样几口可以咽完，却必须费牙来嚼一嚼。——《关于翻译的通信》

3.2.4 鲁迅翻译思想探究

鲁迅对翻译问题作出了一系列的精湛论述，几乎涉及了翻译问题的各个层面，如翻译的目的和宗旨、翻译原则、翻译策略和翻译批评等，见解独到而深刻。

鲁迅的翻译宗旨：强调翻译文学的政治和社会功用性，他翻译和引进外国文学是想借他国明亮之火来照亮中国夜空。站在整个文学史的角度来看，不难发现，鲁迅的翻译不仅促进了中国和外国文化和文学的交流，而且促进了新文学的发展，为中华民族的独立和自由做出了巨大的贡献。在鲁迅那个时代，外国的侵略和清政府的腐败加速了中国的半封建半殖民地化，人民生活在水深火热之中。当时鲁迅家族的衰落与其不幸的遭遇就是一个很好的见证，鲁迅把他的文学生涯献给了他的祖国和人民。他一直坚持文学创作为提高人民的生活水平而服务。他的翻译也严格地遵循此目标。对鲁迅而言，翻译不再是被译者信手拈来的随意的活动，而应该是对祖国和人民有意义的严肃的再创作。秉着这严肃的翻译精神，鲁迅所有的翻译作品都紧贴中国实际。鲁迅的翻译目的概括起来有以下三个：改变国民性、促进中国新文学的发展、丰富我们的语言。

鲁迅的直译、硬译标准：他强调忠实于原作，主张“直译”“宁信而不顺”。“凡是翻译，必须兼顾着两面，一面当然力求其易解，一则保存着原作的丰姿，但这保存，却又常常和易懂相矛盾，看不惯了。不过它原是洋鬼子，当然谁也看不惯，为比较的顺眼起见，只能改换他的衣裳，却不该削低他的鼻子，剜掉他的眼睛。我是不主张削鼻剜眼的，所以有的地方，仍然宁可译得不顺口。”这是鲁迅对自己的直译法最好的概括。他提倡“直译”，以克服当时以林纾为代表的晚清以来的翻译文风的弊端，纠正当时盛行的“任意删削、颠倒、附益的翻译方法”，“扫荡翻译界的混乱观念”。鲁迅所主张和实践的直译方法，是近代翻译史上的革命，是中国引进西方文化的里程碑。1927 年，鲁迅从广州移居上海，开始了他人生最后 10 年的战斗历程。在此期间，鲁迅翻译介绍和发表了一批马克思主义的文艺作品。鲁迅在思想上发生了重大变化，革命更加彻底，从开始于晚清并持续到五四时期的“文学革命”转向了“革命文学”。鲁迅思想的变化使他的文学翻译观也从直译向“硬译”演变。鲁迅的“硬译”始于中国 20 世纪 30 年代的那场关于“信”与“顺”的著名的翻译论战。1929 年 1 月 20 日，鲁迅在《托尔斯泰之死与少年欧罗巴》的译后附记中写道：“因为译者的能力不够和中国文本来的缺点，译完一看，晦涩，甚而至于难解之处也真多；倘将仂句拆下来呢，又失了原来的精悍的语气。在我，是除了还是这样的硬译之外，只有“束手”这一条路——就是所谓“没有出路”了，所余的惟一的希望，只在读者还肯硬着头皮看下去而已。”同年，梁实秋发表《论鲁迅先生的“硬译”》，认为“硬译”就是死译，对其进行批评。1930 年，鲁迅在《萌芽月刊》上发表了著名的《“硬译”与“文学的阶级性”》对梁实秋的“宁顺而不信”予以反驳，并正式提出了“硬译”论。关于“硬译”，他是这么定义的：“按板规逐句，甚而至于逐字译。”也就是尽可能接近原文、尽可能等值地直译。一般来说，鲁迅不提倡意译，他认为如果看重意译，输入的内容可能会走样，也无助于进一步丰富汉语的表达能力。鲁迅之所以选择了“硬译”，是因为他深深地感悟到中国传统文化向来以世界的中心自居，意译的泛滥将会严重影响中国的现代化进程。为了使作品具有语言的简洁性和丰富的文学性，鲁迅又在“硬译”的基础上提出了“易解”和“丰姿”的概念，完善了其翻译理论体系。

“重译”和“复译”思想是鲁迅整个翻译思想的重要组成部分。这一思想在当时不仅击退了乱译、死译等不良译风，使我国翻译得到了健康发展，更重要的是，为繁荣我国翻译事业做了不可磨灭的贡献。

鲁迅对于重译的一贯看法是“理想的翻译，应该由精通原文的译者从原著直接译出；但由于各种客观条件的限制，重译有其存在的必要”。鲁迅认识到在当时思想启蒙、政治救亡迫在眉睫的时期，所要求的翻译就不能仅仅是质量水准的高超，最重要的是它要在当下出现，有利于革命的战斗，而重译正是填补了暂时的空白。

鲁迅对复译的提倡也是与他的根本翻译宗旨相一致的。当时译界盛行的强译、乱译之风“在毒害翻译界”，中国的新文艺处于“沉滞”状态，为了将翻译活动引导到救亡图存的主线上来，必须纠正这种不良风气。为此，鲁迅就这个问题发表了专论《非有复译不可》，“不仅论述了复译的意义，而且提出了‘非译不可’的必要性：一是击退乱译的唯一方法，二是提高整个新文学水平的需要”。鲁迅把复译喻为赛跑，他说，“比如赛跑，至少总得有两个人，如果不许有第二个人入场，则先在的一个永远是第一名，无论他怎样蹩脚。”又说“即使已有好的译本，复译也还是必要的，……取旧译的长处，再加上自己的新心得，这样才会成功一种近于完全的定本”。可见，鲁迅对于复译的主张不仅反映了当时时代的需要，而且还与时代的发展变化联系在一起，具有理论的前瞻性。

鲁迅把重译、复译与时代的发展变化联系在一起，是非常符合实际的。重译和复译也将竞争机制引入翻译领域，对提高翻译质量有极大的意义。

关于读者接受问题：在中国早期的翻译译论当中，很少有人把译文的读者考虑进去，而鲁迅正是少有的明确将译文读者纳入翻译研究中的人，拓宽了译论研究的视野。

鲁迅在与瞿秋白讨论翻译问题时提到，“我们的译书，还不能这样简单，首先要决定译给大众中的怎样的读者。将这些大众，粗粗地分起来：甲，有很受了教育的；乙，有略能识字的；丙，有识字无几的。而其中的丙，则在‘读者’的范围之外，启发他们的是图画、演讲、戏剧、电影的任务，在这里可以不论。但就是甲乙两种，也不能用同样的书籍，应该各有供给阅读的相当的书。供给甲类读者的译本，无论什么，我是至今主张‘宁信而不顺’的。我还以为即使为乙类读者而译的书，也应时常加些新字眼、新语法在里面，但自然不宜太多，以偶尔遇见，而想一想或问一问就能懂得为度”。针对不同的读者，翻译的内容、方法、文字、句法等亦应有所不同。鲁迅在此提出翻译应为读者考虑的原则及其对译文读者的分类，与西方的接受美学有异曲同工之妙，不过鲁迅提出翻译中的读者问题比西方要早，其对传统的翻译理论发展提出了新的挑战。

关于翻译批评问题：关于如何进行翻译批评的论述是鲁迅译论中非常重要的内容之一，他不仅指出了先前翻译批评的不当之处，而且对如何进行翻译批评提出了许多详尽独到的见解，为后来的翻译批评指明了正确的方向。

鲁迅在 1933 年写的《为翻译辩护》中指出，“翻译的不行，大半的责任固然在翻译家，但读书界和出版界，尤其是批评家，也应分负若干的责任。要救治这颓运，必须有正确的翻译批评，指出坏的，奖励好的，倘没有，则较好的也可以”。“倘连较好的也没有，则指出坏的译本之后，并且指明其中的哪些地方还可以于读者有益”。鲁迅还非常形象地提出了一种批评方法——“吃烂苹果”法，“我们先前的批评法，是说，这苹果有烂疤了，要不得，一下子抛掉。然而，买者的钱有限，岂不是太冤枉，而况此后还要穷下去，所以，此后似乎最好还是添几句，倘不是穿心烂，就说：‘这苹果有着烂疤了，然而这几处还没有烂，还可以吃得。’这么一办，译品的好坏是明白了，而读者的损失也可以小一点。”

由此可见，鲁迅对翻译批评采取一种非常宽容的态度，在区分质量好坏的基础上，鼓励和支持翻译行为，从而最大可能地让读者受益，实现翻译目的。这种一分为二的翻译批评法，有助于端正翻译批评之风，而且他的这种辩证唯物主义思想也为后来翻译批评的进一步发展奠定了基石，将现代文艺批评和翻译批评引向健康发展的道路。

除了以上几个方面，鲁迅还对翻译的言语、句法问题和翻译的“欧化”“洋化”问题阐述了自己的观点，得到了译界人士的普遍关注和赞同，同时也为后世的翻译工作者提供了探索研究的新课题。

3.2.5 名人名家对鲁迅及其翻译思想的评价

他是伟大的无产阶级的文学家、思想家、革命家，是中国文化革命的主将，也被人民称为“民族魂”。（毛泽东）

与其说鲁迅先生的精神不死，不如说鲁迅先生的精神正在发芽滋长，播撒到大众的心里。（叶圣陶）

鲁迅先生的死，不仅使中国失去了一个青年的最勇敢的领导者，也使我们失去了一个最真挚最热忱的朋友。（郑振铎）

鲁迅先生无意做诗人，偶有所做，每臻绝唱。（郭沫若）

看看鲁迅全集的目录，大概就没人敢说这不是个渊博的人。可是渊博二字还不是对鲁迅先生的恰好赞同。（老舍）

要冒这一切伟大的永久纪念的必得办到，由一个先决条件：学习鲁迅！（茅盾）

鲁迅翻译的《死魂灵》可以说是近数十年译作中的精品，但是“死魂灵”这三个字却不是直译，而是硬译。（许渊冲）

我很喜欢鲁迅的小说；我也始终觉得鲁迅的文字甚好，但是我不爱读他的译文。（董桥）

鲁迅不但是我国现代文坛、思想界和政治领域中的一位巨擘，而且是译坛的一位主将，在我国翻译史上占有重要的地位。（袁锦翔）

3.2.6　总结

总之，鲁迅先生的译论系统、完整，几乎涉及翻译问题的各个重要方面，而且许多思想都闪烁着辩证发展的光芒，在今天仍然新鲜甚至超前，值得我们去认真研究，发扬光大。

3.3　人品译德俱佳的翻译家傅雷及其翻译思想

3.3.1　傅雷其人

傅雷，字怒安，号怒庵，汉族，原江苏省南汇县下沙乡（现上海市南汇区航头镇）人，翻译家，文艺评论家。20世纪60年代初，傅雷因在翻译巴尔扎克作品方面的卓越贡献，被法国巴尔扎克研究会吸收为会员。他的全部译作，现经家属编定，交由安徽人民出版社编成《傅雷译文集》，从1981年起分15卷出版，现已出齐。1966年9月3日，在经历了抄家和批斗的凌辱后，傅雷夫妇在卧室自缢身亡。1979年平反昭雪，被彻底恢复政治名誉。

傅雷翻译的作品，共30余部，主要为法国文学作品。其中巴尔扎克的作品15部：有《高老头》《亚尔培·萨伐龙》《欧也妮·葛朗台》《贝姨》《邦斯舅舅》《夏倍上校》《都尔的本堂神父》和《幻灭》等。罗曼·罗兰4部：《约翰·克利斯朵夫》及3部名人传（《贝多芬传》《米开朗琪罗传》和《托尔斯泰传》）。伏尔泰四部：《老实人》《天真汉》《如此世界》和《查第格》。梅里美两部：《嘉尔曼》和《高龙巴》。此外，傅雷还译有丹纳的《艺术哲学》、罗素的《幸福之路》和牛顿的《英国绘画》等作品。

他历经艰难时势，依然保持着独立高尚的人格，从没有抱怨过自己的祖国。他译作丰富，翻译态度严谨，具有高尚的译德，堪称中国翻译史上人品译德俱佳的翻译大家。

3.3.2　傅雷的翻译思想探究

3.3.2.1　傅雷翻译活动的几个思想阶段

唤醒沉睡中的中华民族（1927年赴法留学）：选择主攻艺术理论，立志于献身艺术，希望在艺术的殿堂里寻找到至善至美的真理，从而悟出救国救民的途径，用他的笔杆子来唤醒沉睡中的中华民族。

挽救一个萎靡而自私的民族（1931 年回国）：主要翻译了《巨人三传》和《约翰·克利斯朵夫》。借助伟人的精神力量，拓展中国人的精神视野，启迪民心民智，帮助中华民族正视眼前的黑暗，重新振作起来，发扬大无畏的勇气，为挽救和振兴中华而勇往直前。

为社会主义建设事业效忠：中华人民共和国成立后，傅雷主要从事对巴尔扎克著作的翻译。他一生共翻译了 15 部巴尔扎克的作品，有 13 部完成于 1949 年 10 月以后（其中《高老头》两次重译；《猫儿打球号》“文革”中佚失）。傅雷为什么会把一生的主要精力用于翻译巴尔扎克的作品？最初“他主要是考虑到政治问题，当时国内的情况，翻译巴尔扎克最安全，……他翻了，也很喜欢。”

“忧国忧民之心”始终如一：1958 年 4 月至 1961 年 9 月 30 日期间，傅雷被错划为“右派”，长子远走异国，次子遭受牵连，这是傅雷生活中最痛苦的日子。傅雷遭此不公待遇，虽然有很多疑问，但他对此既不怨也不恨，丝毫没有动摇他对祖国的深厚感情、坚强信念和报国宏愿。无论是顺境还是逆境，他的翻译事业始终以国家和人民的利益为重。在傅雷被错划“右派”的日子里，1959 年 4 月至 1960 年 1 月，他翻译了巴尔扎克的《搅水女人》（1962 年出版）；1961 年，他完成了巴尔扎克的《都尔的本堂神甫》（1963 年出版）；1961 年又着手翻译巴尔扎克的《幻灭》三部曲。

“为西洋文学研究略尽绵薄”：完成巴尔扎克的《幻灭》三部曲后，傅雷认为巴氏小说应暂告段落，停止翻译，转译“客观史料”。他打算先译《巴尔扎克传记》，而后对《巴尔扎克之政治思想与社会思想》《人间喜剧中的经济与社会现实性》《巴尔扎克之艺术观》等极具价值的文献进行节译，作为内部资料供国内专门研究文艺之人参考，在身体“在尚能勉强支持之日，为国内文艺界作些填补空白的工作。”

3.3.2.2 傅雷翻译观

翻译的忠实问题：傅雷认为，翻译要忠实于读者必须忠实于原著，如何做到忠实于原著，主要应做到两点。第一，理解要化为我有。首先要事先熟读原著，不厌其烦。任何作品，不精读四五遍绝不动笔。将原作连同思想、感情、气氛、情调等化为我有。其次要了解和研究原作者，深入原作者的时代背景，体验原作者的思想感情。第二，表达要传神达意。首先要进行中文写作。其次务必反复修改。再次要重视译文其他附件部分，诸如索引、后记、注解和译文序等对于传神达意不可忽视的辅助作用，以便读者更好地理解原文的内容和形式。

神似与形似的问题：1951 年 6 月至 9 月重译《高老头》，并写《重译本序》，提出了自己的翻译理论：“以效果而论，翻译应当像临画一样，所求的不在形似在神似”。

首先，要理解什么是神似什么是形似。《中国翻译词典》载明，翻译上的形似，一般理解为保留原文的形式，具体说，即保留原文的体裁、句型、句构和修辞手段等；神似指译文要惟妙惟肖地再现原文中颇具神采的意象和韵味无穷的语句。

译者的修养问题：“简言之，翻译家要关爱社会，关爱人生，学识要渊博，修养要高，趣味要广，治学要杂而精。”

3.3.3 详解“神似说”

3.3.3.1 提出背景

首先，应是建立在他的和谐美特质的文艺思想上的。

傅雷具有文艺思想和谐美的特质，主要表现在其对美与善的和谐统一、内在与外在的平衡发展、内容与形式完美结合的追求上。而傅雷“神似说”翻译论的提出时间要比他文艺思想的形成和发展时间晚得多，傅雷“神似说”翻译论的实质乃是“形似与神似”的和谐统一，这恰是傅雷文艺思想和谐美特质的体现。

其次，傅雷翻译论提出的美术背景。

傅雷正式提出“神似说 ”翻译论前，就有关于绘画方面的形与神关系的论述，在绘画方面傅雷十分强调神似。傅雷这样写道 :“山水乃图自然之性,非剽窃其形。画不写万物之貌,乃传其内涵之神。”“取貌遗神，心劳日拙，尚得为艺术乎？”“神似方为艺术，貌似徒具形骸”。傅雷将他在绘画领域里的“重神似不重形似”的艺术主张贯通在翻译领域，从而使他的翻译达到了艺术化的效果，这是傅雷“神似说”翻译论提出的美术背景的确证。

傅雷提出“神似说”翻译论除了有上文所提的背景之外，在他的翻译实践中似乎也有他不得不追求“重神似不重形似”的理由。他说 :“要求传神达意,铢两悉称,自非死抓字典,按照原文句法拼凑堆砌所能济事。”“东方人与西方人之思想方式有基本分歧，我人重综合，重归纳，重暗示，重含蓄；西方人则重分析，细微曲折，挖掘唯恐不尽，描写唯恐不周；此两种精神殊难彼此融洽交流”。由于两国文字词类与句法结构、文法习惯、修辞格律及俗语等语言上的诸多不同，以及东西方人思维方式的巨大差异，在傅雷看来，要传达出原作的神韵来，绝非拼凑出原文句法即可，因此，傅雷主张，翻译只能是“重神似不重形似”。

3.3.3.2 实质

鉴于大家对“神似说”翻译论的误解，傅雷说，“我并不是说原文的句法绝对可以不管，在最大限度内我们是要保持原文句法的。……风格的传达，除了句法以外，就没有别的方法可以传达。”傅雷在这里表达了他重视“形似”的信息，强调了最大限度内保持原文的句法的重要性。傅雷所指的“神似”包括两个层面的意思：其一是指追求传达出原作字里行间的含义和意趣；其二是指追求透出贯穿原作的神韵和风格。傅雷所指的“形似”则是指译者在翻译时，最大限度地保留原文的形式，如保留原文的体裁、句法构造、文法和修辞格律等。

3.3.3.3 “神似说”翻译论的价值

“神似说”翻译论的提出，正确地处理了文学翻译的主次矛盾，把译者从原文字句、结构的束缚中解脱出来，更多地把注意力转向原作者的文学创作领域和艺术想象境界中。傅雷的“神似”既是艺术目标，又是具体的翻译方法。他以大量优秀的译作践行其译论，使得其译论更具说服力。自傅雷后，“神似说”翻译论便取代严复的“信、达、雅”而成为中国翻译理论与实践的主流。

3.3.4 名人名家对傅雷及其翻译思想的评价

他（傅雷）满头棱角，动不动会触犯人；又加脾气急躁，止不住要冲撞人。他知道自己不善在仕途上圆转周旋，他可以安身的“洞穴”，只是自己的书斋。

傅雷的严肃认真，在前辈学人中有口皆碑，他在选择翻译作品时也是极为慎重的。作为一位翻译大师，自身特有这崇高的学术品格，也正是这种品格的照射，使他的译著时时闪耀着人性的光辉。（杨绛）

傅雷非常爱这个国家，所以对这个国家的要求也很严格。他爱他自己的文章，爱他所翻译的作家的作品，所以对它们非常认真。（黄苗子）

傅雷以自己深厚的文艺素养和长期的译事经验，采用移花接木的方式，将中国古典美学运用于翻译理论，借助绘画和诗文领域里的“形神论”来探讨文学翻译的艺术问题，将译论推向了新的发展阶段。其独到之处就在于把文学翻译纳入文艺美学的范畴，把翻译活动提高到审美的高度来认识。这是对严复的“三难”之论的重要补充。傅雷是我国传统翻译美学观“文与质”、“信与美”和“言与意”之后的“神似说”的最有代表性的人物。（许钧）

傅雷之所以有伟大的成就，主要是由于工作态度审慎严谨，准备功夫充分周详。（金圣华）

3.3.5 总结

傅雷一生用心血凝结成的文字，正是他对祖国的“真”，对读者的“真”，对艺术的“真”的真情奉献。傅雷留给世人的五百多万字的译作是一笔无法估价的精神遗产，是对中国翻译事业做出的不灭的贡献，也是他的翻译观的鲜明写照，那字里行间，充分体现了他对翻译事业的忠诚，对读者的热爱和对翻译艺术的不懈追求。

第4章 西方翻译史概述

在欧洲，翻译实践有长远的历史。有人甚至认为，欧洲文明源于翻译，上至罗马帝国，下至今天的欧洲共同市场，都要靠翻译来进行国际贸易。与翻译实践相伴而生的是无数优秀的翻译家的涌现，他们积累了丰富的实践经验，探索出许多可行的翻译方法，形成了较为完整的翻译理论。

从广义上来说，西方有文字记录的翻译作品可追溯到公元前3世纪。当时，72名犹太学者在埃及亚历山大城翻译了《圣经·旧约》，即后人所称的《七十子希腊文本圣经》；从严格意义上讲，西方的第一部译作是在约公元前3世纪中叶安德罗尼柯在罗马用拉丁语翻译的希腊荷马史诗《奥德赛》。

不论是广义还是严格意义，西方翻译活动的历史都相当悠久，亘古延绵至今。因此很难对西方的翻译历史从具体的时间概念上进行客观的厘定，只能大致将其分为三个阶段和六次高潮。

4.1 三个阶段

国内的一些学者从不同的视角，将西方的翻译历史分为三个阶段。刘军平从翻译历史的角度、李文革从翻译理论的视角、卢少兵从翻译研究的视野将西方的翻译历史的三个阶段进行了如下的划分。

刘军平在其《西方翻译理论通史》中，从时间概念上将西方翻译历史分为传统、现代和当代三个大的阶段。传统阶段是从公元前4世纪开始到公元16世纪的文艺复兴时期；现代阶段是从公元17世纪到19世纪末期；当代阶段是从20世纪初到现在。古罗马时期大规模地翻译古希腊文学艺术作品，是翻译史上的第一次高潮时期。14世纪至16世纪席卷整个欧洲的文艺复兴运动，掀起了另一场规模空前的翻译浪潮。17世纪到18世纪对古典作品的翻译以及19世纪翻译重心开始转移到近代或者同时代的作品上来，成为西方翻译历史的第二个阶段。第二次世界大战以后的翻译逐步涉及政治、经济、科技、文学和文化等各个方面。

李文革在《西方翻译理论流派研究》中，将西方的翻译理论划分为三个阶段：语言学阶段、结构主义阶段和解构主义阶段，比较简洁地概括了西方译论的整体发展历程。

卢少兵在《西方翻译理论三个阶段发展论》一文中认为，西方翻译研究也可以分为三个阶段：传统经验期、现代语言学阶段和多元理论期。第一阶段应该从约公元前 5 世纪一直到 20 世纪 50 年代末，这长达两千多年的阶段姑且称作传统经验期。第二阶段，从 1959 年雅各布森发表他的著名论文“On Linguistic Aspects of Translation”开始到 1972 年，可以称作现代语言学阶段。第三阶段从 1972 年霍姆斯发表论文“The Name and Nature of Translation Studies”(《翻译学的名称和性质》）开始至今，可以称为当代多元理论期。

4.2 六次高潮

纵观全过程，西方的翻译在历史上前后曾出现过六次高潮。

第一次高潮：肇始时期。公元前 4 世纪末，盛极一时的希腊奴隶社会开始衰落，罗马逐渐强大起来。但是，当时的希腊文化仍优于罗马文化，因而对罗马有着巨大的吸引力。介绍希腊古典作品的翻译活动可能始于这一时期或始于更早的时期，这是欧洲也是整个西方历史上第一次大规模的翻译活动，其历史功绩在于：它开创了翻译的新局面，把古希腊文学特别是戏剧介绍到了罗马，促进了罗马文学的诞生和发展，对于罗马以至于日后西方继承古希腊文学起到了重要的桥梁作用。

这一时期，被誉为罗马文学三大鼻祖的安德罗尼柯、涅维乌斯和恩尼乌斯，以及后来的普劳图斯、泰伦斯等大文学家都用拉丁语翻译或改编荷马的史诗和希腊戏剧作品。

第二次翻译高潮：宗教文本翻译时期。在西方，宗教势力强大而顽固，基督教教会一向敌视世俗文学，极力发展为自身服务的宗教文化。作为基督教思想来源和精神武器的《圣经》，自然成了宗教界信仰的经典。《圣经》由希伯来语和希腊语写成，必须译成拉丁语才能为罗马人所接受。公元 4 世纪达到《圣经》译成拉丁语的高潮，以哲罗姆（Jerome）翻译的《通俗拉丁文本圣经》为定本，标志着《圣经》翻译取得了与世俗文学翻译分庭抗礼的重要地位。

第三次翻译高潮：阿拉伯百年翻译运动时期。从 9 至 11 世纪，阿拉伯人积极向外扩张，在百余年间建立了一个庞大的帝国。阿拉伯帝国在征服的过程中，接纳和吸收了帝国域外的优秀文化，这无疑是翻译在起作用，由此产生了西方翻译史上的第三次高潮。

伊拉克的巴格达、西班牙的托莱多（Toledo）以及意大利的西西里都是当时西方翻译和学术活动的中心，主要是将希腊文古典著作译入拉丁文，但一般都是通过阿拉伯语译本进行翻译的。亚里士多德、柏拉图、盖伦、希波克拉底等人的大量古典哲学和科学名著被翻译出来。

第四次翻译高潮：文艺复兴时期。14 至 16 世纪欧洲发生的文艺复兴运动，是一场思想和文学革新的大运动，也是西方翻译史上的一次大发展。这一时期产生了一大批杰出的翻译家和一系列优秀的翻译作品。在德国，宗教改革家马丁·路德（Martin Luther）的德语译本《圣经》成为德语的典范，他翻译的《伊索寓言》也具有极高的文学价值。英国作家兼翻译家查普曼 1598 年至 1616 年译了《伊利亚特》和《奥德赛》,而 1611 年《钦定圣经译本》的翻译出版则标志着英国翻译史上又一次大发展，它以其英语风格的地道、通俗和优美赢得了“英语中最伟大的译著”的盛誉，在相当长一段时期内成为英国唯一家喻户晓、人手一册的经典作品，对现代英语的发展产生了深远的影响。

第五次翻译高潮：文艺复兴后的西方翻译时期。文艺复兴后，从 17 世纪下半叶至 20 世纪上半叶，西方各国的翻译继续向前发展。虽然就其规模和影响而言，这一时期的翻译比不上文艺复兴时期，但仍然涌现出大量的优秀译著。其最大特点是，翻译家们不仅继续翻译古典著作，而且对近代的和当代的作品也产生了很大的兴趣。塞万提斯、莎士比亚、巴尔扎克、歌德等大文豪的作品都被一再译成各国文字，东方文学的译作也陆续问世。

第六次翻译高潮：第二次世界大战后的翻译时期。西方翻译的第六个大发展集中表现在第二次世界大战结束以来的翻译活动。第二次世界大战后，西方进入相对稳定的时期，生产得到发展，经济逐渐恢复，科学技术日新月异。这是翻译事业繁荣兴旺的物质基础。

由于时代的演变，翻译的特点也发生了很大的变化。新时期的翻译从范围、规模、作用到形式，都与过去任何时期大不相同，取得了巨大的进展。

首先，翻译范围的扩大。传统的翻译主要集中在文学、宗教作品的翻译上，这个时期的翻译则扩大到了其他领域，尤其是科技、商业领域。其次，翻译的规模大大超过了以往。过去，翻译主要是少数文豪巨匠的事业；而今，翻译已成为一项专门的职业，不仅文学家、哲学家、神学家从事翻译，而且还有一支力量雄厚、经过专门训练的专业队伍承担着各式各样的翻译任务。再次，翻译的作用也为以往所不可企及。特别是在联合国和欧洲共同市场形成之后，西方各国之间在文学、艺术、科学、技术、政治、经济等各个领域的交流和交往日益频繁、密切，所有这些交际活动都是通过翻译进行的，因为翻译在其中起着越来越大的实际作用。最后，翻译事业发展的形式也有了很大变化和进步。目前，西方翻译事业仍处于第六次高潮之中。

4.3　总结

西方几大翻译时期是伴随着希伯来文明、埃及文明、希腊文明、罗马文明以及阿拉伯文明的诞生、发展和消亡而产生的。文明之间最直接的接触是翻译活动和文化交往。这从另一个侧面证明，翻译在几大文明形成过程中具有不可替代的作用。

悠久的中西方翻译历史为我们积累了一份宝贵的文化遗产，我们应当认真学习和总结前人的经验、理论和方法，以便继承提高我们的翻译水平，为翻译事业添砖加瓦，尽绵薄之力。

• Chapter 5 第5章 西方翻译史上四位译家翻译思想概述

继西塞罗之后，西方翻译史拥有一大批优秀的翻译理论家。他们在不同时期，从不同的角度，提出了各种不同的理论和观点，为译学体系的构建贡献了自己的力量。我们也无法在本书中穷尽他们的思想，只能选取四位有代表性的翻译理论家并对他们的思想进行概述。他们分别是功能对等思想的提出者奈达（Nida）、语义翻译和交际翻译的提出者纽马克（Newmark）、功能加忠诚理论的倡导者诺德（Nord）以及折射和文化三要素理论的提出者勒菲弗尔（Lefevere）。

5.1 奈达的功能对等及其译论概述

尤金·A. 奈达（Eugene A. Nida），语言学家、翻译家、翻译理论家。1914 年 11 月 11 日，出生于美国俄克拉荷马市，2011 年 8 月 25 日，在西班牙马德里与世长辞。奈达一生译论颇丰，本节重点从他的三个翻译散论、四个特色理论和一个核心概念入手，对奈达的翻译理论做一个概述。

5.1.1 奈达三个翻译散论

5.1.1.1 翻译定义（definition of translation）

Translating consists in reproducing in the receptor language the closest natural equivalent of the source language message, first in terms of meaning, and secondly in terms of style.

根据奈达的定义，不同的译文实际上代表了不同程度的对等。这就是说，不能用数学上对等的意义去理解“对等”，而应该用近似，即在功能对等的近似程度上来加以理解。信息流失是任何交流过程中必然会有的。翻译中绝对的对等是永远不可能的。人们完全承认，绝对的交流（absolute communication）是绝不可能的。

5.1.1.2 翻译的学科定位（subject orientation of translation）

科学——奈达力图把语言学应用于翻译研究。“翻译科学，更确切地说，是对翻译过程的科学描写。”奈达认为，对翻译的科学研究，应看作比较语言学的一个重要分支，这种研究应以语义为核心，包括翻译涉及的各个方面。

艺术——在奈达逐渐向社会符号学和社会语言学的翻译理论过渡过程中，他越来越倾向于把翻译看作艺术。他一方面认为，翻译归根到底是艺术，并认为翻译家是天生的。另一方面，他把“翻译是科学”的论点改为“翻译研究是科学”。

技艺——“翻译既是艺术，也是科学，也是技艺……这种技艺是可以通过实践和训练改进的，就像所有的技艺一样。同时，对翻译过程进行科学的描写也是可能的。但是，翻译实际上是一个产生译作的过程，因此，翻译基本上是一门技艺，因为，这需要多种学科才能产生令人满意的译作，包括语言学、文化人类学、心理学和交际理论。”

5.1.1.3　翻译过程（process of translation）

有关翻译的操作过程，国内外学者会有不同的声音，有人说分为阅读、理解、表达和校核四个过程，也有学者将之简化为理解和表达两个基本过程。奈达认为狭义的翻译过程包括四个阶段，分别是：分析（analysis）、转换（transfer）、重组（restructuring）以及检验（testing）。奈达的分析阶段是指分析原文，译者需要确定原文文本的意义，包括词汇、句法以及修辞等内容。换句话来说，在分析的过程中，内容和形式都要考虑。奈达的转换阶段，是指译者要将一种语言转换为另一种语言，也就是说，从源语转换成目的语的过程。这一转换阶段，依然涉及原文的方方面面，但首要的问题是进行信息的转换。奈达所谓的重组，并不是普通意义上源语深层结构到目的语表层结构的转换，而是目的语内部的重新组合。从实践上说，在完成对原文的分析和语际转换之后，译文质量的好坏完全取决于译入语语内重组的成败。翻译过程的最后一个阶段是检验阶段。译文不仅是供人欣赏和借鉴的“艺术品”，而且是一件很高超的艺术品，是一件用精练的文字、完美的笔调表达的艺术品。所以，译者要将原文的意义与译文的意义进行比较，确定二者的意义是否对等，通常分为三个阶段：初检、复检和定稿。

5.1.2　奈达特色翻译理论

5.1.2.1　语言共性论（language universality）

奈达认为，各种语言具有同种的表达力。“一种语言所能表达的事情，必然能用另一种语言表达。”因为他认为，人类的共性多于差异，在人类经验和表达方式中，都存在着一种“共核”（common core）。

语言共性论主要目的在于阐明不同语言符号之间存在可转换性——可译性。奈达对这一理论的贡献，主要在于他帮助创造了一种以新的姿态对待不同语言和文化的气氛，以增进人类相互之间的交流和了解。

当然，奈达也承认：“但如果表达的形式是所表达的意思的一个基本组成部分，情况就不同了。”同时，不同语系两种语言之间的翻译要比同一语系两种语言之间的翻译困难得多。

5.1.2.2 翻译信息论（message of translation）

奈达认为译者可以“采用处理语言结构的科学途径、语义分析的途径和信息论来处理翻译问题。”翻译即交际，某种译文如果不能起到交际的作用，就是无用的译文，即严复所讲的“顾信矣不达，虽译犹不译也”。因此，译文“接受者和译文信息之间的关系，应该与原文接受者和原文信息之间的关系基本相同”。

如果译文读者在译文中获得的信息小于原文读者在原文中获得的信息，这个译文便不成功，弥补其不足的做法常常是通过“拉长”译文中信息的表达形式，从而使译文读者理解原文的信息约等于原文读者理解的信息。翻译过程中的直译加注释就是如此，这种方式非常适用于不同文化背景、不同语系的源语和目的语。“用这种拉长信息表达形式时，译者不能任意增加信息内容，而只是把原文那些‘不言而喻’的内隐成分转变为文字。”

5.1.2.3 读者反应论（readers' response theory）

评价译文的重要途径之一是译文读者通过阅读译文后对原文作者所示信息的反应。奈达认为，翻译的服务对象是译文读者或译文语言接受者，评判译文质量的优劣，必须看读者对译文的反应，同时必须把这种反应和原文读者对原文可能产生的反应进行对比，看两者的反应是否一致。

“译文接受者与信息的关系应该在实质上相同于原文接受者与信息的关系。”比如最常见的“小心碰头”就常被译为“Take Care of Your Head”，这一译文使读者见了颇有些摸不着头脑，为什么要在这里照顾好自己的头呢？应改译为“Watch Your Head”或“Mind Your Head”。

5.1.2.4 动态对等论（dynamic equivalence）

奈达放弃了翻译史上长期探讨的“直译”“意译”和“忠实翻译”等传统用语，主张作为翻译行为的对等的两种基本方向和准则：形式对等和动态对等。奈达认为，形式对等和动态对等的主要区别在于两者对翻译接受语所达的目的性不一致。

形式对等强调要注意信息本身的形式和内容。所谓形式对等，是指接受语中的信息应与源语中的不同成分尽可能地保持一致。形式对等希望达到原文文本和译文文本的对等，并在一定程度上反映原文词汇、语法、句法结构等语言上的特点；形式对等要求译文贴近原文的结构，这对翻译的准确性和正确性影响极大。

动态对等基于奈达的“对等效应原则”，所谓动态对等，是指从语义到语体，在接受语中用最贴近的自然对等语再现源语的信息。在动态对等翻译过程中，译者着眼于与原文的意义和精神对应，而不拘泥于与原文的形式对应。动态对等的目的是指译文接受者和译文信息之间的关系与原文接受者和原文信息之间的关系基本上相同，它把焦点放在了两种效果之间的对等上。

5.1.3　一个核心概念

奈达的翻译对等理论是 20 世纪 80 年代以来对中国影响最大的翻译理论。它扬弃了“文本中心论”的主张，重视读者的感受，其翻译理论的核心是“功能对等”理论。

所谓功能对等，就是说翻译时不求文字表面的死板对应，而要在两种语言间达成功能上的对等。它包括四个层面上的对等：词汇对等、句法对等、篇章对等和文体对等。

奈达的功能对等理论的提出是对译学研究的一个重大贡献。首先，他提出了一个新的翻译评价标准。他指出，翻译准确与否取决于普通读者正确理解文本的程度，也就是把译文读者反应与原文读者反应进行对照，看两者是否达到最大限度的对等。其次，他提出的“最贴切、最自然的对等”标准也不同于传统的“忠实”标准，这样对译者的要求也就更高。因为“忠实”只是基于原文，而“对等”则是既照顾原文和原文读者，又照顾译文和译文读者。最后，他用新的眼光看待翻译过程。传统的观点认为翻译过程是单向的、直线式过程，即原文—译者—译文；而奈达认为翻译过程还应包括译文读者对译文的理解和评价。

5.1.4　总结

奈达以现代语言学、社会语言学、社会符号学、交际学理论和信息论为指南，采用不同于传统的、令人耳目一新的研究方法，对翻译理论和翻译实践中种种问题都进行了广泛的探讨，对翻译理论的进一步完善做出了重要贡献。

5.2　纽马克的“语义翻译”“交际翻译”和“关联翻译”

纽马克，生于 1916 年，是著名的翻译家和翻译理论家。他从事过多种欧洲语言的翻译工作，是出色的译者和编辑，纽马克同时也是一位语言学家，并担任英国语言学家协会会长。他的主要兴趣就是把语言学的相关理论应用于翻译实践之中，把翻译研究和英语语言研究相结合。主要著作：《翻译教程》（*A Textbook of Translation*, 1988）、《翻译论》（*About Translation*, 1991）和《翻译短评》（*Paragraphs on Translation*, 1993）。

20 世纪 60 年代末，翻译这项语言活动开始引起广泛的关注，特别是语言学的相关理论介入后，翻译研究取得了很大成果。1974 年，纽马克升任教授，开设翻译理论课。从这时起，纽马克开始写一些专门论述翻译问题的文章。在大量的翻译实践和教学实践的指引下，纽马克的翻译思想开始初具形态。正如纽马克自己所言，他的大多数想法都来自课堂。1981 年，纽马克的第一部著作《翻译问题探索》（*Approaches to Translation*）出版，立刻引起广泛赞誉。正是在这本书中，他提出了“语义翻译”和“交际翻译”的概念。

在《翻译问题探索》一书中，纽马克提出，针对不同的文本类型应当采用不同的翻译方法——语义翻译（semantic translation）或交际翻译（communicative translation）。根据不同的内容和文体，他将文本分为抒发功能（expressive function）、信息功能（informative function）、呼唤功能（vocative function）、审美功能（aesthetic function）、应酬功能（phatic function） 和元语言功能（metalingual function）。20 世纪 90 年代他又提出“关联翻译法”（a correlative approach to translation），这标志着他的翻译理论渐趋系统。

5.2.1 语义翻译

语义翻译是 Newmark 提出的两种翻译模式之一，其目的是“在目的语语言结构和语义许可的范围内，把原作者在原文中表达的意思准确地再现出来”。（Semantic translation attempts to render, as closely as the semantic and syntactic structures of the second language allow,the exact contextual meaning of the original.）

语义翻译重视的是原文的形式和原作者的原意，而不是目的语语境及其表达方式，更不是要把译文变为目的语文化情境中之物。由于语义翻译把原文的一词一句视为神圣，因此有时会产生前后矛盾、语义含糊甚至是错误的译文。语义翻译通常适用于文学、科技文献和其他视原文语言与内容同等重要的语篇体裁。然而，需要指出的是，Newmark 本人也认为，语义翻译并非一种完美的翻译模式，而是与交际翻译模式一样，在翻译实践措施中处于编译与逐行译之间的“中庸之道”。

5.2.2 交际翻译

交际翻译的目的就是，尽可能在目的语中再现原文读者感受到的同样效果。（Communicative translation attempts to produce on its readers an effect as close as possible to that obtained on the readers of the original.）

交际翻译（或交际途径）指的是视翻译为“发生在某个社会情境中的交际过程”的任何一种翻译方法或途径。虽然所有的翻译途径都在某种程度上视翻译为交际，而这里所说的交际翻译却完完全全地以目的语读者或接受者为导向。沿此途径的译者在处理原文的时候，旨在传递信息而不是复制一串串的语言单位，他所关心的是如何保留原文的功能和使其对新的读者产生作用。交际翻译和逐句逐行译或直译的不同之处在于，它把原文中遣词造句的形式仅视为译者应考虑的部分因素。

交际翻译的定义与等效翻译的定义如出一辙；同时，“尽量等同”“尽可能准确”还说明了翻译中不可能做到完全绝对等同。纽马克认为只有语义翻译和交际翻译能达到翻译准确性和简洁性之目的。

当然，纽马克提出的"语义翻译"和"交际翻译"两个概念，侧重点有所不同，如语义翻译倾向于以源语为中心，集逐字翻译、直译和忠实翻译的优势，而交际翻译则倾向于以目的语为依归，集归化、意译和地道翻译的优势。除此之外，两者之间还有以下区别，如表 5-1 所示。

表 5-1　语义翻译和交际翻译的区别

语义翻译	交际翻译
① 以作者为中心； ② 解读作者的思想； ③ 与思想有关； ④ 把作者视为个人； ⑤ 重视语义与结构，尽量保持原文句子的长度； ⑥ 忠实翻译，直译； ⑦ 信息性； ⑧ 译文通常比较拗口，比原文更详细，更复杂，但比原文短一些	① 以读者为中心； ② 解读作者的意图； ③ 与言语有关； ④ 调整原文的思想与文化，让读者易懂； ⑤ 重视效果，原文的特点可以牺牲； ⑥ 忠实翻译； ⑦ 效果性； ⑧ 易读易懂，自然通顺，简单明了，比原文更加直接，更符合常规，遵守译语语域规范，但译文更长

例：忘路之远近。——陶渊明《桃花源记》

译文 1：Without taking note whither he was going.（Herbert Allen Giles 译）

译文 2：Became unconscious of the distance he had travelled.（Cyril Birch 译）

分析：原句中"忘"字作者运用得非常妙，既暗示了渔人进入桃花源的意外，又渲染出桃花源的神秘。译文 1 采用了交际翻译法，"without taking note"仅仅平淡地叙述了渔人没有留意到路的方向，未能突出"忘"字所包含的意外因素和神秘性，因此只是简单地传达了信息；译文 2 中，"became unconscious"除了表示没有意识到方向以外，还包含着不知不觉的意思，因此更能跟"忘"字相呼应。再者，"the distance he had travelled"也体现了语义翻译法的运用，精准地翻译出原文中"远近"二字，既传递了信息又保留了原文的形式。

他提出的交际性翻译和语义性翻译以及这两种翻译间的共性和区别开拓了翻译理论研究新途径，在西方语言学界和翻译理论界引起了很大反响。

5.2.3 关联翻译法

1991 年，纽马克重新审视语义翻译和交际翻译后，又提出了一个新的翻译概念，并于 1994 年正式定名为“关联翻译法”，其基本定义是：原作或译出语文本的语言越重要，就越要紧贴原文来翻译（The more important the language of the original or source language text, the more closely it should be translated.）无论是对意义的取舍还是采用适当翻译方法都存在着以什么为标准的问题，这一标准就是“重要”与否。一篇译作的紧贴程度可以从文本、词汇和语法三个角度加以概括。

其一，从词汇上说，最常见的紧贴翻译是字对字翻译，可采用转化、归化、直译和释义的方法达到对等。翻译有时需要进行转化（借词），即把原文里的一个词转化到译文里去。

其二，从语法上说，翻译中的贴切程度依换置（transposition）的类型而定。在许多情况下，相同的结构是可以复制的。当一种语言在另一种语言里找不到对等的语法结构时，则需要调整语句结构。

其三，从文本贴切的程度看，词汇和语法贴切之和，加上文本的衔接（cohesion）和连贯（coherence），就构成文本贴切的程度。为做到紧贴翻译，纽马克提出了七种方法：成分分析法、调整译法、描写对等法、功能对等法、文化对等法，同义（近义）法和释义法。紧贴程度最高的是成分分析法，紧贴程度最低的是释义法。“紧贴”是相对的，“紧贴”与“不紧贴”之间并没有明确的分界线。

“关联翻译法”在缩小直译和意译之争方面起到了一定的作用，淡化了语义翻译和交际翻译之间的区别。

5.2.4 总结

传统的翻译理论一向以忠实为己任，对原作亦步亦趋，很少注意到文本类型间的差异。忠实与通顺之争由来已久。我们应该看到，先前的很多关于翻译标准的探讨都是针对文学翻译而言的。实际上，在翻译实践中，要翻译的文本是多种多样的，不同的文本在翻译转换过程中有不同的特点和要求。纽马克深刻地洞察到这一点，基于自己多年的翻译实践和教学实践，提出了建设性的翻译理论，他的文本类型翻译理论以及语义翻译、语际翻译和关联翻译理论为我们在看待翻译标准问题时增加了一个崭新的视点，这对我国的翻译实践很有启发，具有深远的指导意义。当然，纽马克的这一理论也并不是完美无缺的，例如，一些文本类型的划分问题，他的理论解释在有些地方显得较为晦涩，在学习纽马克的翻译理论时，我们要把语义翻译与交际翻译看成一个整体，灵活应用。

5.3 诺德的功能加忠诚理论

5.3.1 诺德其人

诺德（Nord），知名翻译理论家，德国功能翻译学派代表人物之一。生于 1943 年，1967 年毕业于海德堡大学，主修西班牙语和英语。1983 年在海德堡大学获（浪漫主义文学研究）博士学位。诺德的研究领域主要涉及功能主义目的论的哲学基础、语篇分析及翻译类型。

主要代表作有《翻译语篇分析》（*Text Analysis in Translation*, 1991）和《目的性行为——功能主义翻译理论阐释》（*Translating as a Purposeful Activity: Functionalist Approaches Explained*, 1997）。

5.3.2 功能加忠诚理论提出的背景

诺德深受其老师赖斯的文本类型学的影响，十分忠诚于弗米尔的目的论，非常赞赏贾斯塔・霍尔兹 - 曼塔利（Justa Holz-Mänttäri）的翻译行为理论；同时也有自己的见解。诺德在两个方面对弗米尔的“目的论”有保留意见：一是翻译模式的文化特殊性，二是译者与原文作者的关系问题。诺德认为，若盲目坚持“翻译目的决定翻译程序”，一旦译文的交际目的与原文相反，或者与作者的观点、意图相左，上述原则就会被理解为“目的决定手段”，而目的的可能性是没有限制的，因此，她把忠诚原则引入功能主义模式，希望解决翻译中的激进功能主义问题。“忠诚”不是传统意义上对原文的“忠实”，而是指译者、原文作者、译文接受者及翻译发起者之间的人际关系，是一个伦理性的概念。

5.3.3 功能加忠诚理论

诺德的“功能加忠诚”概念在《翻译中的语篇分析》一书中首次提出。当时她主要是针对曼塔利有关翻译的论说。曼塔利把文本视为实现交际功能的纯粹工具，认为其固有的价值完全从属于其目的，译者只需对目的环境负责，目标文本可以完全独立于原文。诺德则认为自由重写（free rewriting）不属于翻译的范畴，因此直截了当地提出了自己的看法，“没有原文，就没有翻译。”“译者应同时对原文和译文环境负责，对原文信息发送者（或发起人）和目标读者负责。”她称这一责任为“忠诚”（loyalty）。

诺德把忠诚原则引入功能主义模式，希望解决翻译中的激进功能主义问题。她的功能主义方法论建立在两大基石之上：功能加忠诚。功能指的是使译文在译语环境中按预定的方式运作的因素；忠诚指的是译者、原文作者、译文接受者及翻译发起者之间的人际关系。忠诚原则限制了某一原文的译文功能范围，增加了译者与客户之间对翻译任务的商议。诺德认为，忠诚“使译者双向地忠于译源与译入目标两方面，但不能把它与忠信的概念混为一谈，因为忠信（fidelity/faithfulness）仅仅指向原文与译文的关系，而忠诚是一个人际范畴的概念，指的是人与人之间的社会关系”。功能加忠诚是诺德独特的翻译理论，更确切地说是她的理想。

为什么诺德有时要求译者考虑原作者的观点，有时又赞同改变原作者的评价用语呢？诺德这样解释，在目的论这个普通模式中，忠诚是一个空位（empty slot），由每个特定的翻译任务所涉及的文化及其所奉行的翻译理念来实现。如果译语文化一般认为译文应是对原文的直译复制，译者就不能够毫无理由地意译。译者有责任协调两种文化之间的差异，而这种协调绝不是把某种文化理念强加于另一种文化群体。译者必须考虑到读者的种种期望，虽然并不一定要按照读者的期望去做，但是在道德责任上，译者不能欺骗读者。诺德也承认，要准确了解读者对译文的期望也不容易，因为此方面仍然欠缺广泛的实验式研究。因此，在目前的情况下，译者必须依赖于自己的推测及从客户与读者那里得到的少之又少的反馈信息来决定翻译策略。

她在专著中这样定义“忠诚”一词：

Let me call “loyalty” this responsibility translators have toward their partners in translational interaction. Loyalty commits the translator bilaterally to the source and the target sides. It must not be mixed up with fidelity or faithfulness, concepts that usually refer to a relationship holding between the source and the target texts. Loyalty is an interpersonal category referring to a social relationship between people.

针对这一定义，袁邦株认为，“忠诚”已经不是一个根据具体情境而决定的变量，而是一个约束译者行为的指令。诺德提出的这个“忠诚”的要求，已经属于调节人与人之间关系的范畴，可以在一定程度上较为有效地制约翻译中目的可能被滥用的问题。

诺德宣称，功能主义理论可以涵盖翻译的所有类型，而且对翻译教学有特别重要的意义。她还吸取了布勒（Karl Bühler）的研究模式作范例，即将文本按其功能分为四种类型：指称功能（referential function）、表情功能（expressive function）、诉求功能（appellative function）和寒暄功能（phatic function，此功能是诺德所加），并讨论它们在文本中体现的方式以及它们如何影响到具体的翻译问题。诺德强调的是“翻译导向的”语篇分析模式。译者一旦了解到原文的功能，就“将其与委托人所要求的目的文本的预定文化功能进行比较，辨认出或排除原文中那些没有用的成分，从而在翻译过程中进行处理”。

翻译中的指称功能：言语的指称功能包括指示世界上或是虚拟的特定社会中的物体和现象。这一功能可以根据物体或所指的特性来分析。如果所指是接受者所不了解的事实或情况，文本功能可能就是给读者传达信息；如果所指是一种语言或是语言的一种特定用法，文本功能可能是元语言性质的；如果所指是如说明书性质的，文本功能就可能是指令性的；如果所指是接受者将学习的整个领域，文本功能可能具有教导性质。为了了解指称功能，接受者必须能够将信息和所涉及的特定社会模式联系起来。社会模式取决于文化观念和传统，源语文化的接受者对指称功能的解释可能不同于目标语文化的接受者，因此形成了翻译过程中的障碍。

指称功能取决于读者对文本的理解。如果源语读者和目标语读者对所指的物体和现象没有等量的先验知识，就会影响译文功能的实现。

翻译中的表达功能：赖斯的文本类型研究中，表达功能只限于文学作品，而诺德的模式中，表达功能指的是信息发送者对世界物体和现象的态度。表达功能还包括多个子功能，例如表达个人情感或情绪的情感性子功能、评价事物或事件的评价性子功能等。

表达功能是以信息发送者为中心的。信息发送者对所指所持的观点或态度是基于一个价值系统之上的,并假设这个价值系统为信息接受者所共享。然而在跨文化交际的标准模式中，信息发送者属于源语文化，而接受者属于目标语文化。由于价值系统是由文化常规和传统决定的，因此源语文本作者和目标语文化中的接受者的价值系统可能会有所不同。源语文本中表达功能在目标语文化价值系统内的准确传译是翻译要解决的重要问题。

翻译中的诉求功能：根据接受者对行为的感知或倾向，诉求功能是用来引导接受者按特定的方式作出回应的。这种功能在商务文本中较为常见，信息发送者会调查潜在消费者的需求，用他们价值系统中的正面价值来描述产品的质量。

翻译中的寒暄功能：寒暄功能用以在话语发出者和接受者之间建立联系、维持联系或终结联系。寒暄功能有赖于种种用于特定情况下的语言的、非语言的或副语言的手段。

不同的交际功能需要不同的翻译策略。如果翻译的目的是保持原文原有的功能，就要用目标语文化的标准对功能标志进行改写。否则,若将源语文化的功能标志完全复制到译文，则可能导致译文功能受到误解。

诺德主张从两个角度分析译文的功能：①译文和译文读者之间的关系；②译文和原文的关系。一方面，译文是源语文化文本在目标语文化中的表现或替代。与原文相比，译文可能发挥完全不同的功能；另一方面，译文要对译文接受者起一定的作用，或是达到预期的某种交际的功能。

5.3.4　诺德的两种翻译模式

诺德探讨了翻译的功能类型的问题，区分了两种翻译的模式，即纪实型翻译

（documentary translation）和工具型翻译（instrumental translation）。

纪实型翻译的重点是用译文语言再现原文作者与原文读者交际的情景，包括原文的语言特征和文化特征。翻译后的交际语言虽然已改为译文语言，但交际情景却仍然是原文文化。根据译文再现原文特征的程度，纪实型翻译可以分为“逐字对译”“字面翻译”“注释翻译”。工具型翻译把翻译看成是译文读者与原文作者进行交际的工具，交际语言是译文语言，交际环境是译文文化。在交际过程中，原文的语言、文化特征只作参考，重点是根据译文读者的需要传递原文的交际内容。根据不同的文本功能，工具型翻译可以分为“等功能翻译”“异功能翻译”和“同类翻译”。

5.3.5 总结

诺德是在传统的翻译观念中长大的，所以其理论总带有折中的成分。她基本上是目的论的拥护者，但又不是百分之百地认同弗米尔的观点；她欣赏曼塔利的创新精神，但又不是十分赞同其翻译观念。由于受老师赖斯的影响较大，诺德的语篇分析模式实际上是遵循着广为认可的规范，译者无法改变规范或偏离规范，因此最终还是脱离不了对等的框框。

诺德的理论虽然不能解决所有的翻译问题，但是可以为学生提供宝贵的帮助，使他们对功能翻译理论有一个大概的了解，并为翻译学生的课堂讨论提供很好的理论模式。

5.4 勒菲弗尔的“折射”理论与翻译三要素

比利时学者勒菲弗尔（Lefevere）是文化学派的代表人物之一，他对比较文学和翻译理论有较丰富的研究成果。其主要著作有《诗歌翻译：七项策略及方案》（*Translating Poetry: Seven Strategies and a Blueprint*, 1975）、《翻译、历史与文化：原始资料集》（*Translation/History/Culture: A Source Book*, 1992）、《文学翻译：比较文学语境中的实践与理论》（*Translating Literature—Practice and Theory in a Comparative Literature Context*, 1992）、《文学翻译的德国传统》（*Translating Literature: The German Tradition*, 1977）。

20 世纪 80 年代初，勒菲弗尔在《勇气妈妈的黄瓜：文学理论的文本系统和折射》（“Mother Courage’s Cucumbers: Text System and Refraction in a Theory of Literature”）一文中提出了折射和文化三要素理论，从而把翻译研究从语义层面的微观世界，带到了更广阔的文化背景中去。

5.4.1 “折射”理论

传统的翻译观认为文学原文本是神圣不可侵犯的，译者在译文文本中对原文的任何篡改，都被视为非法和不忠。这样的译文本是遭人摒弃的，而且还认为译作可以重现作者的真实意图。而勒菲弗尔一反传统观念，他将译本由从属地位提升到了与文本创作同等地位，并认为翻译（折射）处于两个文学系统的边界之上，为基于系统理论的文学研究提供了一个理想的工具。

20 世纪 80 年代初，勒菲弗尔发表了一篇论布莱希特（Bertolt Brecht）作品英译的论文，这可视为他翻译观转向的标志。他认为，文学作品主要以折射文本（refraction）的形式，即“各种误解或误释”，为适应不同读者对作品进行改编，才得以广泛流传和发挥影响，因为作品的理解总要基于特定的文学文化背景。折射文本以各种形式存在，如翻译、评论、历史编纂、教材、文集和戏剧改编等，当然最明显的形式是翻译。事实上大多数读者接触外国作品都是通过各种折射文本进行的。

文学的折射形式是两种文学系统折中的产物，因而也是两个不同系统的制约因素的表征。折中的程度取决于原作者的声望。比如布莱希特在 20 世纪 40 年代还不属于经典作家，因此，黑斯（R. H. Hays）翻译他的作品时，随意性就比较大。到了 20 世纪 50 年代，布莱希特的作品虽仍未列入西方经典，但已经常被讨论，因此本特理（Eric Bentley）翻译他的作品时就尽量遵从原作。20 世纪 70 年代，布莱希特已成为经典作家，所以蔓海姆和魏乐特（Manheim and Willet）翻译他的作品集时，更多考虑的是源语系统而非译语系统的规范。

勒菲弗尔“折射”一词就是他后来在 1990 年出版的《翻译、历史与文化》和 1992 年出版的《翻译、改写以及对文学名声的制控》（*Translation, Rewriting and the Manipulation of Literary Fame*）中用的“改写”（rewrite），可见“折射”一词比后来的“改写”一词要保守些。“改写”一词更体现勒菲弗尔将译文本从原文本的影子中脱离出来。勒菲弗尔指出，翻译不仅仅是语言层次上的转换，它更是译者对原作所进行的文化层面的改写。改写泛指对文学原作进行的翻译、改写、选编、批评和编辑等各种加工和调整过程。

勒菲弗尔在《翻译、改写以及对文学名声的制控》序言中说，这本书有两个目的，一个是强调“改写”作为文学发展推动力的重要作用，另一个就是我们必须认识到需要进一步研究“改写”这种现象的必要性。改写是一种控制，是为权力服务的。其积极的方面有助于文学和社会的进步。改写引进新的概念、新的文学样式、新的方法。实际上，翻译史也是文学改革的历史，是一种文化影响另一种文化的历史。但是改写也能压制改革，进行歪曲和控制。因此，译者通过对文本的改写，即对文本的控制，可以巩固现有的思想意识和诗学，当然也可以破坏它们。

5.4.2 翻译的三要素理论

勒菲弗尔提出了关于翻译的“三要素”理论。翻译不能真实地反映原作的面貌，主要因为在不同的历史条件下，改写主要受到三种因素的操纵：意识形态（ideology）、诗学形态（poetics）以及赞助人（patronage）。意识形态主要从政治、经济和社会地位等方面来限制和引导改写者的创作，而诗学形态则是改写者进行创作时所处的文化体系的重要组成部分。改写者往往会对原作进行一定程度上的调整，以使其符合改写者所处时期占统治地位的意识形态和诗学形态，以达到使改写的作品被尽可能多的读者接受的目的。

5.4.2.1 意识形态

意识形态决定了译者在翻译活动中的各种选择，包括基本的翻译策略和对原文中语言和论域有关问题（原作者所描述的事物、概念和风俗习惯）的处理方法。勒菲弗尔认为，翻译并非在两种语言的真空中进行，而是在两种文学传统的语境下进行。译者作用于特定时间的特定文化之中。他们对自己和自己文化的理解，是影响他们翻译方法的诸多因素之一。“翻译为文学作品树立何种形象很大程度取决于译者的意识形态，这种意识形态可以是译者本身认同的，也可以是赞助人强加给他的”。译者必须在译语的意识形态和自己的职业准则之间进行妥协。

5.4.2.2 诗学形态

诗学形态由两个因素组成：一是文学要素，包括文学手段、文学样式、主题、原型人物、情节和象征等；另一个是观念，即在社会系统中，文学所起或应起的作用。译者往往以自己文化的诗学形态标准来重新改写原文，目的是适应新的读者。译者作为译语文化群体中的一员，其翻译活动必定要受到所属文化诗学形态的影响，这往往表现为对原作的增删、改译等。在翻译过程中，译者的意向目标读者群的需求，译语系统的主流文学形式和当时社会流行的文学观会在很大程度上影响翻译的全过程。因此，译作会呈现与原作不一致的语法结构、逻辑形式和文体风格。

5.4.2.3 赞助人

赞助人对翻译的影响力不可低估。赞助人可以是个体，也可以是团体，如宗教团体、政党、出版商以及报刊和电视公司。赞助人可能有助于译文的产生和传播，也有可能妨碍、禁止，甚至毁灭翻译文本。他们对于翻译活动的走向、翻译文学的兴衰及译者的地位都起着重要作用。赞助人的力量由三种因素组成，即意识形态因素、经济因素和地位因素。译者若想使自己的翻译作品出版，其享有的自由度非常有限。

5.4.3 总结

勒菲弗尔的操控论为翻译研究开启了新的视角，使研究者从仅仅关注文本内部因素转向对文本外部因素的研究。操控论拓展了翻译研究的视野，把翻译的研究从文本拓宽到文化领域。

然而，文化翻译观过分强调文化的中心地位，夸大了文化对翻译的限制；它脱离了翻译行为本身，把目光投向了与译本相关的外部因素上，即社会、历史、意识形态领域，因而它就不能合理、充分地描写翻译过程，当然也就不能充分地解释文学翻译。

勒菲弗尔的翻译理论是以文学文本为研究对象的，所以这种翻译理论不一定对所有文本形式都适合。同时，他把翻译（尤其是文学翻译）放到与译入语文化圈内的文学创作同等的地位上予以考虑，也过于强调了译作的地位。“诗学”的定义与所指含糊不清，无法涵盖文化系统的“规范”或多元系统论的“形式库”。赫曼斯批评勒菲弗尔对意识形态、诗学和赞助人三个概念的强调太理所当然，也太笼统，只能指出大方向，无法指导深入的研究，还认为勒菲弗尔的论述作为理论架构“仍然太粗略”，“不够一致”。

Chapter 6

第6章 西方翻译理论流派的划分

自古罗马的西塞罗（Cicero）、贺拉斯（Horatius）以来，翻译学学派林立，学说纷繁。国内对于西方翻译理论的译介与评价也有四十余年的历史了，由于不同学者对西方翻译流派划分所依据的标准不同，一度出现了流派名称混乱的情况。当代西方翻译理论流派的划分需要统一的参照标准，才能有益于学术对话与交流。学术研究中流派的形成是研究深化的一个表现，流派意识体现了清晰的理论意识，因此，某一学科的发展史往往体现为学科内不同学派或流派的此消彼长、相互继承，或互为补充、共同发展。

与重体悟、重感性的中华传统译论相比，西方的翻译理论重逻辑、重实证的特点更值得我们学习。言说方式的不同使得西方翻译理论更成体系，因此，对西方翻译理论流派的概括和梳理是翻译研究不可缺少的组成部分，许多翻译理论家都进行过有益的探索。例如奈达将其分为四个基本流派：语文学派、语言学派、交际学派和社会符号学派；根茨勒提出五大派说：美国翻译培训派、翻译科学派、早期翻译研究派、多元体系派和解构主义派；谭载喜分为四大学派：布拉格学派、伦敦派、美国结构派和交际理论派；张南峰、陈德鸿主张六大学派：语文学派、诠释学派、语言学派、目的学派、文化学派和解构学派；李文革则细化为七大流派：文艺学派、语言学派、翻译研究学派、阐释学派、解构学派、美国翻译培训学派和法国的释意派；刘军平按照西方翻译理论的发展特征和不同译论家的理论特色分为九大学派：语文学派、语言学派、功能学派、认知学派、描写学派、文化学派、后殖民及女性主义学派、哲学学派和中西比较诗学派。

本书认为，刘军平的这一划分明确清晰，不失为一种方便快捷的分类方法，有利于帮助初学者尽快把握西方翻译理论的概貌。

6.1 语文学派（*Philological School*）

语文学派：语文学派翻译理论的主要特点是以古典认识论为哲学基础的，该学派理论对翻译主体作用的夸大，说明了该学派理论的经验性和非系统性。

在西方一开始，逐字翻译几乎是翻译的金科玉律，特别是在宗教典籍的翻译中，逐字翻译是忠实地传达上帝的旨意和声音的唯一保证。而随着历史的发展，人们的认识逐渐加深，开始注意到了不同语言之间的差异，渐渐地突破了只有“忠实于形式”才能忠实于意义的认识局限，在实践中开始探讨形式上的某种变通，以忠实于原作的“意义”。在不同的时代，不同的国家，人们对翻译的观点尽管有很多变化，但有两种基本争论却始终存在，即“直译还是意译？”和“以形式为主还是以内容为主？”

主要代表人物：西塞罗、贺拉斯、哲罗姆、德莱顿、泰特勒。

◆ **西塞罗（Cicero）**

西塞罗是最早的翻译理论家，是罗马帝国时期的著名哲学家。

西塞罗关于翻译的主要观点：首次提出“解释员式翻译”与“演说家式翻译”，即“直译”与“意译”两种基本译法，确定了后世探讨翻译的方向。

西塞罗关于翻译的经典阐述如下。

（In translation）, I did not think it necessary to translate word for word, I preserved the general style and force of the language. For I did not believe it was my duty to count out words to the reader like coins, but rather to pay them out by weight as it were.

（翻译不必逐字直译，应保持原作总体的风格和语势。译者的职责不是像数硬币那样一个词一个词地给读者译出，而是按原数量以斤两支付给他们。）

And I did not translate as an interpreter, but as an orator.

（我不是作为解释员，而是作为演说家进行翻译的。）

评价：其翻译观发表以来，翻译开始被看作文艺创作，翻译中原作与译作、形式与内容、译者的权限和职责等问题开始成为大家关心的问题。其提出的“解释员式翻译”与“演说家式翻译”，即“直译”与“意译”两种译法，确定了后世探讨翻译的方向，影响到贺拉斯、昆体良、哲罗姆等人。西方翻译理论史自西塞罗起就被一条线贯穿起来，即翻译的标准方法和技巧。

◆ **贺拉斯（Horatius）**

贺拉斯，古罗马诗人、批评家。其美学思想见于写给皮索父子的诗体长信《诗艺》。

贺拉斯关于翻译的主要观点如下。

主张在创作和翻译中不要墨守成规，必要时可以创造新词或引进外来词，以便丰富民族语言和增强作品的表现力。

贺拉斯关于翻译的经典论述如下。

“Do not worry about rendering word for word, faithful translator, but render sense for sense.”

“忠实原作的译者不适合逐字死译。”这句话经常被翻译家引用，成为活译、意译者用来批评直译、死译的名言。

评价：他认为翻译的目的是传递信息，原文文本不是神圣不可改变的东西，可以按不同的方式翻译，主要能满足信息的沟通就行。这是一种以交际目的和翻译功能为终极目的的翻译观。

◆ **哲罗姆（Jerome）**

哲罗姆是四大宗教权威之一，而且被认为是最有权威的人。他攻读语法、修辞、哲学等学科领域。精通希伯来语和希腊语。著名译作是《通俗拉丁文本圣经》。这个译本结束了希腊语中圣经译本的混乱局面，成为拉丁语中的标准译本。

哲罗姆关于翻译的主要观点如下。

应当区别对待文学翻译与宗教翻译，前者意译，后者直译；正确的翻译必须依靠正确的理解。

哲罗姆关于翻译的经典论述如下。

He insisted on "the accurate transmission of the meaning of the text rather than the budding orator's freely ranging imagination."

评价：他既是翻译家，又是理论家。他的翻译方法最系统、最严谨。他主张翻译不能始终字当句对，而必须采取灵活的原则。

◆ **德莱顿（Dryden）**

德莱顿集诗人、翻译家、批评家、英国古典主义的创始人等诸多头衔于一身，是那个时代最伟大的文学家。他的译文语言地道，且能很好地再现原作者的风格。

德莱顿关于翻译的主要观点如下。

德莱顿超越了传统翻译理论直译、意译的二元对立，创造性地提出了直译（metaphrase）、释译（paraphrase）和仿译（imitation）的翻译三分法。

德莱顿关于翻译的经典论述如下。

All translations, I suppose, may be reduced to three heads. First, that of metaphrase, or turning an author word by word, and line by line, from one language into another. The second way is that of paraphrase, or translation with latitude, where the author is kept in view by translator, so as never to be lost, but his words are not so strictly followed as his sense; and that too is admitted to be amplified, but not altered. The third way is that of imitation, where the translator (if now he has not lost that name) assumes the liberty, not only to vary from the words and sense, but to forsake them both as he sees occasion; and taking some hints from the original, to run division on the groundwork, as he pleases.

评价：在以上三种翻译法中间，德莱顿最反对字字对应的翻译法，也就是直译法。认为这种翻译法如同"戴着镣铐跳舞"（It is much like dancing on ropes with fettered legs）。他对翻译的三分法突破了传统二分法（即直译、意译）的局限，可以说是西方翻译史上的一大发展，具有重要的启示意义。

◆ **泰特勒（Tytler）**

泰特勒是英国18世纪著名翻译家、历史学家。他对翻译的见解主要体现在《论翻译的原则》（*Essay on the Principles of Translation*）一书中，该书是西方翻译理论的第一部专著。

泰特勒关于翻译的主要观点如下。

他提出了著名的翻译三原则。

（1）That the translation should give a complete transcript of the idea of the original work.

（2）That the style and manner of writing should be of the same character with that of the original.

（3）That the translation should have all the ease of the original composition.

（翻译三原则：译作应完全复写出原作的思想；译作的风格和手法与原作属于同一性质；译作应具备原作所具有的通顺。）

泰特勒关于翻译的经典论述如下。

I would therefore describe a good translation to be, that in which the merit of the original work is so completely transfused into another language as to be as distinctly apprehended, and as strongly felt, by a native of the country to which that language belongs as it is by those who speak the language of the original work.

（好的翻译是把原作的优点完全移注到另一种语言中去，使得译文语言所属国家的人们能够清晰地领悟，强烈地感受，正像使用原作语言的人们所领悟、所感受的一样。）

评价：泰特勒的翻译理论比较全面系统，不仅是英国翻译理论史上，而且也是整个西方翻译理论史上一个重要的里程碑，在某种意义上标志着翻译史上一个时期的结束和另一个时期的开始。

6.2 语言学派（*Linguistic School*）

语言学派：翻译思想史表明，随着现代语言学的形成与日臻完善，20世纪中叶以来，建立在语言学——普通语言学或结构主义语言学基础上的翻译研究获得了长足的发展，产生了许多积极的理论成果，在翻译研究领域逐步形成了独具“范式”的语言学派。由于语言学派的努力，翻译研究在学科化进程中迈出了坚实的一步，从而也使得翻译研究在很大程度上摆脱了“经验陈述”的模式而更具有科学的特性。

主要代表人物：雅各布森、卡特福德、纽马克与奈达。

◆ 雅各布森（Jakobson）

雅各布森，著名语言学家，布拉格学派最有影响的翻译理论家，继承和发展了索绪尔的符号学理论，他的研究横贯功能语言学派和结构主义语言学派。其代表作是1959年发表的《论翻译的语言学问题》（*On Linguistic Aspects of Translation*），体现了雅各布森对翻译理论的主要贡献，被西方翻译理论界奉为翻译研究的经典作品之一。

雅各布森关于翻译的主要观点如下。

（1）翻译必须考虑语言的各种功能。

（2）翻译必须重视语义、语法、语音、语言风格及文学体裁方面的比较。

（3）翻译三分法：语内翻译、语际翻译和符际翻译。

雅各布森关于翻译的经典论述如下。

All cognitive experience and its classification is conveyable in any existing language. Wherever there is deficiency, terminology may be qualified and amplified by loan-words or loan-translations, neologisms or semantic shifts, and finally, by circumlocutions.

（所有的语言都具有同等的表达力，所有人之经验及其分类在任何现存的语言中都可以得到表达。如果译入语中缺乏对应的名词术语，我们可以采用外来语、新造词、语义转换或迂回表达等方式对该名词进行修饰和扩展。）

评价：雅各布森较早地将翻译置于语言学的框架下进行考察。他所提出的翻译类型理论，对语言的意义、等值、可译性与不可译性等翻译学根本性问题的探讨，打开了20世纪翻译研究的语言学途径的大门，深深影响了包括纽马克、赖斯等在内的众多翻译理论家。

◆ **卡特福德（Catford）**

卡特福德，英国著名的语言学家、翻译理论家。著作《翻译的语言学理论》（*A Linguistic Theory of Translation*, 1965）运用西方语言学研究的最新成果来重新诠释翻译理论问题，在语言学界和翻译界都引起了热烈的反响。

卡特福德关于翻译的主要观点如下。

从翻译性质、类别、对等、转换、限度等方面着重阐述了“什么是翻译”这一中心问题。卡特福德对翻译的等值问题进行了较为深入的研究。他认为，翻译就等值来看，是将一种语言的文本材料转换成等值的另一种语言的文本材料。“翻译实践的中心问题在于寻求等值成分，翻译理论的中心任务在于界定等值的本质和条件”（defining the nature and conditions of translation equivalence）。

卡特福德关于翻译的经典论述如下。

A textual equivalent is any TL text or portion of text which is observed on a particular occasion to be the equivalent of a given SL text or portion of text.

（文本等值指特定的语境中，译语文本或部分文本，成为源语特定文本或部分文本的等值成分。）

评价：卡特福德试图从语言学的视角具体而微地探究语言转换的规律，从而为翻译操作找到科学依据，这种科学态度启发了后来的学者从语言学途径来研究翻译。虽然这种研究模式关注的是文本间线性的静态对应关系，有其固有的局限性，但他摆脱了传统的经验主义的印象式翻译研究方法，试图科学地说明语言转换的规律，是20世纪少有的、有原创性的翻译理论家。

◆ **彼得·纽马克（Peter Newmark）**

彼得·纽马克是西方翻译研究的重要旗手，出生于捷克，早年移民英国，曾任职英国语言学会会长。著有《翻译问题探索》（*Approaches to Translation*）、《翻译教程》（*A Text Book of Translation*）、《翻译散论》（*Paragraphs on Translation*）等，这些著作在全球范围内受到广泛关注，影响深远。

纽马克关于翻译的主要观点如下。

纽马克认为，翻译活动即对文本的翻译，研究翻译不能离开文本。在修正布勒（Bühler）、雅各布森功能模式的语言理论基础上，根据不同的内容和文体，纽马克提出了一套自己的文本功能模式及其分类方法。他将文本分为以下六种：表达功能（expressive function）、信息功能（informative function）、呼唤功能（vocative function）、审美功能（aesthetic function）、应酬功能（phatic function）和元语言功能（metalingual function）。

纽马克最具有代表性的翻译理论贡献是提出了“语义翻译”与“交际翻译”这一对概念。在《翻译问题探索》一书中，他详细阐释了这两种模式的概念内涵，并指明了它们之间的联系、区别以及使用范围。语义翻译指在译入语语义和句法结构允许的前提下，尽可能准确地再现原文的上下文意义，它聚焦于作者的思维过程。交际翻译指译作对译文读者产生的效果尽量等同于原作对原文读者产生的效果，它注重可读性与交际效果。

纽马克关于翻译的经典论述如下。

Communicative translation attempts to produce on its readers an effect as close as possible to that obtained on the readers of the original. Semantic translation attempts to render, as closely as the semantic and syntactic structures of the second language allows, the exact contextual meaning of the original.

（交际翻译的目的就是尽可能在目的语中再现原文读者感受到的同样效果。语义翻译尽可能地翻译出第二语言的语义、句法结构和原文的准确语境意义。）

评价：必须承认，在理论与实践相结合方面，纽马克走在了时代的最前列。他的翻译理论对应用文本的翻译说明很详尽，但对文学文本的翻译缺乏一定的解释力。还需要注意的是，实践中既没有绝对的语义翻译，也没有绝对的交际翻译，两种策略常常被综合使用。什么时候用什么方法，取决于不同的语域、语言的使用和语言的使用者、译者的作用、文本的类型和功能。

◆ **尤金·奈达（Eugene Nida）**

奈达是美国语言学派最重要的代表人物之一，翻译家、翻译理论家，著述极丰，其理论对西方当代翻译研究做出了很大的贡献。1964 年所著的《翻译科学探索》（*Toward a Science of Translation*）是奈达翻译思想成熟期的一部力作，此部著作以《圣经》翻译为例，把翻译实践与翻译理论紧密结合在一起，把语言学理论引入翻译研究。他在翻译学领域的代表作还包括《翻译理论与实践》《从一种语言到另一种语言》《语言与文化：翻译中的语境》等。

奈达的主要观点如下。

提出了形式对等、动态对等等重要概念；提出了“翻译的科学”这一概念。在语言学研究基础上，把信息论应用于翻译研究，认为翻译即交际，创立翻译研究的交际学派。就翻译过程提出“分析”“转换”“重组”和“检验”的四步模式。

奈达关于翻译的经典论述如下。

Translating consists in reproducing in the receptor language, the closest natural equivalent of the source language message, first in terms of meaning, and secondly in terms of style.

评价：作为一个语言学家，翻译理论家，奈达兢兢业业，将其一生奉献给了学术事业。近年来，他的学术思想发生了很大的改变（My ideas have changed substantially, especially as the result of seeing what is happening in so many schools of translating here in Europe. I myself was too optimistic about the possibility of applying linguistics, sociolinguistics, and semiotics to the issues of translation.），在国内引起了不小的争论。但无论发生怎样的改变，奈达给翻译理论研究带来的活力以及为翻译理论做出的贡献都是值得我们去尊重和学习的。

6.3 功能学派（Functional School）

功能学派：语言科学研究范式愈演愈烈，致使翻译沦为语言学的附属品，极大地束缚了这一学科的发展，同时理论和实践的严重脱节也令越来越多的译者感到不满，功能派翻译理论就在这时兴起并逐步深化，它提倡的功能目的翻译论旨在强调翻译应该基于译文和译文读者的反应来进行，而不是依据传统理论中的翻译以原文和原文读者的反应进行。针对翻译语言学派中的薄弱环节，功能学派广泛借鉴交际理论、行动理论、信息论、语篇语言学和接受美学的思想，将研究的视线从源语文本转向目标文本，拓宽了翻译理论研究的领域，赋予了翻译更多的内涵，成为当代德国译学界影响最大、最活跃的学派。

主要代表人物：赖斯、弗米尔和诺德。

◆ **赖斯（Reiss）**

赖斯，1923 年出生，德国著名翻译理论家，功能目的翻译论的早期开创者，主要代表作为《翻译批评的可能性与限制》（*Possibilities and Limitations in Translation Criticism*，1971）。书中首次提出了翻译功能论（functional approach），把“功能类型”这个概念引入翻译理论，并将文本功能列为翻译批评的一个标准。

赖斯关于翻译的主要观点如下。

早在 20 世纪 70 年代，赖斯提出，对等不能只停留在字、词、句等微观层面，而应该上升到语篇层面，赖斯把功能范畴引入翻译批评，将语言功能、语篇类型和翻译策略相联系，发展了以源语与译语功能关系为基础的翻译批评模式，从而提出了功能派理论思想的雏形。

赖斯关于翻译的阐述如下。

Text type: A phenomenon going beyond a single linguistic or cultural context.

A. The communication of content—informative type;

B. The communication of artistically organized content—expressive type;

C. The communication of content with a persuasive character— operative type.

评价：赖斯的翻译类型划分在翻译界引起了很多的共鸣，也曾招致一些学者的批评，比如，有人指责赖斯的理论是一种规范性的总结，也有人质疑赖斯的语篇类型划分能对复杂多变的实践有指导意义。但不管怎样，赖斯的理论跳出了以往语言学纠缠词句等微观层面的框框，将语篇作为研究单位，关注翻译的交流目的，这无疑有着重要的意义。她的翻译文本类型学对翻译批评、译员训练和翻译实践都有着重要的指导作用。

◆ **弗米尔（Vermeer）**

弗米尔是德国海德堡大学翻译学院教授，精通十多种语言，主要著作有《普通翻译理论原理》（*Groundwork for a General Theory of Translation*, 1984）、《目的与翻译委任——论文集》（*Skopos and Commission in Translational Action*, 1989）和《翻译目的理论：正论与反论》（*A Skopos Theory of Translation: Some Arguments For and Against*, 1996）。他与赖斯提出，翻译不仅仅是一个语言过程，而应该把翻译看成将一种语言中的语言和非语言交际符号转移到另一种语言中去的活动。因此，翻译是一种人类行为，而任何行为都有一个目标，一个目的。

弗米尔关于翻译的主要观点如下。

弗米尔发展的目的论，是功能派翻译理论的重要的理论。所有翻译应遵循三个法则：①目的法则；②连贯性法则；③忠实性法则。弗米尔试图弥合翻译理论与实践的断裂，他提出的目的论（skopos theory）将翻译研究从原文中心论的束缚中摆脱出来，在与老师赖斯合著的《普通翻译理论原理》一书中对该理论的基本架构进行了阐述。

关于翻译的阐述如下。

The notion of skopos can in fact be applied in three ways, and thus have three senses, it may refer to:

A. the translation process, and hence the goal of this process;

B. the translation result, and hence the function of the translatum;

C. the translation mode, and hence the intention of this mode.

（skopos 概念包含三个方面的内容：翻译过程及该过程的目标；翻译结果及译文功能；翻译方式及该方式的意图。）

评价：目的论影响深远，功能学派因此有时也被称为目的学派。skopos 一词来自希腊语，指行为的目标、功能或意图。该理论认为翻译是以原文为基础的、有目的和有结果的行为，这一行为必须经过协商来完成；翻译必须遵循一系列法则，其中目的法则居于首位，即译文取决于翻译的目的。目的论还反复声明，译者应该根据不同的翻译目的决定采用相应的翻译策略。

◆ **诺德（Nord）**

诺德是功能派翻译理论的积极倡导者，她首次用英语全面系统地介绍了功能学派的各种学术思想，并针对其不足提出自己的观点。主要著作有《翻译中的文本分析》（*Text Analysis in Translation*, 1991）、《目的性行为——析功能翻译理论》（*Translating as a Purposeful Activity: Functionalist Approaches Explained*, 1997）。

诺德的主要翻译观点如下。

诺德的功能翻译观主要受其老师赖斯的影响，早年设计了“翻译导向的语篇分析模式”，目的是“为翻译课堂教学提供文本分类的标准，为翻译质量评估提供指引”，后来提出功能加忠诚（functionality plus loyalty）的翻译理论。按诺德的解释，功能指的是使译文在译语环境中按预定的方式运作的因素；忠诚属于道德范畴，指的是译者、原文作者、译文接受者及翻译发起者之间的关系，总之是关注翻译活动参与者之间的关系。忠诚原则限制了译文功能范围，增加了译者与客户之间对翻译任务的商议。诺德关于翻译的经典论述如下。

Let me call “loyalty” this responsibility translators have toward their partners in translational interaction. Loyalty commits the translator bilaterally to the source and the target sides. It must not be mixed up with fidelity or faithfulness, concepts that usually refer to a relationship holding between the source and the target texts. Loyalty is an interpersonal category referring to a social relationship between people.（Nord, 1997: 125）

（我把“忠诚”看作译者与翻译参与者的一种责任。从双边的角度看，忠诚使译者忠于源语和目的语。它不能把“忠诚”和“忠信”概念混为一谈，因为忠实指的是原文文本与译文文本之间的关系，而忠诚则是人际范畴，它指人与人之间的关系。）

评价：忠诚“使译者双向地忠于源语和目标语两方面，但不能把它与忠信的概念混为一谈，因为忠信（fidelity/faithfulness）仅仅指向原文与译文的关系，而忠诚（loyalty）是人际范畴的概念，指人与人之间的社会关系”。功能加忠诚是诺德独特的翻译理论，更确切地说是她的理想。诺德是在传统的翻译观念中长大的，所以其理论总带有折中的成分。由于受其老师赖斯的影响较大，她的语篇分析模式实际上是遵循着广为认可的规范，译者无法改变规范或偏离规范，最终还是脱离不了对等的框框。诺德的理论虽然不能解决所有的翻译问题，但是可以为学生提供宝贵的帮助，使他们对功能翻译理论有一个大概的了解，并为翻译学生的课堂讨论提供很好的理论模式。

6.4　认知学派（Cognitive School）

认知学派：翻译学借助语言学建构了很多理论，随着 21 世纪认知语言学（CL）逐步成为主流学派，也对翻译学产生了重大影响，形成了一门新的边缘学科“认知翻译研究”。翻译的研究经历了从本体到认识再到语言文化的转向，即从只关注文本转向关注人，再到关注文本背后人的心智运作。

主要代表人物有罗杰・贝尔。

◆ **罗杰・贝尔（Roger Bell）**

罗杰・贝尔，英国著名翻译理论家，威斯敏斯特大学语言学教授，他十分重视翻译过程的研究，试图解释译者大脑“黑匣子”的运作方式。其代表作《翻译与翻译过程：理论及实践》（*Translation and Translating: Theory and Practice*）就是把翻译问题放到系统功能理论的框架中进行研究和探讨的。

贝尔关于翻译的主要观点如下。

他认为，语言不但是一个可以表示意义的形式代码结构，而且也是一个用代码形式来指示实体的交际系统，称之为语言的双重属性（dual nature of language），译者不可避免地要在“形式等值”和“功能等值”之间做出选择。选择前者即为词对词的翻译，也就是字面翻译，而选择后者则为意译，也就是自由翻译。贝尔认为语言是一种具有各种特征的代码，包括语音、文字、语法、词汇、语义等方面的特征。语言的使用就是从这些代码特征系统中做出选择，创造出可以传递意义的语篇。

贝尔关于翻译的经典论述如下。

Process of translating is a special case of the more general phenomenon of human information processing.

评价：贝尔在《翻译与翻译过程：理论及实践》一书中为我们提供了一个相当完整的翻译理论研究框架，借助于语言学、心理学来架构翻译过程模式，以功能语言学为基础说明了意义在翻译中的中心地位，又用心理学的研究成果阐述了人类信息处理（特别是翻译）的过程，应该说实现了他本人使翻译研究科学化的意图，向最终建立翻译科学走出了坚实的一步。

6.5　描写学派（Descriptive School）

描写学派：翻译研究，从一开始的归纳式经验总结，即用自己从翻译实践中得来的经验，浓缩成警句式的“标准”，传授给后人，让别人照着去做；到后来的演绎式科学研究，即利用语言学的一些基本原理，对翻译过程进行严格的描述，对翻译的终极产品进行严格的鉴定，细细地规定出翻译的全过程，用以指导翻译实践。这种研究翻译的方法，都是“规范性”的。翻译的实践在呼唤新的理论，描写翻译理论便应运而生了。所谓描写翻译理论，用 Maria Tymoczko 的话来说，就是“Descriptive translation studies—when they attend to process, product, and function—set translation practices in time and, thus by extension, in politics, ideology, economics, culture.”（描写性翻译研究在研究翻译的过程、产物及功能的时候，把翻译放在时代之中去研究。广而言之，是把翻译放到政治、意识形态、经济、文化之中去研究。）相对于规范性的翻译理论，描写性翻译理论的一个最大特点是它的宽容。描写翻译理论根本不关心直译、意译，他们关心的是把翻译语境化（to contextualize translation），也就是从宏观的角度研究翻译。

主要代表人物：詹姆斯·霍姆斯、埃文·佐哈儿、吉迪恩·图里。

◆ **詹姆斯·霍姆斯（James Holmes）**

詹姆斯·霍姆斯，著名翻译理论家，国际公认的翻译学奠基人，霍姆斯认为，一个新的研究领域的诞生与相应学科研究者的参与密不可分，他们带来了新的研究范式和模式，但同时也引起了研究模式、方法和术语上的混乱状况。他的里程碑式的论文《翻译研究的名与实》（“The Name and Nature of Translation Studies”）为后来的翻译研究勾勒出一幅路线图。

霍姆斯的主要翻译观点如下。

他确定翻译学是一门实证学科，认为翻译学分为纯翻译研究和应用翻译研究。他将翻译研究的目光转向了翻译的过程，认为翻译过程是做决定的过程，一个决定接着一个决定，到了某个点之后，翻译就产生了自己的一套规则。他指出翻译研究有两大目标：一是要描写人类生活中的翻译现象（to describe particular phenomena in the world of our experience），二是要总结出一些普遍原理来解释和预测这些现象（to establish general principles by means of which they can be explained and predicted）。然后，霍姆斯对翻译研究的范畴进行了勾画，将其分为描述翻译研究、理论翻译研究和应用翻译研究三大块。按照他的构想，描述翻译研究又分为三种：产品导向研究、功能导向研究和过程导向研究；霍姆斯认为，理论翻译研究的最终目标是建立一个完整的、包含甚广的理论模式，用来解释和预测所有与翻译相关的现象。应用翻译研究分为四大部分：翻译教学、翻译辅助、翻译政策及翻译批评。

霍姆斯关于翻译的经典论述如下。

There have been a few attempts to create more “learned” terms, most of them with the highly active suffix “-ology”. Roger Goffin, for instance, has suggested the designation “translatology” in English...such other terms as “translatistics” or “translitics”, both of which have been suggested, would be more readily understood, but hardly more acceptable...Two further, less classically constructed terms have come to the fore in recent years. One of these began its life in a longer form, “the theory of translating” or “the theory of translation”...It has been a productive designation, and can be even more so in future, but only if it is restricted to its proper meaning. For, as I hope to make clear in the course of this paper, there is much valuable study and research being done in the discipline, and a need for much more to be done, that does not, strictly speaking, fall within the scope of theory formation...Others, most of them not native speakers of English, have been more bold, advocating the term “science of translation”（or “translation science”）as the appropriate designation for this emerging discipline as a whole...I question whether we can with any justification use designation for the study of translating and translations that places it in the company of mathematics, physics, and chemistry, or even biology, rather than that of sociology, history, and philosophy—or for that matter of literary studies...There is, however, another term that is active in English in the naming of new disciplines. This is the word “studies”.

（霍姆斯十分重视术语在学术研究中的重要性，认为不适当的学科命名是学科建设的一大障碍。他认为 -ology 这个后缀太过学究气，而且过于生僻，不能任意组合，“the theory of translating”或“the theory of translation”，“translation theory”最大的缺点在于对研究范围的限制，翻译研究远远不止于理论建设的范围。至于“the science of translation”，“translation science”之所以不可取是因为翻译研究远没到精确、定性的程度，尚未形成一个范式，不宜被称为科学。霍姆斯提出了在英语中常常用来命名新学科的另一个词——studies，这样可以消除许多混乱和误解。）

评价：霍姆斯在翻译理论史上最大的贡献在于首先对翻译学科进行了比较有说服力的勾画，尤其他对“描写性翻译学”的界定“大大拓宽了人们的视野，使得一切和翻译有关的现象都成为研究目标”。霍姆斯提出的描写翻译学框架，为翻译学提供了正确的发展方向，使翻译研究更加注重描写性，为后来出现的描写翻译学派奠定了坚实的思想基础。但他的译学理论框架只是一种理论体系的勾勒、一种静态的构想，由于其译学构架是开放性的，所以尚未完善。

◆ 埃文·佐哈儿（Even Zohar）

埃文·佐哈儿，以色列著名文化研究学者和翻译理论家（严格说来，他是文化理论家而不是翻译理论家），是特拉维夫大学文化研究学院教授。他是多元系统理论的创始人，这一理论对翻译研究产生了很大的影响。其代表作有《历史诗学文集》（*Papers in Historical Poetics*）、《多元系统研究》（*Polysystem Studies*）以及《文化研究文集》（*Papers in Cultural Reasearch*）。

埃文·佐哈儿关于翻译的主要观点如下。

提出了研究动态文化和异质文化的多元系统理论以及论述了翻译文学的地位。在他看来，不同文化之间存在互动，从文化形成的角度看，特别是整体文化（民族文化）看，这种文化互动并不是孤立的，而是存在着密切的关联。在其早期所阐发的多元系统理论中，他提出，翻译是一项受系统关系制约的、复杂的动态活动，而不是比较语言能够固定参数的行为。以跨文化关系而言，翻译活动可以从文学、文化干预角度予以分析。另外，埃文·佐哈儿特别强调应该将翻译文学纳入文学多元系统，认为翻译文学在特定文学共时的与历时的演进中，都具有重要影响和作用。翻译文学不仅是文学系统中不可分割的一部分，而且还是该系统中一种活跃的因素。它在文学系统中并不是总处于边缘地位。有可能在下列三种情况下处于一国文学之首要地位：第一，当一国文学处于“幼年期”，尚在草创阶段；第二，当某种文学处于“边缘”或“弱小”状态，或两者兼而有之；第三，当某种文学正经历某种转折、危机或出现文学真空时。在佐哈儿看来，不仅翻译文学的社会、文学地位取决于其在多元系统中的位置，而且翻译实践本身也从属于这一地位。由此看来，翻译绝不仅仅是一种双语活动，更为重要的是，翻译取决于文化多元系统中的各种关系。

埃文·佐哈儿关于翻译的经典论述如下。

The position assumed by translated literature in the literary polysystem tends to be a peripheral one except in three specific cases:

A. when a polysystem has not yet been crystallized, that is to say, when a literature is “young”, in the process of being established;

B. when a literature is either “peripheral” or “weak” or both;

C. when there are turning points, crises, or literary vacuums in a literature.

评价：埃文·佐哈儿的多元系统理论虽然略显简单粗犷，对译者的主体能动性及其对文化地位的主观认识也有所忽视，但确是一套非常灵活、开放和有用的解释工具，佐哈儿的多元系统在本质上是多层面的，在分类上足以解释经典文学和通俗文学、翻译和非翻译以及其他文化生产模式的现象，包括占主导的和非主导的社会关系。

◆ **吉迪恩·图里（Gideon Toury）**

吉迪恩·图里，以色列特拉维夫大学诗学、比较文学与翻译理论教授兼贝恩斯坦翻译理论讲座教授，是将多元系统理论应用到翻译研究的代表人物，同时也是翻译描写研究理论用力最勤的理论家。代表作品有《翻译理论探索》（*In Search of a Theory of Translation*, 1980）和《描述翻译学及其他》（*Descriptive Translation Studies and Beyond*,1995）。

吉迪恩·图里关于翻译的主要观点如下。

图里研究的内容很广，主要集中在三个方面：①描写翻译研究（descriptive translation studies）与翻译规范（norms），指出了描写翻译研究的对象和目标，以及翻译规范的定义分类等；②个案研究（case study），通过对实际存在的译本的研究来发现制约翻译活动的规律，即翻译规范；③母语译者（native translator）与译者的培训，指出如何运用翻译规范理论对译者进行培训。这三方面各有侧重，但都以翻译规范为核心。他指出任何翻译都不可能与原文完全契合，忠实的标准因此只能是相对的，他引入了“翻译规范”的概念，区分了“规范”(norm)、“规则”(rules) 与译者 “个人风格”(idiosyncrasies) 之间的区别。“规则” 和 “个人风格” 是两极，而 “规范” 则占据广泛的中间地带。翻译规范系统对译者决策产生重要的影响。图里将翻译分为 “起始规范”(initial norm)、预备规范 (preliminary norms) 和操作规范 (operational norms) 三种。“起始规范” 主要涉及翻译的宏观导向，译者在源语规范和译入语规范之间做出权衡与选择,从而影响译文的 “充分性” 与 “可接受性”。“预备规范” 主要与 “翻译政策” 和 “翻译的直接性” 有关。“翻译政策” 主要是与某种语言 / 文化在特定时期内对翻译文本的选择有关。所谓 “翻译的直接性” 主要涉及译入语文化对转译的容忍程度。“操作规范” 指导实际翻译活动中的决策。它可以进一步分为 “母体规范”(matricial norms，或称 “基体规范”) 和 “文本 - 语言规范”(textual-linguistic norms)，前者涉及文本内容的安排与取舍等宏观层面，后者则影响文本的微观层面，如句子结构、遣词造句、字母大小写与斜体等。

吉迪恩 · 图里关于翻译的经典论述如下。

Norms can be expected to operate not only in translation of all kinds, but also at every stage in the translating event, and hence to be reflected on every level of its product. It has proven convenient to first distinguish two larger groups of norms applicable to translation: preliminary vs. operational. Preliminary norms have to do with two main sets of considerations which are often interconnected: those regarding the existence and actual nature of a definite translation policy, and those related to the directness of translation. Operational norms, in turn, may be conceived of as directing the decisions made during the act of translation itself. They affect the matrix of the text —i.e., the modes of distributing linguistic material in it—as well as the textual make-up and verbal formulation as such. They thus govern—directly or indirectly—the relationships as well that would obtain between the target and source texts; i.e., what is more likely to remain invariant under transformation and what will change.

评价：图里的规范既可以看作在翻译的过程中所涉及的一个社团分享的普遍价值和思想，也可以看作适用于具体翻译情形的操作指令。它还可以包括翻译中强制性和禁止性的行为，当然也涉及某些层面上所容忍和许可的行为。图里认为，译者应该制定一套能够制约目的语社会文化的规范，以决定翻译行为是否适当。他的规范理论 “为中国的翻译研究提供了很多有益的启示。第一，翻译规范研究的最终目的是建立翻译的普遍法则。描写性的翻译规范研究更符合科学研究的规律。第二，规范研究拓宽了翻译研究的范畴，为人们更深入地思考翻译现象、最终合理解释各种翻译现象打下了基础。第三，翻译规范研究要求对大量的译本进行共时性和历时性的研究，这就使得翻译研究趋于系统化规模化。”

6.6 文化学派（Cultural School）

在 20 世纪 80 年代以前，西方翻译理论基本上进行的都是纯文本方面的研究，很少涉及文本以外的因素。但是，由于翻译的复杂性，无论语文学派还是语言学派都不能解决所有的翻译难题。翻译之所以复杂，是因为它不仅与语言或文学密切相关，更重要的是它还与以语言作为外壳或载体的文化密切相关。以上两个学派因受其研究角度的局限，仅能解决某些特定问题，却不能解决翻译的实质性问题——翻译中的文化问题。从 20 世纪 80 年代开始，对于文本之外的因素的探究开始在翻译研究中逐步盛行，而这种文本之外的研究催生了翻译研究的一个新流派——翻译的文化学派。有必要指出的是，“文化学派”这一名称在西方译学界使用得并不多，反倒是在中国翻译界使用得更为普遍。这当然跟最近一二十年来西方译学界出现并完成的翻译研究的“文化转向”有比较直接的关系。巴斯奈特与勒菲弗尔是文化翻译学派的重要代表人物。1990 年苏珊·巴斯奈特与安德烈·勒菲弗尔合编了《翻译、历史与文化论集》一书，标志着翻译研究的“文化转向”。

主要代表人物：安德烈·勒菲弗尔，苏珊·巴斯奈特以及劳伦斯·韦努蒂。

◆ **安德烈·勒菲弗尔（André Lefevere）**

安德烈·勒菲弗尔是国际著名翻译理论家、比较文学家和翻译家。作为一名翻译理论家，其理论原创性、独立性和思维洞见，在 20 世纪西方翻译理论史上几乎无人可比肩。他的学术生命如同他提出的“折射”翻译理论一样，折射出的多彩光谱照亮了整个西方翻译的未来方向。其代表作品有《翻译、改写以及对文学名声的制控》（*Translation, Rewriting and the Manipulation of Literary Fame*）和《翻译、历史与文化论集》（*Translation, History & Culture*）。

安德烈·勒菲弗尔关于翻译的主要观点如下。

勒菲弗尔的谱系学提出，改写、操纵、赞助人和意识形态等概念已经成为文化转向的核心范畴。他是操纵学派和多元系统理论之后的关键性人物和最有理论建树的学者。他的思想谱系不仅给翻译研究本身带来冲击，也给文化研究带来了积极的成果。勒菲弗尔认为操纵控制文学系统有两种类型。一种是系统之内的专业人士，另一种是系统之外的赞助人。在文学翻译系统内，翻译的功能被三种因素所制约：①文学系统专业人士；②系统外的赞助人；③主流诗学。勒菲弗尔认为翻译是一种改写，改写即操纵，翻译的改写是为特定的意识形态服务的手段。改写或翻译必定受到目的语文化诗学、文学观念和意识形态规范的制约，译者在此范围内进行操作。改写的动机要么是为了同主流意识形态和诗学保持一致，要么是反抗流行的意识形态和诗学。译者必须在目的语的意识形态、自己的爱好、经济利益和职业伦理道德之间做出妥协。他的思想在中国找到了巨大的共鸣和反响，近年来，他提出的意识形态、诗学与赞助人三因素在我国语境下被反复讨论，影响深远。

安德烈·勒菲弗尔关于翻译的经典论述如下。

Translation is, of course, a rewriting of an original text. All rewritings, whatever their intention, reflect a certain ideology and poetics and as much manipulate literature to function in a given way. Rewriting is manipulation, undertaken in the service of power, and in its positive aspect can help in the evolution of a literature and a society. Rewritings can introduce new concepts, new genres, new devices and the history of translation is the history also of literary innovation, of the shaping power of one culture upon another.

（当然，翻译是对原文文本的改写，改写即操纵，所有改写者不管出于什么目的，都反映了某种意识形态和诗学。通过操纵文学，“改写”在特定的社会以一种特殊的方式发挥作用。从积极的方面来看，改写有助于某种文学和社会的进化，可以引进新的概念、新的风格、新的手法。翻译的历史也就是文学革新的历史，是一种文化对另一种文化施加影响的历史。）

评价：勒菲弗尔的研究从操纵、意识形态、诗学、权力话语等方面大大拓宽了翻译研究的视野。他使翻译研究突破了语言学和传统美学研究的范畴，从翻译的外部研究和宏观研究入手，从社会、历史和文化深层次上，构建了文化学派的基础理论。同时，通过运用大量个案充分说明意识形态、赞助人、诗学等文化框架对翻译的冲击，勒菲弗尔试图唤起翻译界、学术界对翻译的文化视角的注意。可以说，勒菲弗尔的翻译思想是 20 世纪后期最重要、最具有原创性的思想，在他手里，翻译研究的文化学派成功地实现了文化转向。

◆ **苏珊·巴斯奈特（Susan Bassnett）**

苏珊·巴斯奈特，英国知名翻译理论家、比较文学家和诗人，是文化翻译学派的领军人物，在国际译坛有深远影响。她重视翻译研究与其他学科的关系，注重理论联系实际，注重文化翻译的目的与功能，最后她的目的是重新给翻译学科定位。巴斯奈特的文化转向和翻译转向的话题提出后，很大地改变了翻译研究的领域。她的《翻译研究》（*Translation Studies*, 2002）写成于 1980 年，一版再版，已成为世界上翻译研究领域最重要的教科书。她近年的著作还有与勒菲弗尔合著的《文化构建》（*Constructing Cultures*, 1998），以及与 Harish Trivedi 共同编写的《后殖民主义翻译》（*Post Colonial Translation*, 1999）等。除了学术著作，苏珊·巴斯奈特还热爱诗歌，并出版了一本诗集《生命的互换》（*Exchanging Lives*, 2002）。

苏珊·巴斯奈特关于翻译的主要观点如下。

在《翻译研究》一书中，巴斯奈特系统梳理了翻译学的基本知识：她在书中第一部分主要介绍翻译中的几个主要问题，其中包括语言与文化、翻译类型、解码与重组、等值、不可译性以及翻译的性质等。在对这些问题进行论述的过程中，打破以往翻译界二元对立的定势思维，从更广阔的背景和视野下研究翻译是其显著特点。她认为，翻译不再是从一种语言到另一种语言的简单转换，而是涉及句法、语法和语用等多种层次的复杂体系的解码与编码过程，在此过程中，文化起着至关重要的作用。完全等值的、同一的翻译是不可能的。

该书还注重对翻译史的研究：通过分析从古罗马到现当代不同历史时期翻译研究的状况，巴斯奈特强调翻译、译者的地位在不断提高，翻译研究的方法和视野逐渐扩大，研究者开始把目光从翻译过程本身投射到与翻译有关的其他因素和领域上来。巴斯奈特的研究拓宽了翻译研究的视野和领域。在《翻译研究》中，巴斯奈特特别关注了解构哲学指引下进入翻译研究视域的女性主义、后殖民主义、东方学等研究视角，进一步强调了文化学派的基本理念，指出 20 年间翻译研究的共同主线一直没变：强调多样性；排斥传统观念中对原作的重视以及陈旧的那套“忠实”“背叛”价值判断体系；突出译者的操控权；将翻译看作跨越源语和目的语之间的桥梁。巴斯奈特的研究注重翻译理论与实践相结合：巴斯奈特强调翻译的理论和实践的密切关系。她不仅是一位翻译理论家，而且是一位翻译实践者。她在小说、诗歌、戏剧等方面贡献卓著。在处理原诗与译文的形式问题上，苏珊·巴斯奈特总结出 4 种实际存在的方法：一是“诗体归化”（mimetic form）；二是“诗体对等转换”（analogical form）；三是“自由诗体”（organic form）；四是“另类诗体”（deviant or extraneous form）。

苏珊·巴斯奈特关于翻译的经典论述如下。

We called this shift of emphasis “the cultural turn” in translation studies, and suggested that a study of the processes of translation combined with the praxis of translating could offer a way of understanding how complex manipulative textual processes take place: how a text is selected for translation, for example, what role the translator plays in that selection, what role an editor, publisher or patron plays, what criteria determine the strategies that will be employed by the translator; how a text might be received in the target system.

（我们把中心转移称为翻译研究中的“文化转向”，通过这种方式，就可以更好地理解操纵文本过程的复杂性：一个文本是如何被选择来翻译的，在选择过程中译者承担着什么角色，编辑、出版机构或赞助人承担着什么角色，什么样的标准决定译者将会采用的策略；在译语系统中一个文本可能会怎样被接受。）

评价：巴斯奈特是文化翻译学派的重要代表，其翻译实践和翻译思想是译界一笔宝贵财富，具有深刻的时代意义和理论指导意义。她系统地介绍了翻译研究作为一门独立学科的基本研究范畴，用辩证发展的眼光审视该学科中已有的论断和不利于翻译研究发展的问题，为翻译研究向前发展解除了枷锁；她把翻译研究与文化研究紧密结合起来，把翻译研究放在一个更为广阔的历史、文化范畴来加以探讨，并且注重跨学科的研究。因此，她的思想具有高度的宏观性。此外，她对文学翻译的重视，对后殖民主义、女性主义的关注都使得翻译、译者的地位提高，同时体现了一位学者广阔的胸襟和气度。总的来说，巴斯奈特翻译文化转向思想的提出，标志着描述翻译学派研究进入了一个崭新的时期。

◆ 劳伦斯·韦努蒂（Lawrence Venuti）

劳伦斯·韦努蒂是美国著名翻译理论家，翻译史家、翻译家。韦努蒂把解构主义的翻译思想付诸实施，提出了反对译文通顺的翻译策略。其目的是：在思想意识上反对殖民主义的翻译观和英美民族中心主义、帝国主义文化价值观；在翻译原则和方法上，提倡“存异”而不是“求同”。他著作颇丰，主编论文集《对翻译的重新思考：语篇、主体性与意识形态》（*Rethinking Translation:Discourse, Subjectivity, Ideology*, 1992）、《译者的隐身：一部翻译史》（*Translator's Invisibility: A History of Translation*, 1995）和《不光彩的翻译：关于差异的伦理》（*The Scandals of Translation:Towards an Ethics of Difference*, 1998）。

劳伦斯·韦努蒂关于翻译的主要观点如下。

他对归化与异化的观点进行了重新阐述：归化是用来描述翻译策略的词语。在此类翻译中，译文采用明白、流畅的风格，使目标语读者对外来文本的陌生感降到最低。韦努蒂认为，归化翻译是英美文化中占支配地位的翻译策略，它与存在于英美文化与其他文化之间的不平衡关系是一致的。异化是韦努蒂使用的术语，指生成目标语文本时会通过保留原文中某些异国情调的东西来故意打破目标语惯例的翻译类型。韦努蒂认为，异化翻译旨在通过凸显原文的异质性身份，保护其不受译入语文化的支配，从而质疑英语文化的主导地位。归化和异化的问题，在韦努蒂这里体现了翻译的伦理道德和文化身份认同等文化核心问题。

他提倡抵抗式翻译：他的抵抗式翻译可以看成异化在文化上的进一步延伸。所谓抵抗式翻译，是指有影响的翻译重视的是试验手段，倾向于窜改用词，试图寻找与原文相对应的多元价值、多重声音或表现方法，而形成自身风格。它避免的是流畅性，因为它对外国文本施加的是种族中心主义暴力，抵抗和挑战的对象是目的语主导文化。抵抗的主人是译者，一方面，通过采用非流利的翻译策略，译者让人感觉到译者作为主体的存在，即面对强调可读性和透明交际的传统习惯，译者打破语义的一致性，造成一种张力和断裂。另一方面，抵抗突出了原文文本的异域身份，使其免受占主导地位的目的语的意识形态的控制，很明显，韦努蒂深受后殖民主义、后现代主义以及解构主义的影响。突出他者，彰显差异性和混杂性，突出边缘在翻译中的体现，是他提倡的异化策略的使命。

他进一步探索了翻译与文化认同的关系：他综合了西方的批评理论、文化哲学思潮和翻译中文化学派的各种理论，在此基础上，韦努蒂提出，翻译不仅能够塑造文化身份，产生文化认同，而且对激发社会变革有着深远的影响。

他对翻译的伦理问题进行了论述：韦努蒂认为，翻译的同一性伦理（ethics of sameness）（求同），巩固的是主流意识形态的价值观，而差异伦理（存异）（ethics of difference）参与的是抵抗或反抗霸权话语。

劳伦斯·韦努蒂关于翻译的经典论述如下。

Perhaps the greatest scandal of translation: asymmetries, inequities, relations of domination and dependence exist in every act of translating, of putting the translated in the service of the translating culture.

（翻译最大的丑闻可能是：不对称、不平等以及宰制和依赖贯穿于每一个翻译行为，使翻译臣服于所翻译的文化。）

评价：纵观韦努蒂的翻译理论研究，从异化翻译到因地制宜伦理，我们不难发现韦努蒂思考的根本问题是如何对待语言和文化之间的差异性问题，以及如何衡量由这些差异性所带来的社会语言及文化变革的问题。韦努蒂认为翻译首先是文化问题，然后是社会问题，最后是伦理问题。由此观之，韦努蒂的翻译研究一直是“文化”层面的有关翻译的文化研究，其间夹带了语言、社会、伦理层面的翻译研究。为了展开这一研究，韦努蒂将其落实在上述术语链条的每个术语中：译者的隐身（translator's invisibility）、症状阅读（symptomatic reading）、异化翻译（foreigning translation）、反常式翻译（abusive translation）、对抗式翻译（resistant translation），翻译之耻（the scandals of translation）、少数族语言的翻译（minoritizing translation）、语言剩余（remainder）、文化身份的形成（the formation of cultural identities）、存异伦理（ethics of difference）、因地制宜伦理（ethics of location），等等。这些术语环环相扣，形成逐级提升的态势，生成了他独具理论特色的翻译理论话语系统。

从积极的方面看，作为 20 世纪 80、90 年代美国翻译界就“归化”“异化”策略振臂疾呼的人物，韦努蒂提出的翻译观为翻译研究开创了独特视角。如今我们评价翻译不再仅仅从语言层面看字词是否对等，语言是否流畅，是否忠实于原文，而是上升到了对文化霸权的探讨。韦努蒂提倡的“异化”翻译能够有效地抵御翻译中强势文化对弱势文化的种族中心主义，让译者在翻译过程中出场。韦努蒂异化翻译理论的默认语境是以英语为目标语，以其他相对弱势的语言为源语，因此存在着单向性的缺陷。韦努蒂的理论归根结底落实在英美文化中，其对于英美文化的意义远大于对其他文化的意义；与其说是对英美文化霸权地位的一种解构，不如说是对英美文化自我认同的一种重塑。由此看来，韦努蒂对异化的推崇不具有普适性，我们在具体语境之中应该有选择性的进行翻译策略的采纳。

6.7 后殖民及女性主义学派（*Postcolonial & Feminist School*）

当全世界范围内的帝国主义殖民统治结束后，殖民主义虽然早已是明日黄花，但其影响却始终存在，通过对殖民主义及其话语进行批判和反思，后殖民主义随之产生并迅速成为西方学术界的热门话题。后殖民主义关注不同文化之间的异质性和权力关系，倡导不同国家、民族的人们在差异性的基础上和谐相处。

女性主义文化理论大致产生于 20 世纪中叶，它从揭示性别歧视、争取男女平等开始，发展到强调女性心理的、经验的、表现的独特性，再到承认男女性别的差异、互补。女性主义文化理论试图颠覆主流的男性文化价值观对女性的压迫，为弱势女性群体发声，它始终处于边缘的位置。

20 世纪 80 年代以来，女性主义开始与后殖民主义逐渐进行交流、对话，形成了一个全新的阐释空间，即后殖民女性主义文化理论。这一研究空间引起了西方学术界新的关注，与此相关的论文、专著不断涌现。

代表人物：佳亚特里·斯皮瓦克、道格拉斯·罗宾逊、雪莉·西蒙。

◆ **佳亚特里·斯皮瓦克（Gayatri Spivak）**

佳亚特里·斯皮瓦克出生于印度。是当今世界首屈一指的文学理论家和文化批评家，西方后殖民理论思潮的主要代表，早年师承美国解构批评大师保罗·德曼，获得康奈尔大学博士学位，以演讲的雄辩和批评文风的犀利而驰骋于 20 世纪 80、90 年的英语文化理论界。罗伯特·扬将斯皮瓦克、赛义德和霍米·巴巴并成为后殖民理论的“圣三位一体”。她著作颇丰，其中《底层人能说话吗》（*Can the Subaltern Speak*？）成为后殖民理论的重要奠基之作。

斯皮瓦克关于翻译的主要观点如下。

斯皮瓦克有关翻译的探讨主要集中在她翻译的德里达《论文字学》的“译者前言”（1976/2007）、《翻译的政治》（“The Politics of Translation”，1992/1993）、《作为文化的翻译》（“Translation as Culture”，2000）、《被问及翻译：游移》（“Questioned on Translation: Adrift”，2001）和《后殖民理性批评》（*A Critique of Postcolonial Reason: Towards a History of the Vanishing Present*, 1999）中。她的论述互文性极强，包括大量解构主义、马克思主义、女性主义和精神分析的理论资源，行文晦涩难懂。任何试图全面介绍其理论并进行本质化解读的尝试都必定是一种失败，因而对其翻译思想的考察只能是遵循其文本的印记。她主要提出了后殖民主义是如何聚焦翻译与殖民化之粘连的问题，即从原文到第三世界语言的翻译往往是不同的政治活动，斯皮瓦克特别关注翻译所导致的一系列意识形态问题以及大量的变形现象，她严厉批评西方女性主义批评家——她们主张欧洲以外的女性主义文本都应译为强权者的语言“英语”。这位印度裔女性学者还是庶民学派的重要成员之一，对“庶民”给予高度关注。斯皮瓦克的庶民研究反对西方中心主义和精英主义，关注弱势群体，倡导民主平等，极大丰富了后殖民理论，对中国学术研究具有重要启示。

斯皮瓦克关于翻译的经典论述如下。

Let us now think that, in that other language, rhetoric may be disrupting logic in the matter of the production of an agent, and indicating the founding violence of the silence at work within rhetoric. Logic allows us to jump from word to word by means of clearly indicated connections. Rhetoric must work in the silence between and around words in order to see what works and how much.

（她提出语言的“三重结构”包括逻辑、修辞和静默，逻辑通过清晰的指示关联使我们从一个词跳跃到另一个词，它指明关系，指涉意义。修辞扰乱逻辑的系统性，悬置意义。静默是修辞的运作方式，存在于词与词之间和语言之外。）

评价：斯皮瓦克通过文化表象的剖析深入文化政治的背景分析中，致力于清理原有的文学观念。她以解构主义方式审视真理及知识的构成，关注主流话语、体制和第三世界的问题。在此基础上将女性主义和边缘群体置于马克思主义、精神分析和后结构主义的互证关系中进行深入的研究和批判。这些方式对业已形成的理解和分析模式形成了冲击，对文学理论外在的走向和内在的思路提供了清理的入口和言说的平台。其研究范式和文学思想对于人们在全球化时期认识文化政治和多元文化批评有着深刻的启迪。在当前中国学界清理文学遗产和消化吸收异域成果时，其观点和方法论作为一种资源值得人们认真思考和借鉴。然而，斯皮瓦克的批评理论虽具有自己的特色，也即解构、女权主义和第三世界的后殖民批评，具有强烈的挑战性。但是较之赛义德的批评理论，其理论缺乏系统性和一贯性。

◆ **道格拉斯·罗宾逊（Douglas Robinson）**

道格拉斯·罗宾逊是当代西方译学界一位相当活跃，而且具有影响力的翻译理论家。他现执教于美国密西西比大学英语系，研究视野开阔、范围广泛，主要研究领域有语言理论、翻译理论、文学理论、美国文学与文化，以及西方思想史与教育法。其著作颇丰，现已出版近十本。其代表作《译者出场》（*The Translator Turn*, 1991）、《翻译与禁忌》（*Translation and Taboo*, 1996）、《谁在翻译？》（*Who Translates:Translator Subjectivities beyond Reason*, 2001）等著作。1997 年，道格拉斯·罗宾逊出版的《翻译与帝国：后殖民理论的解释》（*Translation and Empire: Postcolonial Theories Explained*）对后殖民主义翻译理论研究现状进行了极全面的总结，是较全面且系统的后殖民主义翻译研究文献。

道格拉斯·罗宾逊关于翻译的主要观点如下。

“后殖民主义”这一术语是在斯皮瓦克 1990 年出版的访谈与会议集《后殖民批评家》中正式提出的。而“后殖民翻译研究”是由美国学者道格拉斯·罗宾逊于 1997 年提出。在《翻译与帝国》，罗宾逊认为：“翻译其实是为帝国主义力量服务的有效工具。”并对后殖民理论及兴起做了详细的阐述。他指出，从后殖民理论修订全球的空间问题便是把文化差异的定位从民主政治的多元性空间转移到文化翻译的边界谈判。同时他对权力差异的翻译及如何越过权力差异建立理论做出了说明。另外，他针对后殖民主义理论出现以前帝国翻译理论的历史，进行了说明，并阐明了翻译与殖民主义的影响。他还从翻译的积极作用来研究翻译在殖民统治时期反抗殖民统治所起到的作用。最后，道格拉斯·罗宾逊发表了自己对翻译与帝国主义发展关系的观点，即一是翻译在殖民化和非殖民化中的作用；二是对非殖民化而言何为积极有利的翻译方法。

总之，道格拉斯·罗宾逊所著《翻译与帝国》一书从后殖民的角度审视了政治和文化对译者的影响。他以后殖民理论解析翻译的政治典律以及它们与构建民族文化身份的关系，指出了它们对居于弱势文化的译者避免自我殖民和重述民族文化身份的意义和价值。从翻译的实践角度讲，正如罗宾逊所言，在后殖民语境下，翻译“既是殖民化的途径，也是解殖民化的工具”。

道格拉斯·罗宾逊关于翻译的经典论述如下。

Translation and empire are terms that do not at first glance seem to go together. The most common terms associated with translation over the two thousand or more years that it has been studied are meaning, equivalence, accuracy, technique, and so on—concepts that are purely technical（“how to”）and evaluative（“how good”）and that point to an activity performed on words, sentences and whole texts...In this scholarly tradition, any linkage between translation and empire seems at first improbable, even impossible, certainly counter intuitive. What could translation possibly have to do with empire? Not only must the imperial conquerors find some effective was of communicating with their new subjects; they must develop new ways of subjecting them, converting them into docile of “cooperative” subjects. One of the earliest areas of concern in the history of translation as empire was selection and training of interpreters to mediate between the colonizer and the colonized.

评价：后殖民翻译研究为翻译研究提供了一个新的视角和空间，摆脱了单一语言研究的束缚，构筑了翻译批评的新范式。后殖民主义翻译研究发现了“权利差异”这一因素。它是影响翻译实践过程的重要因素之一。这一发现，将翻译活动放在了一个更加广阔的国际政治文化框架内进行审视，探讨了蕴涵在翻译文本之中的权力关系，使翻译研究这门学科获得更为深入的发展。后殖民主义翻译理论提倡各民族文化和语言的平等关系，使在翻译理论体系中处于支配地位的西方翻译理论体系受到挑战，也促使西方人改变了长期以来对东方的偏见，使第三世界国家认清了自己在世界翻译体系中的地位，促进各国反思自身的文化。

然而，后殖民主义翻译理论本身还有诸多方面值得探讨。每个国家的历史和文化迥然不同，各自所构建的翻译理论也难以具有广泛的适用性，很难建立系统的翻译理论。由于后殖民语境下存在着政治经济的不平等，便产生了强势文化与弱势文化之间的权力差异，要想使得翻译实现人们预期的平等对话和信息转换也绝非易事。在研究过程中，过于保护本民族话语权、采取较为极端的翻译策略的倾向，也易使后殖民翻译理论成为狭隘民族主义发展的因素。

◆ 雪莉·西蒙（Sherry Simon）

雪莉·西蒙执教于加拿大康考迪亚大学，主要从事翻译理论与文学研究。《翻译中的性别：文化身份和传播的政治》（*Gender in Translation: Cultural Identity and the Politics of Transmission*, 1996）是她的重要译学理论专著之一，也是西方第一本全面论述女性主义视角下的翻译问题的学术性专著。主要探讨作为政治与文学运动的女性主义对于翻译理论和实践的影响。

雪莉·西蒙关于翻译的主要观点如下。

对女性身份的认同与翻译的关系进行了研究：她认为译者和女人在他们各自从属的等级秩序中历来居于弱势地位——译者是作者的侍女，女人低于男人。西蒙认为，原作对于再生产的译本所具有的等级上的权威与阳性和阴性的意象连接在了一起，原作被视为强壮而具有生产力的男性，而译本则是低弱的派生的女性。西蒙从建构主义观点出发，指出翻译的衍生性和女性的从属性，在历史上的地位都是一种建构。女性主义翻译理论就是要揭示这样一个扭曲的建构过程，即用忠实与不忠实来看待女性和翻译，以及在描述女性时使用的歧视性词汇。西蒙认为，性别像其他文化身份一样，是身份与经验的构成因素，是由社会意识和话语而建构的。从谱系学批评的角度看，女性不是一个稳定不变的概念，其流动性恰好体现了后殖民、后结构和后现代的语境特点，同时颠覆了传统的性别意向。

她论述了女性语言与翻译的关系："语言是意义争夺的场所，是体验、检验和自我证明的竞技场。因此，翻译研究在很多重要方面受到女性主义思想的滋养是不足为怪的。"由于翻译长期以来被性别化的字眼统治，推翻它的统治，意味着对这些字眼的重新表述。同时，对译者的主体性身份也必须重新考虑。同女性主义写作一样，女性主义翻译也试图突出女性主体性，在文本阅读和再生产过程中以一个女骑手、女征服者的面目出现，取代那个唯男性马首是瞻的、自惭形秽的女奴仆。女性驾驭在翻译中的集中表现是，从根本上替换传统的语言转换模式。女性译者的文本敢于清晰地反映译者的存在，对主宰西方语言中的词与物、词与情、词与词等最基本的关系提出了疑问。这种女性的重读和改写是对男性挪用的暴力的反抗，坚守了女性译者在翻译中作为一个积极参与者、创造者的作用。女性译者敏感地感到她们有权，或者用女性的词汇在翻译中补上所失去的女性标记，以避免男性单一化的表现手法，以纠正传统上语言和翻译的性别不平等现象。

有关女性忠实的悖论的思考：翻译中以性别为基础的范式，显示了翻译作为衍生性的、女性的特征。西蒙指出"不忠的美人"的议题在于将忠实与美丽对立起来，仿佛忠实的问题只与女性有关，这是千百年来男权强加在翻译和女性身上的枷锁和偏见。她认为翻译的忠实概念必须重构。传统中的作者，作为文本的权威和译者作为代理的角色，以及女性附属的角色正在受到挑战，二元对立的关系预设也被不断拷问，拓展女性主义译者的创造性不是损害原文意义，而是译者与作者、译者与文化珠联璧合的对话、合作与互动。它解开了译者主体性新的维度，给忠实这个传统观念以全新的诠释。

雪莉·西蒙关于翻译的经典论述如下。

It is by destroying the absolutes of polarity that we can advance in our understanding of social and literary relations. Attention must shift to those areas of identity where the indeterminate comes into play. Equivalence in translation, as contemporary translation theory emphasizes, cannot be a one-to-one position. The process of translation must be seen as a fluid production of meaning, similar to other kinds of writing. The hierarchy of writing roles, like gender identities, is increasingly to be recognized as mobile and performative. The interstitial now becomes the focus of investigation, the polarized extremes abandoned.

评价：不可否认，女性主义与翻译的结合对传统的翻译观造成了巨大的冲击和挑战。

女性主义有意识的叛逆翻译观是人类社会进步的产物，女性主义翻译对社会文化产生了深远的影响，同时也推动了翻译领域加强对女性主义翻译的研究，不仅促使我们对翻译活动进行重新思考，同时也将推动国际之间文化交流和民族之间的了解。女性主义思想在翻译中可以得到体现，但过分强调女性主义，持极端叛逆的态度是不可取的。

6.8　哲学学派（*Philosophical School*）

翻译与哲学有着水乳交融、千丝万缕的联系。无论是传统经典哲学，还是现代语言哲学或解构哲学，都涉及大量的翻译理论问题，翻译理论也包含着哲学思辨和哲学方法论的运用。一方面，翻译作为一种话语实践，可以为哲学提供大量的感性材料，另一方面，哲学中包含着翻译理论研究所需要的“精华”、“精髓”和“灵魂”，给翻译研究以指导。

代表人物：弗里德里希·施莱尔马赫、瓦特·本雅明、雅克·德里达，汉斯·伽达默尔、乔治·斯坦纳。

◆ 弗里德里希·施莱尔马赫（Friedrich Schleiermacher）

弗里德里希·施莱尔马赫，德国十九世纪神学家、哲学家，被称为现代神学、现代诠释之父。其主要著作有《论宗教》《基督教信仰》《新约导论》《耶稣传》等，他的思想对德国的宗教思想、哲学和文化影响巨大，某些观念在当时曾引起激烈争论。1813 年在柏林皇家科学院发表的演讲《论翻译的不同方法》，是西方翻译理论史上的一篇重要论文。

施莱尔马赫关于翻译的主要观点如下。

施莱尔马赫认为翻译无处不在，而且不可或缺。他对翻译的类型与翻译的文本类型进行了分类。他将翻译分为口译和笔译两种，是明确区分口笔译的第一人，他提出翻译的文本可以分为商务文本和学术与艺术文本。不同文本的翻译难度、翻译形式各不相同，对译者素养和翻译质量的要求也不尽相同；他提出了“以作者为中心”和“以读者为中心”两种不同的翻译方法。他首先叩其两端，即界定翻译的两个极端“释译法”（paraphrase）和“模仿法”（imitation）。然后他指出这两种方法的不足，即与严谨翻译的差距。再次，施莱尔马赫从哲学的高度来讨论语言与翻译，开创了解释学翻译研究的传统。

施莱尔马赫关于翻译的经典论述如下。

But what paths are open to the true translator, one who would bring those two utterly unconnected people together, the source language author and the target-language reader—and would aid the latter, without banishing him from the sphere of the target language, in attaining as accurate and thorough an understanding and enjoyment of the former? I believe there are only two. The translator either（1）disturbs the writer as little as possible and moves the writer in his direction and moves the writer in his direction, or（2）disturbs the reader as little as possible and moves the writer in his direction. The two approaches are so absolutely different that no mixture of the two is to be trusted, as that would increase the likelihood that the writer and the reader would miss each other entirely; it is important, therefore, that one or the other be followed as closely as possible.

评价：通过对施莱尔马赫阐释学理论的研究，我们可以看到其翻译思想与阐释学理论紧密联系，一脉相承。施氏的阐释学理论是其翻译思想的形成和完善的理论基础，为其提供了强大的哲学支持。他在阐释学学科中取得的重大突破，也进一步深化了德国翻译理论的发展，使得人们通过阐释学来重新审视翻译活动，对后世具有深远的影响。

◆ **瓦特·本雅明（Walter Benjamin）**

瓦特·本雅明，德国人，思想家、哲学家和马克思主义文学批评家，他思想深邃、见解独到、研究广泛，涉及哲学、语言学、社会学和文学等多个领域。尤其是他的翻译观，内涵深厚，对后来解构主义学派的思想产生了重大影响。本雅明的翻译观主要源于他自身的翻译经验，他曾将法国诗人波德莱尔（Baudelaire）的诗集《巴黎风貌》(*Tableaux Parisiens*）译成德文，并为译作撰写序言《译者的任务》（“The Task of the Translator”）。该文于1923年发表，涵盖了本雅明对文学翻译的思考和认识。虽然文章发表后并没有立刻引起学界的关注和重视，但是之后被德里达等解构主义学者发现，成为解构主义翻译理论的奠基文献，绽放出绚丽的光彩。它“不但成为文学翻译研究的经典，更在20世纪80年代被重读，重释为后现代翻译理论的代表作”。后来更被“学界奉为是翻译研究的圣经”。

瓦特·本雅明关于翻译的主要观点如下。

《译者的任务》中的核心词汇主要包括“纯语言”“可译性”“译者的任务”“直译”和“后续生命”（after life）等。本雅明的语言观着眼于人的语言，认为译者的任务就是解放纯语言，确保语言生命的延续，反映出意欲回归上帝的纯语言、实现最终救赎的追求。

翻译的最终目的，是通过协调语言的多元性，使不同语言互连和互补，构成无所不包的朴实语言，即“纯语言”（pure language）。本雅明正是以“纯语言”这一带有神秘色彩的语言观为基础，提出了自己对翻译的独到见解。在《译者的任务》中，本雅明论述了自己有别于他人的翻译思想。

首先，他提出“可译性”这一概念，为自己的翻译理论铺平了道路。在本雅明看来，作品可译与否，这一问题有双重含义。其一，在全体读者当中是否能够找到一位称职的译者；其二，更为确切地说，作品的本质是否容许翻译，这种形式当中的意蕴是否也因而向翻译开放，换言之，前者实属偶然的择定；而后者却是必然的逻辑。

本雅明提出，译者的任务就是，在自己的语言中把“纯语言”从另一种语言的魔咒中释放出来，通过自己的再创造把囚禁在作品中的语言解放出来。他十分推崇《圣经》翻译中所采用的逐行对照式的极端直译法，认为直译可以保留语言的异质性，催生新的变大方式，也是使现存语言迈向超越性的“纯语言”的最佳途径。

本雅明还阐释了原作和译作的关系。本雅明将译作比喻为“后续生命”（after life），将译作看成原作生命的延续和补充，原作依赖译作生存。“通过译作，原作的生命得到了及时、不断的更新和充分的扩展”。

本雅明关于翻译的经典论述如下。

All suprahistorical kinship of language rests in the intention underlying each language as a whole—an intention, however, which no single language can attain by itself but which is realized only by the totality of their intentions supplementing each other: pure language.（“The Task of the Translator”）

（各种语言之间的超历史的“亲缘关系”（kinship）存在于每一种语言整体意指（intention）中。然而，任何一种语言都无法单独体现这种意指，只有通过各语言的意指相互补充才能完整地体现出来，即：纯语言。）

评价：本雅明受到宗教的影响，因此我们不难在他的思想中发现一些神秘主义色彩。他对废墟上的语言感到悲愤，渴望最终实现人类语言的救赎，而翻译的最终目标也是为了解放。从这点来看，本雅明的思想和解构主义学派的理念还是有所区别的。但是我们也不难从本雅明对翻译的论述中发现一些和解构主义一脉相承的思想。“纯语言”虽然带有神秘色彩，但正是在研究纯语言的意指对象和意指方式时，本雅明发现了意指方式的多样性和差别性，提出了译作是原作的“后续生命”，可以不断地更新、扩展原作。这打破了传统翻译思想中原作至高无上的地位，认为译作的地位甚至可以高过原作。而这样一来，译者的地位也得到了提高，成为创作主体。本雅明的思想为解构主义学家提供了很多启示，虽然他的一些概念较为抽象，但是正是通过对这些抽象概念的思考，萌生出了后来的解构主义翻译思潮。其思想理念的重要性，由此可见一斑。

◆ 雅克·德里达（Jacques Derrida）

雅克·德里达是 20 世纪下半期最重要的法国思想家之一，对 20 世纪西方翻译理论影响最大的哲学家，西方解构主义的代表人物，法国著名的哲学家。德里达是解构主义哲学的代表人，他的思想在 20 世纪 60 年代以后掀起了巨大波澜，成为欧美知识界最有争议性的人物。德里达的主要著作包括《论文字学》（*Of Grammatology*, 1967）、《写作与差异》（*Writing and Difference*, 1967）、《言语与现象》（*Speech and Phenomenon*, 1967）、《哲学的边缘》（*Margin of Philosophy*, 1972）和《他者之耳》（*The Ear of the Other*, 1982）等。

德里达关于翻译的主要观点如下。

雅克·德里达的解构主义核心观点是消除结构主义所倡导的二元对立，排除本源和中心。他认为，“逻各斯中心论”（logocentrism）作为结构的核心概念，是人为的假设，是不存在的。德里达对翻译定义进行了解构，与传统的翻译意义的“再现论”和“等值论”不同，他认为，“有调节的转换”比“翻译”这个术语更能反映翻译的特征，从一种语言到另一种语言不存在纯粹的所指。德里达还在翻译中引出“异延”（différance），暗指结构与事件的不确定性；他还主张把所指与意义分开，认为所指只是一个符号，其意义要在上下文中确立，没有一成不变的意义。所指或意义所表示的不是固定不变的存在物，而是一种“印记”（trace）。印记随着语境的变化而不断变化，意义也随之发生变化。印记的特征既存在，又不存在，像神迹一样，既显现，又隐藏。德里达还提出了“可重复性”（iterability），可重复性是符号存在的前提，它与文本的结构有关，可重复性说明文本上下文的一致性，同时又打开了不可译的上下文，使之进入一种新的语境。德里达主张意义有其相对的稳定性，它建立在稳定之上的重复，也是建立在历史的差异性之上的，即使是相同的文本，在不同的语境中也有不稳定的时候。另外，德里达从解构理论的思维模式出发，对“什么是确切的翻译”作了界定。在德里达看来，一种确切的翻译就是“优秀”的翻译，也是一种人们所期待的翻译。

德里达关于翻译的经典论述如下。

Difference is never pure, no more so is translation, and for the notion of translation we would have to substitute a notion of transformation: a regulated transformation of one language by another, of one text by another. We will never have, and in fact never have had, to do with some “transport” of pure signified from one language to another, or within one and the same language, that the signifying instrument would leave virgin and untouched.

（从不存在纯粹的差异，翻译也是如此。对于翻译概念来说，我们应该用转换来替代：一种语言与另一种语言之间、一个文本与另一个文本之间有调节地转换。在一种语言与另一种语言之间或之内，我们将不会，事实上也从未传递过纯粹的所指，所指的手段只留下未触摸的处女地。）

I am insisting on these semantic nuances in order to underscore my conviction that, when we try to delimit the motif of “translation”, we are dealing with a term that has become greatly impoverished today. Among the remedies we have at our disposal is that of reinstating a semantic horizon which was much more vast at other moments of western culture. I am all for trying to extend as far as possible the modern concept of translation.

（我坚持这些语义上的细微差异，是为了给翻译的主题划定一个疆界。我坚信，我们当今所使用的“翻译”这个术语的含义变得日益贫乏了。我们手里最有效的办法是，给在西方文化历史上有寓意的词汇增添一种语义域。我非常赞同尽量拓展现代翻译的概念。）

评价：作为一种反本质主义的范式，德里达的解构主义跨越语言和文化的疆界，质询了意义不变的神话，这样翻译的过程成为对意义的阐释。不稳定的意义是可以移译的，但不是以单子或原子的形式翻译，而是开放给多重影响因素。翻译转换的过程受到的干预除了来自译者本身外，还来自文化、历史、意识形态的影响。不仅如此，德里达将哲学与翻译联系在一起思考，认为“哲学的起源是翻译问题或可译性问题”（The origin of philosophy is translation or the thesis of translatability）。这种观点不仅是通过翻译思考哲学，对于翻译理论研究来说更是通过哲学来建构翻译理论。在德里达解构主义翻译观的启迪下，后殖民主义、女性主义翻译观在不断发展，蔚为壮观。在翻译界，德里达解构主义翻译观的价值和影响在相当长的一段时间内还需要被充分消化和吸收。

◆ 汉斯 – 格奥尔格 · 伽达默尔（Hans–Georg Gadamer）

汉斯 - 格奥尔格 ·伽达默尔，德国哲学家，1960 年以出版著作《真理与方法》（*Wahrheit und Methode*）闻名于世，该书也集中体现了他的解释学翻译观。他对诠释学做出了巨大贡献，他的哲学精神和人生实践统一在这样一个问题上：对话和理解如果可能，是“此在”（Dasein）的一种存在方式。他的一生都在研究对话和理解，他的教学和著述也都是在与听众的对话中展开的。

伽达默尔关于翻译的主要观点如下。

伽达默尔一反传统解释学所倡导的客观主义，他强调阐释者的主观能动性。他所提出的“理解的历史性”、“视界融合”以及“效果历史”三原则，对接受美学、读者反映批评以及翻译研究都有重要启示。他的哲学三原则对传统译论下译者地位、原文权威、忠实的概念进行了冲击与颠覆。他认为，在翻译中，如果想强调原文的某种重要的特征，就只能淡化甚至压制其他特征，这就是所谓的阐释。事实上，突出重点（highlighting）行为是译者的任务之一。译者必须亮明自己的观点，当然，在面对一些原文本身就十分含混的时候，译者必须放弃模糊和暧昧，直陈自己所理解的东西。

伽达默尔关于翻译的经典论述如下。

In our translation if we want to emphasize a feature of the original that is important to us, then we can do so only by playing down or entirely suppressing other features. But this is precisely the activity that we call interpretation. Translation, like all interpretation, is highlighting. A translator must understand that highlighting is part of his task. Obviously he must not leave open whatever is nor clear to him. He must show his colors. Yet there are borderline cases in the original (and for the “original reader”) where something is in fact unclear. But precisely these hermeneutical borderline cases show the straits in which the translator finds himself. Here he must resign himself. He must state clearly how he understands. But since he is always in the position of not really being able to express all the dimensions of his text, he must make a constant renunciation. Every translation that takes its task seriously is at once clearer and flatter than the original. (Gadamer, 2006)

（在翻译中，如果想要强调原文的某种重要特征，就只能淡化甚至压制其他特征。这就是所谓的阐释。事实上，突出重点行为是译者的任务之一。译者不能让不明不白的东西悬而未决，这是显而易见的。他必须亮明自己的观点。当然，也有一些原文本身就十分含混。这些模棱两可的解释学特例是译者经常要面对的困境。这时，他必须放弃模糊和暧昧，直陈自己所理解的东西。但是，因为并非总能传达出文本的全部内容，所以常常必须有所取舍。

任何认真的翻译都比原文更明晰。）

评价：解释学在施莱尔马赫那里是一种避免误解的技艺学，在狄尔泰那里，被称为精神科学的普遍方法论。这两种解释学理论，都是从认识论的立场出发的。从海德格尔开始，解释学成为一种哲学理论，它从认识论转变为人的存在的本体论。当然，狄尔泰的研究有这种倾向，但以明确的形式表现出来的则是伽达默尔的哲学解释学。伽达默尔在解释学领域的贡献不仅表现在他使解释学的本体论转向明确化，而且，在关于理解、知识、真理、语言、历史、翻译等方面从根本上扭转了人们的一般看法。他的思想对 20 世纪的思想界和学术界产生了非常重大的影响。

◆ **乔治·斯坦纳（George Steiner）**

乔治·斯坦纳，当代最杰出的知识分子之一，不列颠学会会员，1929 年出生于法国巴黎，以德语、法语、英语为母语，先后在哈佛大学和牛津大学获得硕士及博士学位。他被誉为“当今知识界最伟大的人物之一”。他博学多才，笔耕不辍，发表了大量颇具影响的理论著述。他在从哲学和文化的角度来研究比较文学，特别是翻译、语言与文学的本质方面，居功至伟。斯坦纳最具有影响的翻译理论著作是《通天塔之后：语言与翻译面面观》（*After Babel: Aspects of Language and Translation*, 1975）。

斯坦纳关于翻译的主要观点如下。

语言的产生和理解就是一个翻译的过程，翻译是语言的属性之一，无论是语内翻译、语际翻译，还是符际翻译，其最大的特点就是理解。他从阐释学的角度提出了重要的“翻译四步骤”理论，即信赖（trust）、侵入（aggression）、吸收（incorporation）和补偿（compensation）。首先，译者需要相信原文是有意义的，即为“信赖”，在理解和表达这种意义时，译者不可避免地要遭遇来自原文的敌意和强烈的抵抗，难以接入原文的意义。所以，译者的主观因素也不可避免地“侵入”到原文中去，“侵入”的目的是“吸收”，在“吸收”过程中难免要散失译语本色。因此，“补偿”就显得必不可少。事实上，译语本色的散失会表现在上述各个阶段，因此，“补偿”也必须贯穿整个翻译过程。只有这样才能表现出原文的内涵，达到翻译的理想境界，翻译才能起到交流的作用。

斯坦纳关于翻译的经典论述如下。

Social incentive, the officious evidence of precedent — “others have managed to translate this bit before you” — keeps one at the task. But the donation of trust remains ontologically spontaneous and anticipates proof, often by a long, arduous gap (there are texts, says Walter Benjamin, which will be translated only “after us”) .

（社会上的刺激以及先前的非正式的经验——“在你之前，已经有人尝试翻译这句话了”——都会让译者要做这项工作（付出信任）。但是从本体论上看，这种信任的付出是自然而然的，而且期望得到证明，但是有时候会有很大的差距（瓦特·本雅明说，有些文本只有在“我们之后”才可以进行翻译）。

After trust comes aggression. The second move of the translator is incursive and extractive. The relevant analysis is that of Heidegger when he focuses our attention on understanding as an act, on the access, inherently appropriative and therefore violent, of Erkenntnis to Dasein. Dasein, the "thing there", "the thing that is because it is there", only comes into authentic being when it is comprehended, i.e. translated. The postulate that all cognition is aggressive, that every proposition is an inroad on the world, is, of course, Hegelian. It is Heidegger's contribution to have shown that understanding, recognition, interpretation are a compacted, unavoidable mode of attack. We can modulate Heidegger's insistence that understanding is not a matter of method but of primary being, that "being consists in the understanding of other being" into the more naive, limited axiom that each act of comprehension must appropriate another entity (we translate into). Comprehension, as its etymology shows, "comprehends" not only cognitively but by encirclement and ingestion. In the event of interlingual translation this manoeuvre of comprehension is explicitly invasive and exhaustive.

（信赖之后就是侵入。译者的这个二重行为带有攻击性和摄取的内涵。与此相关的是海德格尔的分析，他提醒我们，理解是一种行为，需要关注从认知到“此在”的理解（Erkenntnis to Dasein），这是一种内在的适当行为，但存在一定的暴力性。“此在”（Dasein），“那里的东西”，“那个东西因为在那里而存在”，存在仅当被理解、被翻译之后还成为一个真正的存在。所有的认知都具有侵入性，世界上所有的命题都具有攻击性，这就是黑格尔的假说。海德格尔的理论指出，理解、识别和解释是密不可分、不可避免的攻击模式。海德格尔认为理解不是一种关于方法的东西，而是一种基本的存在，一种存在于对另一种存在的理解中的存在。我们可以将海德格尔的思想变通为一种更加简单、严谨的公理，即理解行为就是对另一个实体的占有（我们将其翻译成这样）。从词源学的角度看，理解这个词不仅是要进行认知性理解，而且还具有包容和吸纳的内涵。在语际翻译过程中，这种理解的操作具有明显的侵入性和穷竭性。）

The third movement is incorporative, in the strong sense of the word. The import, of meaning and of form, the embodiment, is not made in or into a vacuum. The native semantic field is already extant and crowded...The Heideggerian "we are what we understand to be" entails that our own being is modified by each occurrence of comprehensive appropriation. No language, no traditional symbolic set or cultural ensemble imports without risk of being transformed.

（第三个行为就是吸收，很大程度上是词语的融入。具体的意义和形式的引入不是在真空中发生的行为。本土的语义场已经是个性鲜明、表达充分的了……海德格尔“我们就是我们所理解的那个样子”的说法就说明，每一次理解的侵入，都会对我们进行修改。任何语言、传统的符号系统和整体文化在引入的同时都不能摆脱变形的风险。）

Way of saying that the hermeneutic motion is dangerously incomplete, that it is dangerous because it is incomplete, if it lacks its fourth stage, the piston-stroke, as it were, which completes the cycle. The aprioristic movement of trust puts us off balance. We "lean towards" the confronting text (every translator has experienced this palpable bending towards and launching at this target). We encircle and invade cognitively. We come home laden, thus again off-balance, having caused disequilibrium throughout the system by taking away from "the other" and by adding, though possibly with ambiguous consequence, to our own. The system is now off tilt. The hermeneutic act must compensate. If it is to be authentic, it must mediate into exchange and restored parity.

（这也是通过另外一种方式说明，阐释运作是危险且不完整的，危险是因为其不完整，如果没有第四阶段，就像活塞冲程，有了第四阶段整个循环才算完整。信任的先验性运作让我们失去了平衡。我们向冲突的文本"倾斜"，每一名译者都会经历这种明显的屈膝，并以此目标为起始。我们在认知的角度上开始围攻和侵入行为。再次回归的时候，我们身负重担，并再次失去了平衡。我们从"他者"那里掠夺并加之于自己，这样就让整个系统失去了平衡，虽然后果可能会很模糊。这个系统现在是倾斜的。因此这个阐释行为必须得到补偿。真正的阐释必须居中调停进行交流，从而恢复平衡状态。）

评价：斯坦纳将翻译看作四个步骤的阐释行为，可以克服传统翻译理论的某些不足。他从哲学的高度而非技术操作层面来解释翻译的操作过程，具有重要的理论价值和指导意义。

6.9 中西比较诗学派（*School of Comparison of Chinese and Western Poetry*）

中西比较研究正逐步摆脱早期肤浅的比较而进入较深层次，它运用比较方法，分别从文化背景、艺术本质、艺术起源、艺术思维、艺术风格、艺术鉴赏等多个维度对中西文论的异同进行了理论上的对比研究。在运用中西理论研究翻译方面，一些学者发表大量比较文学与翻译理论方面的论著，通过比较不同文本、综合中西文论的某些元素、关注不同语言的各自特点来研究中国文学。

代表人物：刘若愚、葛浩文。

◆ **刘若愚（James J. Y. Liu）**

刘若愚，斯坦福大学教授，著名的美籍华人学者。他毕生致力于将中国古代文化的优秀遗产介绍给母语为英语的西方读者。主要著作有《中国诗学》（*The Art of Chinese Poetry*, 1962）、《中国之侠》（*The Chinese Knight-Errant*, 1967）、《李商隐诗》（*The Poetry of Li Shang-yin: Ninth-Century Baroque Chinese Poet*, 1969）、《北宋主要词人》（*Major Lyricists of the Northern Song*, 1974）、《中国文学理论》（*Chinese Theories of Literature*, 1975）、《中

国文学艺术精华》(*Essentials of Chinese Literary Art*, 1979)、《语际批评家：阐释中国诗歌》(*The Interlingual Critic: Interpreting Chinese Poetry*, 1982)和《语言与诗》(*Language-Paradox-Poetics: A Chinese Perspective*, 1988);部分重要论文有《走向中西文学理论的融合》("Towards a Synthesis of Chinese and Western Theories of Literature", 1977)、《中国诗歌中的时间、空间和自我》("Time, Space, and Self in Chinese Poetry", 1979)等。

刘若愚的主要翻译观点如下。

刘若愚区分了"诗人译者"和"批评家"译者。两种译者有着不同的翻译目的和读者群体。前者往往将翻译看成一种为创作充电的方式，后者则是用英语评论中国诗歌的学者。因为翻译目的和读者对象不同,诗人译者和批评家译者在翻译方法上自然有很多不同。总之，刘若愚认为，批评家译者和译文读者的关系与原文作者和原文批评家的关系是一致的。批评家译者的任务是架通两个诗歌世界和读者世界。如果不能再现原诗的语言结构及其意境，那么译者就有义务将其描述给自己的读者。因为读者追求的是知识而非愉悦，译者应教导而非讨好他们。翻译知识阐释过程中的一个部分，不是一蹴而就的事情。正如理解是循环反复的，任何诗歌的翻译都不会有一个最终定本。

刘若愚关于翻译的经典论述如下。

I should like to begin by drawing a distinction between the poet as translator (or poet-translator for short) and the critic as translator (critic-translator) and pointing out that they have different aims and different readerships. The poet-translator is a poet manqué whose native Muse is temporarily or permanently absent and who uses translation as a way to recharge his own creative battery. His primary aim is to write a good poem in English based on his understanding or misunderstanding of a Chinese poem; however he may have arrived at this. A citric-translator is a critic writing in English about Chinese poem. His primary aim is to show what the original poem is like, as a part of his interpretation.

评价：刘若愚在20世纪60年代至80年代中期以西方的语言和方法研究中国古代文学、诗学的著述引起了越来越广泛的关注。但由于语言的阻隔，时代、语境、文化的多重错位，国内学界对刘若愚全部学术著述的整体把握和理解还需要一定的过程，对于他在研究中所采用的一些现代西方批评方法和观念依然存在争议。这就表明在前贤的基础上进一步对刘若愚的学术著述进行全面深入的研究依然很有必要。作为中西比较的先行者之一，刘若愚的研究成果无论得失，对于目前正在进行的中西比较文学、比较诗学、中国古代文论的现代研究等都有着非常重要的启发性意义。

◆ **葛浩文(Howard Goldblatt)**

葛浩文，美国著名的汉学家，是2012年诺贝尔文学奖得主莫言作品的英文译者。葛浩文出生于1939年，20世纪60年代服役期间在中国台湾学习汉语，后获得印第安纳大学中国文学博士学位。目前是英文世界地位最高的中国文学翻译家。他的翻译严谨而讲究，"让中国文学披上了当代英美文学的色彩”。葛浩文翻译了大量中国现当代作家的作品，包括冯骥才、贾平凹、莫言、毕飞宇、姜戎等二十多位名家的作品，数量之多，海外汉学家中无人可比。

葛浩文的主要翻译观点如下。

翻译是忠实与创造的折中；翻译是背叛；翻译是重写；翻译是一种跨文化交流活动。

关于忠实，他说：“我忠实地在为两部分读者服务，这一信念推动我兴致勃勃地将中国作品译成易读、易懂、易找到销路的英文书。”中国作品众多，什么样的作品能够找到销路，能够被英语读者接受，选择这样的书是一个难点。另外，由于译者的工作就是将其他人的思想用不同的语言表达出来，因此翻译的内容必须与原文的内容一致，忠实就成了译者的首要任务。他说，“我热爱创造性和忠实于原著之间的冲突，以及最终难免的妥协。时不时地，我会遇到一本令人无比激动的著作，我就会全身心地投入翻译它的工作中。换句话说，我译故我在。天呐！”

变、易：事实上，翻译不可能完全对等，即使要表现忠实，也没有哪个翻译能够达到与原文完全一致的程度。翻译就像读诗，每个人的背景不同，生活环境不同，接触的人及受到的教育不同，都会影响到对诗的理解，对诗的感悟和解释也必然不同，不同的人会把自己的经历和知识融合进去。翻译的过程必然涉及变化。由于语言和文化的差异，翻译过程中对原文加以改变是必然的。

交流文化：译者如何处理翻译问题，如何应对复杂的跨文化交流活动，如何达到两种语言的交流，更重要的是两种文化的交流，这是个问题。翻译涉及将一个社会群体的思想用另一个社会群体的语言来表达，这就涉及一个文化解码、重新编码的过程。

葛浩文关于翻译的经典论述如下。

The satisfaction of knowing I've faithfully served two constituencies keeps me happily turning Chinese prose into readable, accessible and—yes— even marketable English books.

I love to read Chinese; I love to write in English.

We must thank the Italians for reminding us that every translation is a betrayal.

It has been my experience that most writers at least tolerate the men and women given the task of rewriting—for that is surely the nature of translation—their work into other languages.

How translators go about the task, how we deal with the intricacies of cross cultural communication—these are the things at issue.

（“The Writing Life”，*Washington Post*, 2002）

评价：葛浩文是英语世界当之无愧的中国现当代文学首席翻译家，其翻译活动极大地推动了中国文学走向世界的步伐，在传播中华文化、促进东西交流和人类理解方面居功至伟。他不仅翻译成就首屈一指，而且翻译理论意识较强。但是，国内学界在解读其翻译作品及其影响的时候，往往忽略了他在汉英文学翻译理论上的重要贡献。葛浩文认为：文学翻译能够跨越语言、文化和时空的阻隔，促进人类相互了解，陶冶异国读者性情。翻译家充当着传播人、解释者和编辑等多重角色，翻译的本质是重写和折中。考虑到读者的接受倾向和出版商的市场期待，“重新编辑”的过程必不可少。

6.10　总结

对西方翻译流派的划分并不是说这些流派的发展是对立的、毫无关联的。其实，不同流派的理论只是所寻求的解决问题的办法不一样，看问题的角度不一样，研究的层面和领域不一样，它们的研究对象是一样的。探讨的问题更是不乏相通之处，这里不存在一个流派颠覆另一个流派的问题，它们是互为补充、相辅相成的。当代西方翻译研究最大的特点就是具有开放性。研究方法多样，不拘于一家之言。我国近年来的翻译研究，跟风现象严重,缺乏原创性和国际眼光。造成这一现状与我国没有翻译流派这一事实脱不了关系。另外，如果我们没有自己的学派，国际学术舞台就很难有我们的地位和声音。因此，我们期待着能够尽早形成自己的翻译流派，这样中国的译学研究就能够加入国际学术共同体，与西方翻译理论平等自由地“对话”。

Chapter 7

第7章 中西翻译史的比较

翻译作为不同语言之间人们交流沟通的工具，无论在中国还是在西方，都有着悠久的历史，我国的翻译事业迄今已有近两千年的光辉灿烂历史。西方最早的译作是在公元前3世纪前后，72名犹太学者在埃及亚历山大城翻译了《圣经·旧约》，即《七十子希腊文本圣经》。因此可以说，西方的翻译活动有两千多年的历史了。在漫长的人类翻译史中，中西方翻译实践和理论的发展有着惊人的相似轨迹，也有着彼此相异之处。相似轨迹最显著的特点是：虽然实践并不以理论的存在为先决条件，但其发展却离不开理论的促进和提升，其最初形态从一开始就已具有了一定的指导原则，尽管译者当时对这些原则未必会有明晰的认识。其相异之处的显著特点是中国传统译论的模糊性和西方传统译论的明晰性。

7.1 中西方翻译史的相似性

从翻译实践上来讲：首先，翻译的缘起有着一定的相似之处。中西方翻译的滥觞及大规模的展开都与宗教文献的翻译具有密不可分的关系——西方是《圣经》的翻译，中国是佛经的翻译。其次，无论是在中国还是在西方，翻译在传播知识和促进科技进步方面都发挥了巨大的作用。再次，翻译对各国民族语言的确立和发展所起的作用，在西方和中国也都不乏明显的共同点。

从翻译理论上来讲：首先，中西方翻译理论具有共同的演进模式，它们都是从最初对翻译过程中所出现问题的附带式即兴议论，发展到有意识的点评，进而再上升到系统性的论述；形式则从序言跋语到零章散节，再到专题专论。譬如，中国翻译理论和思想体系的构建，是从支谦、道安、鸠摩罗什、玄奘，到严复、鲁迅、傅雷、钱钟书，再到董秋斯、刘宓庆；而西方翻译理论和思想体系的构建，则是从西塞罗、贺拉斯、昆体良、斐洛、哲罗姆、奥古斯丁，到路德、伊拉斯、德莱顿、歌德、巴托、泰特勒，再到奈达、卡特福德、哈提姆、韦努蒂，等等，无论中国还是西方，无一不遵循上述发展模式。其次，千余年来，中西方翻译家或翻译理论家所关注的焦点问题也有相似之处，他们大多关注翻译原则、翻译目的、翻译范畴、翻译过程、翻译步骤、翻译方法以及翻译中的各种关系，譬如作者、译者、读者三者之间的关系，等等。再次，忠信或忠实成为中西译论发展史中的核心议题，由此凝结成了双方传统中的另一个共同特征。在中国，忠信的概念最早见于支谦的《法句经序》，即文中所引老子之言“美言不信，信言不美”；在西方，这个论点的提出，最早则可追溯到贺拉斯的名篇《诗艺》。贺拉斯在论及诗歌创作时，告诫人们不可像忠实译者那样逐字翻译。

7.2　中西翻译史的相异性

7.2.1　模糊性 VS. 精确性

中国传统译论具有较大的模糊性，严复的“信、达、雅”、傅雷的“神似说”、钱钟书的“化境”、许渊冲的“三美”等皆是如此。不同的人对这些理论有不同的解读，以“雅”为例，有人说它是“古雅”“高雅”之意；有人说它指“风格”“文风”；有人说“雅”指“修辞效果”；有人说“雅”指“美学价值”，这都给人一种飘忽不定的模糊性特征以及难以明确的界定；相比之下，西方译论则有较大的明晰性。西方译论的核心概念“等值”原是数学和形式逻辑领域里的专业术语，这个概念的引入本身就标志着西方译论的明晰姿态。

7.2.2　随意性 VS. 系统性

这种差异可以说是翻译理论意识的差异。在中国，由于缺乏对事物进行科学论证和系统总结的习惯，谈论翻译标准仅限于随感式的、印象式的、散点式的，加之中国人务实、重实践、讲究实用的社会心理，这使得中国的翻译理论研究更倾向于随意性；相比之下，西方的理论研究有着很强的广度和深度，是多维度、立体式发展的。在同一历史时期不同的地域就出现了不同学派的翻译理论，同一理论在不同地域也得到了不同程度的发展，如操纵学派、文化学派、多元系统派则跟翻译研究学派是一脉相承的。由此可见，西方翻译理论的研究更具有系统性。

7.2.3　实用性 VS. 理论性

中国翻译理论传统的侧重点，历来在于立论的实用性。对于任何一个翻译思想或理论的提出，人们首先关心的是这个思想或理论能否用来指导翻译的实际操作，对翻译实践有没有可供使用、可供参考的价值。基于这样的指导思想，翻译理论的注意力便主要放在翻译方法和技巧的研究上。支谦的“因循本旨，不加文饰”，到严复的“信、达、雅”，再到钱钟书的“化境”，这些翻译理论无不是在为翻译实践树立标杆和准绳，给译者提供翻译的技巧和方法。西方的翻译研究当然也重视理论的实用价值，但与中国的译论相比，其翻译理论更具抽象性和条理性。例如，当泰特勒等人明确提出翻译的三原则，德莱顿、歌德、施莱尔马赫、雅各布森等人阐述翻译如何分类，以及奥古斯丁论述翻译中的语言学问题，他们都是在不同程度上把注意力从底层的翻译操作，提升到高层的理论分析和系统总结。从文艺复兴时期到20世纪，与相应时期的中国译论研究相比，西方译论研究的理论倾向明显多于实用性。到了20世纪，更是出现了从现代语言学角度，对翻译理论进行“更富理论性”“有时更为抽象”的大量著述，如穆楠的《翻译的理论问题》、奈达的《翻译科学探索》、卡特福德的《翻译的语言学理论》等。

7.2.4 主体性 VS. 客体性

这一区分其实也可以归结为感性思维与理性思维的区别。中国传统译论强调译者的主体意识，以“人”为出发点，重视译者的主观能动性在翻译过程中的作用；西方译论强调客体意识，注重保持“物”（文本）与“我”（译者）之间的距离，注重对文本进行冷静、客观的解析。

7.2.5 借鉴性 VS. 原创性

西方翻译理论大多具有原创性，它们建立在某种理论或思想基础之上，容易形成流派和体系。如纽马克的标准属于语言学派，奈达以信息论、符号学为理论基础。而我国对翻译标准的讨论仍然缺乏系统的理论依据，近年来，情况有所改观，但我国翻译研究所依据的理论基础大部分依然是借鉴了西方的翻译研究，在此基础上有所思考和拓展。

7.3 总结

综上所述，可以清楚地看出，在漫长的人类翻译史中，中西方不同的翻译传统却可以产生出彼此相同或相似的实践和理论。对这些相似性加以系统的比较研究，可以因此获得对翻译和翻译学的更加本质的认识，有利于不同译学传统之间的相互交融和相互影响。与此同时，我们也必须承认，中西译学又因所属社会体系的不同而打上了截然不同的文化烙印，中西译学园地由此异彩纷呈，双方也因此而成为世界翻译史上特色鲜明的两大体系，理所当然地要在人类重建通天塔之旅中发挥各自独特而重要的作用。

Chapter 8

第8章 翻译中的主要论战

在翻译实践的过程中，很多具体的问题都会冒出来。这些问题是译者和学者研究的对象，于是翻译界围绕这些问题展开的论战就从来没有停止过。

8.1 可译性与不可译性之争

翻译过程中意义的损伤和文化的失落是必然的，如在翻译“Seven days without water makes one weak”时，无论怎么翻译都无法做到绝对对等，因为原文中的修辞无法在译文中再现。有人将之归为“不可译”，因为译为“七天不进水，人就会虚弱”也仅仅是翻译出了原文的一部分信息，week 和 weak 是同音异义词。

译界关于可译与不可译的争论由来已久，英汉互译中确实存在“不可译”现象。但是我们不能忽略语言之间的通性和文化之间的共性。过分强调“不可译”是一种夸大了语言意义上的差异的论调。

翻译的核心是原文和译文之间的意义传递，因此，翻译要达到的目的应该是把原文想要表达的意义成功地传递给译文读者。意义能否顺利传达，是判断翻译任务是否成功完成的一个重要指标，这也为我们解释不可译“度”提供了最基本的依据。

实际上，随着经济的发展和社会的进步，各个国家之间的障碍越来越小，语言和文化的交流越来越密切，语言的障碍会变得越来越小。因此，“不可译”有一个“度”的问题，而非完全的不可翻译。只不过在翻译的时候需要在某些方面做一些调整，也就是翻译技巧方面的问题，我们可以用很多的补偿方法来使不可译转换成可译。

例 1： The sun sank slowly.

例 2： A：What animal is rich? B：Bloodhound，because he is always picking up scents.

依据翻译的核心——首先是意义的翻译，来看一下上面两例。第一个 The sun sank slowly 中的音韵手段很难译出，其目的是练习辅音音标［s］，假如我们将之译为“太阳渐渐落下”，很显然只是翻译了原文的表面意思，但原文还有头韵的修辞。我们可以去尽量追求意义和形式的统一。笔者将之拙译为“夕阳西下”。英语是练习［s］的发音，汉语是练习拼音 x 的发音，这样就传达了原文意义，也兼顾了其形式的一致。此外，这种语言在交际中没有太实际的意义，因而，在翻译领域，该问题可以被忽略。

第二个文字游戏中的翻译难点是同音双关：scent（s）是（猎物的）“遗臭／踪迹”，其同音词 cent（s）是“（美）分”的意思。要想翻出形神兼备的译文，确实有诸多困难，但把它列为“不可译”的问题也有点大而化之。如前文所述，翻译的核心是“译意”，那么该句完全可以翻译为“甲：什么动物最富有？乙：鬣狗最有钱，因为他总是捡钱。”但侯国金认为，该翻译虽有关联，但无幽默。他创造性地给出了译文：“甲：什么动物很有钱？乙：金钱豹，它身上全是金钱。”该译文既相关联又幽默，达到了翻译的目的。

“不可译”论者夸大了语言意义上的差异，而没有看到人类生活中共同的东西占多数这一事实。德国语言学家洪堡特（Humboldt）说：“所有的翻译看来都只是一种要解决不可解决的问题的尝试。”英国女作家伍尔夫（Virginia Woolf）说：“译者只能给我们一个模糊不清的对应物。”这些都是太绝对化的说法。其实，人类的大部分经验是彼此类似的。相比之下，彼此之间的经验之差，恐怕要小得多。只不过，翻译这类东西，更需要下大力气，努力探寻最佳的译法。比如《红楼梦》中有一个人物叫“卜世仁”，其意指“不是人”，有一译者翻译成“Hardly Man”，可谓下了一番功夫。“Hardly”既符合西方的姓氏，也没有失掉汉语“不”的意思，真是一箭双雕！

8.2 直译还是意译

所谓直译，是指译文仍然采用原文的表现手段，句子结构和语序不做调整或不做大的调整。它是以句子为单位，尽量保持原文的语言结构、形式，以及隐喻等，有助于表现原文的形象、思维、语言趣味。

所谓意译，是指译文中采用新的等效的表现手段，句子结构也有可能做较大的调整。

译界对翻译是需要直译还是意译争论不休，事实上，直译和意译并没有对错，都是正确的翻译方法，有些情况下，直译和意译不构成翻译问题，如 I like the movie 译成“我喜欢这部电影”就没有直译和意译之争，因为直译和意译完全是一回事，但又因为英汉两种语言间的差异很大，译者往往会面临两种选择，一个句子可以直译，也可以意译，在这种情况下到底是直译还是意译，这是人们争论的焦点。

例 3： One hundred years later, the Negro lives on a lonely island of poverty in the midst of a vast ocean of material prosperity.（Martin Luther King，“I Have a Dream”）

直译： 100 年后的今天，黑人依然生活在物质富裕的汪洋大海中贫乏的孤岛上。

意译： 100 年后的今天，黑人仍生活在贫困的孤岛上，尽管放眼四周，是一片繁华景象。

分析： 直译比较接近原文，用了和原文相同的形象，如“物质富裕的汪洋大海”，其优点是保留了原作者的比喻。但恰恰是不肯割舍比喻，结果可读性方面就差了些，不仅行文觉得别扭，而且“汪洋大海”这个常有负面含义的比喻和物质富裕放在一起也不协调。这种情况下少一点直译，多一点意译可以避免直译的弊端。意译增加了可读性，但不足之处是没有反映原文的比喻。

本书认为，在准确、通顺地表达原文意义的前提下，能够不改原文的形式则尽量直译，有人给予直译更高的地位，如纽马克就颇认同直译这个概念，他自称“I am somewhat of a literalist”。鲁迅先生也主张“直译”，针对当时那种“牛头不对马嘴”、“削鼻剜眼”的胡译、乱译，他提出了“宁信而不顺”的主张。但是直译容易出错，有其固有的缺点：译文冗长啰唆，可读性差。所以，在形式与内容难以两全的情况下就应舍形取义，采用意译的手法。当然，直译（literal translation）不等于死译（word for word translation），意译不等于胡译（uncontrolled/unrestricted translation）。

例 4：街道妇女应动员起来打扫卫生。

原译：Women in the street should be called on to do some cleaning.

“women in the street”属于死译而不是直译，它是“妓女”的意思。所以应该用“women in the community”。

例 5：这件事给邻居知道，岂不笑歪了嘴？

原译：When neighbors heard of this, they’d laugh their mouths wry.

改译：When neighbors heard of this, they’d laugh their head off.

8.3 归化与异化之争

归化和异化是处理语言形式与文化因素的两种不同的翻译策略，它是意译和直译的进一步延伸。在涉及翻译中的文化因素时，是采取异化的翻译方法还是归化的翻译方法值得探讨，也是译界争论的焦点之一。本书认为，它们在翻译过程中是相辅相成、并用互补的辩证关系。

归化（domestication）是指在翻译中采用透明、流畅的风格，最大限度地淡化原文的陌生感的翻译策略。它应尽可能使源语文本所反映的世界接近目的语文化读者的世界，从而达到源语文化与目的语文化之间的“文化对等”。

异化（foreignization）是指偏离本土主流价值观，保留原文的语言和文化差异；或指在一定程度上保留原文的异域性，故意打破目标语言常规的翻译。它主张在译文中保留源语文化，丰富目的语文化和目的语语言的表达方式。

用通俗的语言概括，即归化法要求译者向译语读者靠拢，采取译语读者习惯的译语表达方式，来传达原文的内容；异化法则要求译者向作者靠拢，采取相应于作者使用的源语表达方式，来传达原文的内容。

在翻译中，始终面临着异化与归化的选择，通过选择使译文在接近读者和接近作者之间找一个“融会点”。这个“融会点”不是一成不变的“居中点”，它有时距离作者近些，有时距离读者近些，但无论接近哪一方，都要遵循一条原则：接近作者时，不能距离读者太远；接近读者时，不能距离作者太远。即，异化时不妨碍译文的通顺易懂，归化时不失去原文的味道。同时，我们应坚持对语言形式采取归化的策略，而对其文化因素进行异化处理。这样，译文作品可兼两策略之长而避其短，使两者有共同发展的空间。由此，在实际翻译过程中归化与异化应该是相辅相成、并用互补的辩证统一关系。

例6：请看英国诗人纳什（Thomas Nash, 1567—1601）《春》的第一节：

Spring

Spring, the sweet spring is the year's pleasant king;
Then blooms each thing, then maids dance in a ring,
Cold doth not sting, the pretty birds do sing,
Cuckoo, jug-jug, pu-we, to-witta-woo!

春

春，甘美之春，一年之中的尧舜。
处处都有花树，都有女儿环舞，
微寒但觉清和，佳禽争着唱歌，
啁啁，啾啾，哥哥，割麦，插一禾！
（郭沫若译）

原诗中第一句中的king是一般性说法，没有任何特殊的文化色彩，可是郭沫若将之变成了中国古代和平盛世的代名词“尧舜”，为其染上了强烈的汉民族色彩，有过分归化之嫌。事实上，该句可改译如下。

译文：“春，甘美之春，一年之中最美的季节。”

例7：Curiosity enough, he prophesied with oracular accuracy to the amazement of all.

译文：说也奇怪，他像诸葛亮一样，料事如神，大家都惊讶不止。

oracular的名词形式是oracle，在希腊神话中指“神示、神启”。这个译文中使用“诸葛亮”的人物典故太随意。这句话可译为：“说也奇怪，他料事真准，像神启一样应验，让所有的人都惊讶不止。”

例8：As I remained in the Third Fourth three times as long as anyone else, I had three times as much of it. I learned it thoroughly. Thus I got into my bones the essential structure of the ordinary English sentence—which is a noble thing.（Churchill: “Harrow”）

译文：因为我在四年级三班待的时间是别人的三倍，所以我所受的这种训练也是别人的三倍。我掌握得很彻底。就这样，普通英语句子的基本结构便深入到我的骨髓里——这可是件了不起的事。

get something into one's bones意思是“牢固掌握”，如果这样归化翻译就舍弃了原文的形象语言，显不出原文的味道来。译者用异化法将其译为“深入到我的骨髓里”显得很生动。

例 9：High buildings and large mansions are springing up like mushrooms in Beijing.

译文：在北京，高楼大厦犹如雨后春笋般地涌现。

将 like mushrooms 译为“雨后春笋”符合中国的地貌风情和语言表达习惯。如果用异化法将其译为“犹如蘑菇般”，虽然体现了原文的风格，但是会让中国的读者难以接受。

例 10：She could not desert Tara; she belonged to the red acres far more than they could ever belong to her.（M. Mitchell: *Gone with the Wind*）

译文：她不能放弃塔拉，这块红土地是属于她的，远比它们属于她更加真实。

上述译文是按照原文的句法结构把“far more than...”译成“远比它们属于她更加真实”，语言表达较生硬，意思不明确，让读者难理解。因此用归化法将原文译成这样，似乎更合适：她不能放弃塔拉，这块红土地是属于她的，而她更是永远属于这块红土地的。

主张归化翻译的代表人物是奈达，他提出的“动态对等”（dynamic equivalence）翻译理论主张译者应以最接近自然的表达，使读者在其目的语文化中找到最贴切的理解。归化译法有两大好处：一是译文流畅自然；二是译文对于译文读者而言可读性强。其缺点是原文的文化意象受损，文化交流受阻。

例 11：As to Miss Bennet, he could not conceive an angel more beautiful.

张经浩译：至于贝内特家大小姐，在他眼里美如天仙。

孙致礼译：至于说到贝内特小姐，他无法想象还有比她更美丽的天使。

张译采用了归化的方法，符合中文读者的文化认知，可读性强，然而从文化传播的角度来讲，张译显然不如孙译。

异化翻译的前提是文化的差异性，它的作用优势在于：第一，有助于读者扩大文化视野，获得知识和启迪。第二，有助于读者更好地比较两国文化，增强对源语文化的理解，促进文化交流。第三，极大地丰富了译入国的语言。一方面，许多英文表达流入中国后被中国人接受并广泛流传，甚至被认为是中国本土的语言。如 dark horse（黑马），flea market（跳蚤市场），stick-and-carrot policy（大棒加胡萝卜政策）。另一方面，一些中国式表达进入英语国家后，也成为约定俗成的习语。比如，旧瓶装新酒（new wine in old bottles），君子协定（gentleman's agreement），门户开放政策（the open-door policy）。这是中国的语言文化融入了英语国家，为英语国家的语言文化带来了生气，增添了新鲜血液。异化的缺点是译文的流畅性欠佳，可读性较差。

在涉及文化因素的翻译时，译者应坚持“和而不同”的原则。“和”是为了不造成译语读者误解和费解；“不同”就是要尽量保持原文有代表性差异特征；为了保留原文代表性差异，可采用“直译夹注”“直译加注”的方法。如果“异化”的译法可能造成译语读者的误解，为了实现深层语义或语用意义的对等，不妨采用“归化”的处理方式。

不管怎么样，归化和异化只是翻译的一种策略，一种手段，无论是归化多些还是异化多些，只要我们在翻译的过程中能将二者结合得很好，将其辩证统一的关系充分体现，既再现原作的风格，又结合读者的文化及语言习惯，这就是成功的翻译。

8.4 理解与表达之争

理解与表达是翻译过程中一对非常重要的矛盾，它们是翻译过程中两个不可或缺的因素。理解是表达的前提，而充分表达是正确理解的“归宿”。

任何一种篇章结构，其上下文或词语之间都有内在的联系。要理解一句话或一个段落，必须通过上下文关系、背景知识、句法结构，等等。在动手翻译之前，我们必须先看懂原作的篇章结构，从篇章前后照应中探索事物的背景，多读一些与原作相关的参考资料，了解原作涉及的文化内容。可以说，对原作的思想内容以及相关的文化历史背景了解得愈多，知识愈丰富，对原作的理解就愈正确和透彻。

例 12：Greek and Latin are all English to me.

原译：希腊语和拉丁语对我来说都是英语。

分析：原文是奥斯卡・王尔德（Oscar Wilde）曾说过的一句话。如果照字面理解，就会出现原译的表达。首先要了解到王尔德是英国著名戏剧家，这句话他反用了习语 It is Greek to me（这对我太难）。他将希腊语和拉丁语比作自己的母语（英语），言下之意就是“不难”。因此，我们应改译为：希腊语和拉丁语对我来说都很容易。

例 13：Beauty is a gift of God.（Aristotle）

译文：美者，天赋也。

分析：译成“美是上帝赠予的礼物”，当然也可以，只是太平淡了，使用古汉语句式译成“美者，天赋也”，便有了一种独特的韵味，况且原话出自古希腊亚里士多德之口，译成古色古香的汉语就最恰当不过了。该佳译不仅关乎译者的理解水平，更妙在译者的表达水平。

总之，好的表达必然是有了正确的理解，而正确的理解未必一定产生好的译文，其关键在于译者对目的语的掌握与运用。对翻译工作者来说，译者至少必须掌握相关的两种语言，并了解其文化，尤其是要精通目的语。

8.5 内容与形式之争

在翻译的过程中译者面临的障碍之一来自原文的语言形式，过于强调形式的译法往往使译文缺乏可读性。所以，尽管在个别情况下有必要在译文中反映原文有特殊意义的形式，翻译过程中总的策略应该偏重内容。

例 14：人曾为僧，人弗可以成佛；女卑是婢，女又何妨称奴？

如果我们把它的意义直接翻译成为“The man who has been a monk cannot be a Buddha. The girl who is a bond may also be called a slave”也算是完成了翻译的目的，译文读者完全可以理解原文想要表达的意思。遗憾的是，原文中拆字的艺术在译文中并无显现。

当然，只要我们善于思考，很多的翻译还是可以同时兼顾内容和形式的。

因此，还可以译为：Buddhist cannot bud into a Buddha; a maiden may be made a home maid.

例 15：Customer: Waiter, will the pancakes be long?

Waiter: No, sir, round.

这是一个利用英文单词 long 既指时间“长”，又指形状“长”的双关语义制造出来的幽默。原作者饱含创意的艺术语言，翻译时很难同时既达意又传神。但下面的译文算得上一个意和形俱佳的翻译了。

顾客：“服务员，煎饼还要好久？”

侍者：“哦，先生，煎饼不用酒（久）。”

该译文谈不上完美，但至少部分传递出这句双关语的幽默，而这种幽默正是原文作者最希望产生的现场交际效果。

8.6 功能对等和形式对应之争

功能对等和形式对应早有人提出，但由奈达加以完善，成为翻译理论研究中的一对很重要的概念。所谓功能对等就是说翻译时不求文字表面的死板对应，而要在两种语言间达成功能上的对等。形式上的对应是机械的，表面上看和原文一样，但由于语言系统不同，相同的语言形式并不一定能起到相同的效果。比如，He is the last person I want to see，如果翻译成“他是一个我最后想见的人”以求形式对等的话，则和本句的实际意思相差甚远。实际意思是“他是我最不想见的人”。这种情况下，形式上虽然不对应，但在语言功能上和原句对等。

例 16：Their accent couldn’t fool the native speaker.

译文：本地人一听他们的口音便知道他们是外乡人。

如果将上例译为“他们的口音不能愚弄本地说话的人”，虽说保留了原文的语言形式，但带有极强的翻译腔，所以译者应求得本句在汉语中功能的对等，而放弃形式的对应。

在涉及形式和功能的取舍上，本书认为，第一，努力创造出既符合原文语义又体现原文文化特色的译作。然而，两种语言代表着两种完全不同的文化，文化可能有类似的因素，但不可能完全相同。因此，完全展现原文文化内涵的完美翻译作品是不可能存在的，译者只能最大限度地再现源语文化。

第二，如果意义和文化不能同时兼顾，译者只有舍弃形式对等，通过在译文中改变原文的形式达到再现原文语义和文化的目的。

第三，如果形式的改变仍然不足以表达原文的语义和文化，可以采用“重创”这一翻译技巧来解决文化差异，使源语和目的语达到意义上的对等。“重创”是指将源语的深层结构转换成目的语的表层结构，也就是将源语文章的文化内涵用译语的词汇来阐述和说明。

例 17： He thinks by infection, catching an opinion like a cold.

译文： 人家怎么想他就怎么想，就像人家得了伤风，他就染上感冒。

在此句的英文原文中，原文的内涵并不是靠词汇的表面意义表达出来的，而是隐藏在字里行间。

8.7 原文和译文之争

原语与译文之间的矛盾是多维的，也是显而易见的。它不仅反映在语言的表层，如音、形、义、句法结构等方面，而且在语言所承载和反映出的文化层面上，矛盾更加尖锐。克服语言上的障碍，跨越其间差异，难度似乎不大，但要跨越文化间的障碍，难度就非常之大。问题的症结在于“得与失”。翻译就是将“源语”与“目的语”之间的矛盾与对立尽可能地抹平，使其一致，达到统一。

原文与译文的第二个矛盾在于其在读者中产生的反响与效果。好的译文的作用是消灭自己，把我们向原作过渡，让我们无形之中心仪于原作；而拙劣的译文无形中替原文拒绝读者，读者如果对译本看不下去，就连原作也不想看了。所以原文和译文要实现矛盾的对立统一，译者就必须花大力气去钻研原文，揣摩译作之行文。

每每看到“青春不是年华，而是心境；青春不是桃面、丹唇、柔膝，而是深沉的意志、恢宏的想象、炙热的感情；青春是生命的深泉涌流……”这样优美的译文的时候，你是不是也有一种去读 Samuel Ullman（塞缪尔·厄尔曼）的“Youth”的冲动？“Youth is not a time of life；it is a state of mind；it is not a matter of rosy cheeks, red lips and supple knees; it is a matter of the will, a quality of the imagination, a vigor of the emotions; it is the freshness of the deep springs of life...”所以，译文与原文是对立还是统一，背后的推手是译者。

8.8 作者目的和译者目的之争

人们动笔写作都有目的，不论是原作者还是译者总是为了某一目的而动笔。在多数情况下，原作者的目的和译者的目的基本一致。用英文写一个电脑操作过程的人是为了让顾客了解如何操作电脑，翻译这个操作过程的译者也是为了让不懂原文的顾客了解如何操作电脑，所以原作者和译者目的相同，都是要将信息准确地传达给读者。

但并不是所有的翻译目的都和原作目的是相同的。诗人写一首诗可能是为了表达自己的情感。译者将诗译成中文，以便进行英汉语言对比，译者的目的就和原作者不一样。戴高乐在第二次世界大战期间的一些讲话有提振士气的目的，半个世纪后戴高乐的讲话已成为历史文件，翻译这些讲话就不是为了戴高乐原来的目的。

翻译毕竟有其局限性，因此，翻译文化内涵强的作品从来都有侧重，因为译者服务的对象不同，翻译的目的不同。借用一条社会语言学公式来说明这个道理：Who is translating what, for whom, when, where, why and in what circumstance?

8.9　以原作者为中心还是以读者为中心之争

这对概念是从不同的角度讨论上面谈到的相同问题。换句话说，是把作者带到读者中去呢，还是把读者带到作者那去？传统的翻译理论强调对原著忠实，翻译工作被认为是复写，译者被看成作者的仆人，实际上是以作者为中心。解构主义否认原作和原作者的这种权威地位，解构了原作与译作之间的界限，强调译作是原作的来世，译作可以独立于原作而存在，于是译者不再是原作者的仆人，而是与原作者平行互补，这样，译者的地位被大大提高了。

本书认为，翻译本身就包含了两个方面：作者和原文与读者和译文。从作者到读者，从原文到译文，就像钱钟书先生所说的，需要经历一次艰难的旅行。旅行要达到目的地才算完成。对翻译来说，就是要把原文的内容传达给特定对象的读者，不仅能使他们正确理解，还要使他们容易理解，才算完成了“传达”或“运输”的任务。译者是作者与读者之间的中间人，固有译者是“媒婆”之说。作为媒婆，当然要顾及双方，不能乱点鸳鸯，当求门当户对。也就是说，翻译既要考虑作者的目的，也得顾及读者的感受。

8.10　科学与艺术之争

翻译是科学还是艺术？这是译界一直关注的问题，也是译界依然在争论的一个问题。事实上，笔者认为，这原本就不应该成为争论的问题，翻译是科学也好，是艺术也罢，皆为翻译故。陈宏薇认为，翻译是跨语言（cross-linguistic）、跨文化（cross-cultural）、跨社会（cross-social）的交际活动。翻译是科学（science），是艺术（art），是技能（craft）。因而，本书的观点是：翻译应该是科学与艺术的统一，即翻译既是一门求真的科学，也是一门高雅的艺术。

说其是科学，是因为它有科学规律可循，我们可以通过对英汉两种语言、中西方文化和英汉民族思维的差异进行对比研究，更好地认识两种语言的结构之差、文化之异和思维之别，从而进一步认识翻译的本质。

例 18：The wind was so strong that he found it difficult to keep on his feet.

译文 1：风是如此之大，以至于他发现站住脚是困难的。

译文 2：风太大了，他感到很难站稳。

显然译文 2 要比译文 1 的翻译更加地道，这是因为我们通过英汉语言的对比，发现了英汉两种语言的一个行文规律：英语重形合而汉语重意合。由此可见，译文 1 拘泥、墨守原文表层中的显性连接手段，因此翻译腔太浓；译文 2 离“形”得“意”，化显为隐，更为地道。

例 19：好男不吃分家饭。

译文：Good sons don't live on their inheritance.

译者很好地解读了汉语“分家饭”的文化内涵，所以很好地将之译为 inheritance。可见，文化差异的对比学习有助于翻译出更加地道的译文。

例 20：The assertion that it was difficult, if not impossible, for a people to enjoy its basic rights unless it was able to determine freely its political status and to ensure freely its economic, social and cultural development was now scarcely contested .

译文：如果一个民族不能自由地决定其政治地位，不能自由地保证其经济、社会和文化的发展，要享受其基本权利，即使不是不可能，也是不容易的。这一论断几乎是无可置辩的。

根据英汉两种思维方式的差异，英语重直观思维而汉语重曲线思维，不难发现，英语常常先总提后分述，或先讲结果后追述过去，汉语恰好相反；句中若有长短部分，英语常常是先短后长，即头轻脚重（end-weight），汉语句序恰好相反；汉语的时间和逻辑顺序常常是由先到后、由因到果、假设到推论、事实到结论，而英语可根据句子结构和意思灵活排列。

说翻译是艺术，因为它是译者对原文进行再创作的过程。译者的理解和表达都有自己的主观色彩，能运用独特的处理方法，体现自己的独特风格。

例 21：—What flower does everybody have? —Tulips.

译文：——人人都有的花儿是什么花？——泪花儿。

译者应领会这是利用双关而创造的语用含糊，英语中 tulips 表层含义指“郁金香”这种花名，但还暗指 two lips，如直译，读者会不知所云；如加注解，原文形式上的双关手法将丧失，因而会失去原文的标记性特征，译文的语力效果也会大大减弱。上述译文巧妙地将双关语的标记性特征进行转化，既在语义、语用层面取得了概念域的交集，又保存了原作品的形式结构之美，做到了真正意义上的“异构”，不可谓不艺术。

“‘艺术’与‘科学’其实是翻译本身的两个不同方面，就像人的手同时有着手掌和手背一样。因此，讨论的时候，我们不能简单地取一舍一，爱一恨一。”

在谈论翻译的时候，我们一定要坚持辩证思维，坚持二分法，坚持用相对论去看待译事之“得与失”。这样才有利于作者、译者和读者，才有利于译事理论与实践的进一步发展。

8.11　总结

“理不辩不明，事不鉴不清”，通过对翻译史上主要翻译论争的学习，我们可以温故而知新，可以从中受到启发，可以事半功倍地提高我们思考问题、认识问题的能力，从而进一步认识翻译的本质。

Chapter 9

第9章 翻译批评理论概述

翻译批评研究是翻译学学科结构的有机组成部分，在保证译文质量、提高翻译研究水平、丰富翻译批评理论、促进译学与相关学科的融合等方面起到重要作用。

9.1 什么是翻译批评

首先，必须说明的是，这里的“批评”不是“批判”，而是“评论”。对翻译进行评论，实际上既可以是鉴赏，也可以是指错式的批评，还可以是理论性研究（即借评论某种翻译现象来说明某个翻译方面的问题）。在英语中，“翻译批评”的对应语有两个：translation criticism 或者 critical reading of a translation or translations。具体来讲，翻译批评是以跨文化交际为背景，以内容、表达、风格、语言及生动性等为切入点的翻译评论和翻译欣赏的结合。

翻译批评是翻译研究中的一个重要部分，译者可以使用相关的理论研究翻译批评的理论，运用确切的标准分析和评价翻译理论、翻译过程和翻译作品，从而提升译者的水平和译作的质量。

翻译批评与赏析对于译员培训、翻译工作质量管理、翻译学的发展等都起着举足轻重的作用。翻译批评与赏析的水平如能提高，翻译事业也可以随之发扬光大。

9.2 翻译批评活动中翻译的标准

翻译标准问题是翻译理论的核心问题，是一个哥德巴赫猜想问题。翻译标准也是翻译批评中至关重要的一个问题（中外主流翻译标准详见本书 14.2）。

9.3 翻译批评的原则

翻译批评应该有开阔的历史文化视野，翻译批评的对象不仅仅是翻译作品本身，还应有翻译过程和译者。批评者应该将翻译现象、翻译事件、翻译文本、翻译主体等置于一定的历史环境下予以考察，并从文化交流的视角来考察在具体翻译活动中诸如翻译选择、文化立场、价值重构等重要问题。具体来讲，有以下几个原则：

- 主观印象和客观分析的综合；
- 局部的、微观的评价与整体的、宏观的评价相结合；
- 探讨问题和解决问题相结合；
- 翻译批评应该是在各种学科理论条件下的多视角、多维度、多学科的全面透视；
- 发挥翻译批评对翻译实践的监督、指导和促进作用。

9.4　翻译批评的准则

对等的准则（equivalence）：该准则蕴含一个假设，即译文是原文的复制品，应酷似原文，应尽量“存真”。“信”被认为是翻译中天经地义的原则。因此，在赏析译文时，多注重比较原文和译文，找出二者之间的异同，两者之间越是相似，译文就越是成功。

实效的准则（effectiveness）：这个标准背后的假设是——翻译工作是一种消极服务，其成败主要取决于消费者（委托人、雇主等）的满意程度；消费者是否满意取决于译者是否达到了其委托的目标。如果以这种准则衡量翻译作品，历来被尊崇为金科玉律的种种翻译标准就被抛弃了。译得“好”的译文未必就是成功的译文，达到消费者目标的译文才是好译文。

再生的准则（revival）：这种翻译哲学既不把译文当成原文的复制品或者替代品，也不斤斤计较译文的用途或实效性，译者只是把原著当作原料，演绎出新的作品，最终在另一个情景中以飨另一批读者。

9.5　翻译批评所涉及的因素

- 作者
- 作者意图
- 信息（原文表达出来的东西）
- 原文
- 真理（作者所描述的事实真相）
- 社会（目的语的民族、社区、文化）
- 沟通渠道（电台、电话、报纸、书信等）
- 目的语（翻译出来的语言）
- 委托者

· 译者（可能是一个人，也可能是多个人）
· 译文使用者
· 译文

9.6 翻译批评的发展方向

提高系统性（systematicity）：以学术的态度，从学术的角度，以建设整个翻译评估的方法架构，去认真耐心地、按部就班地对所涉及的翻译问题进行理论上的以及具有实践意义的探讨。

提高理论性（theoreticalness）：参照 20 世纪下半叶各种与翻译工作直接或间接相关的学科理论，如语言学、人类学、文化学、语言哲学、符号学、社会语言学、美学、文学等学科理论，并从这些理论的视角来对译文进行赏析和评价，而不是根据个人的直觉、随感或者个人的主观尺度进行译文的评判。

提高切合性（appropriateness）：自 20 世纪下半叶开始，翻译工作发展迅猛。翻译越来越专业化、科技化，越来越以服务为本、以市场为导向。翻译批评与赏析需要跟上时代的步伐，将视点集中到目前翻译市场上最普遍的翻译任务的赏析上，如商业、科技、公文、外交、新闻等文体的翻译。

提高整体意识（holisticness）：翻译批评与赏析不仅要比较原文和译文在各个层面（词语、句法、语篇等）的特征，更要把翻译工作看成一个系统工程中的一个环节，比如在这个系统中还包括翻译在某一历史阶段中的意义、翻译对于跨文化交际的意义、所翻译的文本同其他文本之间的关系等。

9.7 总结

在构建翻译批评体系时，要学会运用多学科交叉观照的建构视野，综合性地审视文学翻译批评现象，提出鉴赏性和研究性相结合的文学翻译批评概念，建立自己独特的理论框架。在建构实用批评原则的时候，我们应该从新近的文学概念与阅读现象出发，针对诗歌、散文、小说、戏剧等常见的文学翻译文本样式，阐发文体变异与互文性等翻译批评策略，并联系民族文学、比较文学、译介学等最新发展趋势，提出朝向世界文学的最终发展目标。

Chapter 10

第10章 散文翻译批评及朱自清《背影》两种英译本比较

本章将运用前章所学的翻译批评理论，多维度分析和比较《背影》的杨宪益英译本和张培基的英译本，以期进一步提高汉英翻译的质量，提升翻译批评研究的理论性、系统性和全面性，促进翻译研究的全面发展。

10.1 散文翻译的批评欣赏

散文的基本特征是“形散而神不散”，所谓“形散”，是就“外在形式”而言；“神不散”中的“神”所代表的是“散文的思想”。从这个意义上讲，散文的翻译就是“结构转换”。对于翻译的本质，不同的人有不同的视角，其中一种看法就是认为翻译是一种语际转换。但是翻译转换是一个笼统的说法，其中包括结构转换、语义转换、语用转换三种。另外，由于纽马克认为语篇“主要的描写单位可以构成这样一个级层体系：篇章、段落、句子、小句、词组、词、词素”，并且他认为在翻译实践中“篇章是最后的仲裁，句子是翻译操作的基本单位，而大部分的难题都集中在词汇单位。”根据这一观点，翻译过程中篇章和句群充当的是宏观导向的角色，而真正涉及具体的翻译操作的，则在句子层面，所以翻译中涉及的结构转换也主要就是“句法结构的转换”。在此之前，有必要弄清英汉两种语言诸多差别中的一个差别：英语重形合（hypotaxis），汉语重意合（parataxis）。

美国翻译理论家奈达功不可没，在其 *Translating Meanings*（1983）一书中，他说明了英汉这一差异：就汉语和英语而言，也许在语言学上最重要的一个区别就是形合和意合的区别。

所谓形合，即表示句内种种逻辑关系，须用连接词如 if、although、because、when、in order that、so 及 so that 等词明确地表达出来。缺少了此类连接词（或逻辑标记），比如：It is late, I must leave（It is late 之前，缺少了如 because 等连接词），如此英语表达，native speakers 一般不说。

所谓意合，顾名思义，无须所谓的逻辑标记，句子靠意思就能“捏”在一起，为听者或读者所接受。如上句对应的汉语说法：迟了，我得走了。试比较以下的英汉表达之异。

A. 跑得了和尚，跑不了庙。

The monks may run away, but the temple cannot run away with them.

B. 一个英国人，不会说中国话，有一次在中国旅行。

An Englishman who could not speak Chinese was once traveling in China.

以上两句，讲究形合的英语句中的 but、who 皆不可省略。汉语句则干净利落，无须所谓的“逻辑标记”。

鉴于此，在翻译过程中，应将汉语散文的各种结构进行逻辑分析，以确定英译的主语、谓语及各种并列、修饰成分的从属关系，从而构成层次分明的形式框架。

散文在表达上“不加雕饰，不施铅华，全凭本色的真实和直接”（胡显耀，李力，2009），作为译者，翻译散文的第一要义就是要充分领会原文作者的这份“真”，并将这份“真”充分地在译文当中再现出来。

10.2 《背影》两种译文的多维度比较

《背影》写于1925年，文笔秀丽，细腻缜密。作者用的是提炼的口语，读来有一种亲切婉转、娓娓动听的感觉。张（培基）译和杨（宪益）译在整体上都达到了对原文“忠实”的要求，有些地方，值得我们“鉴赏”，但在个别词语的理解和句子逻辑关系的分析上，两位译者也存在“误读”和表达上的欠缺，需要“指出错误”，在此基础上，才能对两位的译文进行评析，并从宏观的视角进行理论构建。

例 1：回家变卖典质，父亲还了亏空；又借了钱办了丧事。

张译：After arriving home in Yangzhou, father paid off debts by selling or pawning things. He also borrowed money to meet the funeral expenses.

杨译：Once home he sold property and mortgaged the house to clear our debts, besides borrowing money for the funeral.

例 2：这些日子，家中光景很是惨淡，一半为了丧事，一半为了父亲的赋闲。

张译：Between grandma's funeral and father's unemployment, our family was then in reduced circumstances.

杨 译：Those were dismal days for our family, thanks to the funeral and father's unemployment.

上面两例，体现了两位译者在句式和选词方面的差异：在例 1 中，“还了亏空”的前提是“变卖典质”，张译用 by doing 的结构，符合英文的结构，也符合英语先结果后原因的思维表达方式。杨译没有改变句子的结构，用目的状语将“还了亏空”译出，同样体现了译者的语言功底；在例 2 中，从整个句式上而言，杨译是对英文行文习惯的恪守。但在遣词方面，杨译逊于张译。特别是 thanks to 一词，杨译欠妥，该词后更多的是跟积极的词汇，而朱自清的原文中提及的两个原因无疑都是令人沮丧的。

例 3：到南京时，有朋友约去游逛，勾留了一日。

张译：I spent the first day in Nanjing strolling about with some friends at their invitation.

杨译：A friend kept me in Nanjing for a day to see the sights.

翻译定义中提到，翻译批评要以“内容、表达、风格……”为切入点，例 3 的翻译批评就涉及风格文体，“有朋友约去游逛”，张译为 strolling about with some friends at their invitation,“约”被译为 at their invitation 显得过于正式,不太符合原文的口语化特点。而“游逛”被译为 strolling about，显得太泛，不如杨译 see the sights 来得准确。

例 4：他再三嘱咐茶房，甚是仔细。

张译：He urged the waiter again and again to take good care of me...

杨译：...giving him repeated and most detailed instructions.

翻译批评的三要素里，在论及批评客体的时候，有“从宏观与微观的角度评价译作”的要求，在例 4 中，张用了 urge，杨用了 giving，在当时的情景下，父亲嘱托别人办事，如果用这两个词翻译，有点牵强生硬，而且也不符合文中对父亲性格的描述，如果改为“request sb. to do sth.”会更好一些。从宏观上理解原文，可能会使得译者更好地理解该句中暗含的父爱。

例 5：我们过了江，进了车站。我买票，他忙着照看行李。

张译：We entered the railway station after crossing the River. While I was at the booking office buying a ticket, father saw to my luggage.

杨译：We crossed the Yangtze and arrived at the station, where I bought a ticket while he saw to my luggage.

本句没有任何连接词，只是把几个动作根据时间和空间的逻辑顺序铺排在一起，这在汉语中是常见的现象。张译用 after 一词体现了过江之后进车站的时间顺序，用 while 一词描述了同一时刻我和父亲做着不同事情的场景。张译不可谓不忠实，但杨译更加流畅。杨译将两句话并为一句话，是典型的英语尾重句，更加地道。笔者认为，如果将二人的翻译合并重新整合，可能会更好。After crossing the River, we entered the railway station, where I bought a ticket while he saw to my luggage.

例 6：他便又忙着和他们讲价钱。我那时真是太聪明过分……

张译：I was then such a smart aleck that...

杨译：I was such a bright young man that...

“聪明过分”，是口语，反语，张译为 smart aleck，有“自作聪明”的意思，很好地翻译出了作者自我讽刺的口吻，也是一种内疚的语气，同样是口语，很巧妙。杨译为 such a bright young man，译者并没有理解作者原句实际想要表达的意思，并没有做到奈达提出的“功能对等”。

例 7：……“进去吧，里边没人。”

张译：“Go back to your seat. Don't leave your things alone.”

杨译：“Go on in!” he called. “There's no one in the compartment.”

“里边没人。”言外之意是里面没人照看你的行李，因此张将之意译为 Don't leave your things alone，起到了解释作用。而杨直接将之译为 There's no one in the compartment，让译文读者不知所云。当然，根据语境也可以译为 Go back to take care of your things。

例 8：近几年来，父亲和我都是东奔西走，家中的光景是一日不如一日。

张译：In recent years, both father and I have been living an unsettled life, and the circumstances of our family going from bad to worse.

杨译：The last few years father and I have been moving from place to place, while things have been going from bad to worse at home.

从选词的角度而言，张译用 living an unsettled life 来翻译原文中的“东奔西走”，很好地再现了父子二人为生计忙碌的情形，译者做到了最大限度的等值翻译。然而从整个句子内在的衔接来看，张将“东奔西走”和“家中光景是一日不如一日”理解为并列关系并用 and 译出，但原文中二者之间的关系更多的是对比而不是并列。所以张用 and 无法将作者的无奈之情译出。杨译用 while 强调了对比，略胜一筹。从美学视角看，杨译 while 前后的句子用了两个平行结构“have been moving from...to...”和“have been going from...to...”，结构整齐，读来上口。

例 9：“我身体平安，唯膀子疼痛厉害，举箸提笔，诸多不便，大约大去之期不远矣。”

张译：“I'm all right except for a severe pain in my arm. I even have trouble using chopsticks or writing brushes. Perhaps it won't be long now before I depart this life.”

杨译：“My health is all right, only my arm aches so badly I find it hard to hold the pen. Probably the end is not far away.”

在原文中，“唯膀子疼痛厉害，举箸提笔，诸多不便”实际上隐含了因果关系，张的译文并没有译出内在的逻辑关系，特别是“I even have trouble using chopsticks or writing brushes”容易引起误解，令读者不清楚其“举箸提笔，诸多不便”的原因。而杨译尽显简洁，巧妙地运用了 so 这一连接词将原文中隐含的因果关系点明，将隐化显，正好契合了汉语意合和英语形合的特征。可见，杨译更加注重连贯性及原文字里行间的潜在关系。另外，对“大约大去之期不远矣”一句的翻译，张译和原文一样都是比较书面的用语，切合了原文的风格，十分精妙，而杨译稍逊。

例 10：唉！我不知何时再能与他相见！

张译：Oh, how I long to see him again.

杨译：Shall we ever meet again?

读完父亲的信，想起父亲的背影，泪水再次湿润双眼，此时此刻，心中不禁渴望再次见到父亲，因此张从作者对父亲的思念之情出发，换为英语中现成的说法，译句既达意又地道。相比之下，杨译虽亦达意，但情感表达稍显不足！

10.3 总结

英语和汉语在句法结构上的差异在散文文体中体现得尤为明显。汉语喜欢流水式的铺排，少用连接词，重意合；英语多用连接词清晰地构架内容，重形合。在汉英语篇翻译的实践中，译者应把握这一差异，不可逐字逐句翻译，应该深入理解汉语原文逻辑联系，并套用清晰的英语句法结构，译出“形异神似”的译文，正所谓，“英语之形合美，方有佳译。”

另外，通过对张、杨两位大家的译本比较研究，不难发现，两位译者译文均选词准确，句式简洁，风格也与原文接近。同时，两种译本又体现了译者各自的风格。张译选词到位，对原文情感用意的把握恰到好处，条理清晰，短句较多；杨译更多的是关注宏观的层面，对句子之间的逻辑关系解读略胜一筹，行文流畅，对语篇连贯性的把握到位，隐含之意体现得淋漓尽致。

总的来说，翻译批评不仅提供了翻译实践的方法和标准，而且打开了一扇通往更远的探索翻译领域的大门。翻译本身是一个整体，翻译批评应当得到更多的关注，如果翻译批评理论不发展，翻译研究将不会完整。

附：《背影》原文和两种译文

《背影》（原文）

朱自清

我与父亲不相见已二年余了，我最不能忘记的是他的背影。

那年冬天，祖母死了，父亲的差使也交卸了，正是祸不单行的日子。我从北京到徐州，打算跟着父亲奔丧回家。到徐州见着父亲，看见满院狼藉的东西，又想起祖母，不禁簌簌地流下眼泪。父亲说：“事已如此，不必难过，好在天无绝人之路！”

回家变卖典质，父亲还了亏空；又借钱办了丧事。这些日子，家中光景很是惨淡，一半为了丧事，一半为了父亲赋闲。丧事完毕，父亲要到南京谋事，我也要回北京念书，我们便同行。

到南京时，有朋友约去游逛，勾留了一日；第二日上午便须渡江到浦口，下午上车北去。父亲因为事忙，本已说定不送我，叫旅馆里一个熟识的茶房陪我同去。他再三嘱咐茶房，甚是仔细。但他终于不放心，怕茶房不妥帖；颇踌躇了一会。其实我那年已二十岁，北京已来往过两三次，是没有什么要紧的了。他踌躇了一会，终于决定还是自己送我去。我再三回劝他不必去；他只说：“不要紧，他们去不好！”

我们过了江，进了车站。我买票，他忙着照看行李。行李太多了，得向脚夫行些小费才可过去。他便又忙着和他们讲价钱。我那时真是聪明过分，总觉他说话不大漂亮，非自已插嘴不可，但他终于讲定了价钱；就送我上车。他给我拣定了靠车门的一张椅子；我将他给我做的紫毛大衣铺好座位。他嘱我路上小心，夜里要警醒些，不要受凉。又嘱托茶房好好照应我。我心里暗笑他的迂；他们只认得钱，托他们只是白托！而且我这样大年纪的人，难道还不能料理自己么？唉，我现在想想，那时真是太聪明了！

我说道："爸爸，你走吧。"他往车外看了看说："我买几个橘子去。你就在此地，不要走动。"我看那边月台的栅栏外有几个卖东西的等着顾客。走到那边月台，须穿过铁道，须跳下去又爬上去。父亲是一个胖子，走过去自然要费事些。我本来要去的，他不肯，只好让他去。我看见他戴着黑布小帽，穿着黑布大马褂，深青布棉袍，蹒跚地走到铁道边，慢慢探身下去，尚不大难。可是他穿过铁道，要爬上那边月台，就不容易了。他用两手攀着上面，两脚再向上缩；他肥胖的身子向左微倾，显出努力的样子。这时我看见他的背影，我的泪很快地流下来了。我赶紧拭干了泪。怕他看见，也怕别人看见。我再向外看时，他已抱了朱红的橘子往回走了。过铁道时，他先将橘子散放在地上，自己慢慢爬下，再抱起橘子走。到这边时，我赶紧去搀他。他和我走到车上，将橘子一股脑儿放在我的皮大衣上。于是扑扑衣上的泥土，心里很轻松似的。过一会儿说："我走了，到那边来信！"我望着他走出去。他走了几步，回过头看见我，说："进去吧，里边没人。"等他的背影混入来来往往的人里，再找不着了，我便进来坐下，我的眼泪又来了。

近几年来，父亲和我都是东奔西走，家中光景是一日不如一日。他少年出外谋生，独立支持，做了许多大事。哪知老境却如此颓唐！他触目伤怀，自然情不能自已。情郁于中，自然要发之于外；家庭琐屑便往往触他之怒。他待我渐渐不同往日。但最近两年不见，他终于忘却我的不好，只是惦记着我，惦记着我的儿子。我北来后，他写了一信给我，信中说道："我身体平安，唯膀子疼痛厉害，举箸提笔，诸多不便，大约大去之期不远矣。"我读到此处，在晶莹的泪光中，又看见那肥胖的、青布棉袍黑布马褂的背影。唉！我不知何时再能与他相见！

My Father's Back

（杨宪益夫妇译文）

Though it is over two years since I saw my father, I can never forget my last view of his back. That winter my grandmother died, and my father's official appointment was terminated, for troubles never come singly. I went from Beijing to Xuzhou, to go back with him for the funeral. When I joined him in Xuzhou I found the courtyard strewn with things and could not help shedding tears at the thought of granny. "What's past is gone," said my father. "It's no use grieving. Heaven always leaves us some way out."

Once home he sold property and mortgaged the house to clear our debts, besides borrowing money for the funeral. Those were dismal days for our family, thanks to the funeral and father's unemployment. After the burial he decided to go to Nanjing to look for a position, while I was going back to Beijing to study, so we travelled together.

A friend kept me in Nanjing for a day to see the sights, and the next morning I was to cross the Yangtze to Pukou to take the afternoon train to the north. As father was busy he had decided not to see me off, and he asked a waiter we knew at our hotel to take me to the station, giving him repeated and most detailed instructions. Even so, afraid the fellow might let me down, he worried for quite a time. As a matter of fact I was already twenty and had travelled to and from Beijing on several occasions, so there was no need for all this fuss. But after much hesitation he finally decided to see me off himself, though I told him again and again there was no need. "Never mind," he said, "I don't want them to go."

We crossed the Yangtze and arrived at the station, where I bought a ticket while he saw to my luggage. This was so bulky that we had to hire a porter, and father started bargaining over the price. I was such a bright young man that I thought some of his remarks undignified, and butted in myself. But eventually he got them to agree to a price, and saw me on to the train, choosing me a seat by the door, on which I spread the black sheepskin coat he had made me. He warned me to be on my guard during the journey, and to take care at night not to catch cold. Then he urged the attendant to keep an eye on me, while I laughed up my sleeve at him—all such men understood was money! And wasn't I old enough to look after myself? Ah, thinking back, what a bright young man I was!

"Don't wait, father," I said. He looked out of the window. "I'll just buy you a few tangerines," he said. "Wait here, and don't wander off." Just outside the station were some vendors. To reach them he had to cross the lines, which involved jumping down from the platform and clambering up again. As my father is a stout man this was naturally not easy for him. But when I volunteered to go instead he would not hear of it. So I watched him in his black cloth cap and jacket and dark blue cotton-padded gown, as he waddled to the tracks and climbed slowly down—not so difficult after all. But when he had crossed the lines he had trouble clambering up the other side. He clutched the platform with both hands and tried to heave his legs up, straining to the left. At the sight of his burly back tears started to my eyes, but I wiped them hastily so that neither he nor anyone else might see them. When next I looked out he was on his way back with some ruddy tangerines. He put these on the platform before climbing slowly down to cross the lines, which he did after picking the fruit up. When he reached my side I was there to help him up. We boarded the train together and he plumped the tangerines down on my coat. Then he brushed the dust from his clothes, as if that was a weight off his mind. "I'll be going now, son," he said presently. "Write to me once you get there." I watched him walk away. After a few steps he turned back to look at me. "Go on in!" he called. "There's no one in the compartment." When his back disappeared among the bustling crowd I went in and sat down, and my eyes were wet again.

The last few years father and I have been moving from place to place, while things have been going from bad to worse at home. When he left his family as a young man to look for a living, he succeeded in supporting himself and did extremely well. No one could have foreseen such a come-down in his old age! The thought of this naturally depressed him, and as he had to vent his irritation somehow, he often lost his temper over trifles. That was why his manner towards me had gradually changed. But during these last two years of separation he has forgotten my faults and simply wants to see me and my son. After I came north he wrote to me: "My health is all right, only my arm aches so badly I find it hard to hold the pen. Probably the end is not far away." When I read this, through a mist of tears I saw his blue cotton-padded gown and black jacket once more as his burly figure walked away from me. Shall we ever meet again?

The Sight of Father's Back

（张培基译文）

It is more than two years since I saw father last time, and what I can never forget is the sight of his back. Misfortunes never come singly. In the winter of more than two years ago, grandma died and father lost his job. I left Beijing for Xuzhou to join father in hastening home to attend grandma's funeral. When I met father in Xuzhou, the sight of the disorderly mess in his courtyard and the though of grandma started tears trickling down my cheeks.

Father said, "Now that things've come to such a pass, it's no use crying. Fortunately, Heaven always leaves one a way out."

After arriving home in Yangzhou, father paid off debts by selling or pawning things. He also borrowed money to meet the funeral expenses. Between grandma's funeral and father's unemployment, our family was then in reduced circumstances. After the funeral was over, father was to go to Nanjing to look for a job and I was to return to Beijing to study, so we started out together.

I spent the first day in Nanjing strolling about with some friends at their invitation, and was ferrying across the Yangtse River to Pukou the next morning and thence taking a train for Beijing on the afternoon of the same day. Father said he was too busy to go and see me off at the railway station, but would ask a hotel waiter that he knew to accompany me there instead. He urged the waiter again and again to take good care of me, but still did not quite trust him. He hesitated for quite a while about what to do. As a matter of fact, nothing would matter at all because I was then twenty and had already travelled on Beijing-Pukou Railway a couple of times. After some wavering, he finally decided that he himself would accompany me to the station. I repeatedly tried to talk him out of it, but he only said, "Never mind! It won't do to trust guys like those hotel boys!"

We entered the railway station after crossing the River. While I was at the booking office buying a ticket, father saw to my luggage. There was quite a bit of luggage and he had to bargain with the porter over the fee. I was then such a smart aleck that I frowned upon the way father was haggling and was on the verge of chipping in a few words when the bargain was finally clinched. Getting on the train with me, he picked me a seat close to the carriage door. I spread on the seat the brownish fur-lined overcoat he had got tailor made for me. He told me to be watchful on the way and be careful not to catch cold at night. He also asked the train attendants to take good care of me. I sniggered at father for being so impractical, for it was utterly useless to entrust me to those attendants, who cared for nothing but money. Besides, it was certainly no problem for a person of my age to look after himself. Oh, when I come to think of it, I can see how smarty I was in those days!

I said, "Dad, you might leave now." But he looked out of window and said, "I'm going to buy you some tangerines. You just stay here. Don't move around." I caught sight of several vendors waiting for customers outside the railings beyond a platform. But to reach that platform would require crossing the railway track and doing some climbing up and down. That would be a strenuous job for father, who was fat. I wanted to do all that myself, but he stopped me, so I could do nothing but let him go. I watched him hobble towards the railway track in his black skullcap, black cloth mandarin jacket and dark blue cotton-padded cloth long gown. He had little trouble climbing down the railway track, but it was a lot more difficult for him to climb up that platform after crossing the railway track. His hands held onto the upper part of the platform, his legs huddled up and his corpulent body tipped slightly towards the left, obviously making an enormous exertion. While I was watching him from behind, tears gushed from my eyes. I quickly wiped them away lest he or others should catch me crying. The next moment when I looked out of the window again, father was already on the way back, holding bright red tangerines in both hands.

In crossing the railway track, he first put the tangerines on the ground, climbed down slowly and then picked them up again. When he came near the train, I hurried out to help him by the hand. After boarding the train with me, he laid all the tangerines on my overcoat, and patting the dirt off his clothes, he looked somewhat relieved and said after a while, "I must be going now. Don't forget to write me from Beijing!" I gazed after his back retreating out of the carriage. After a few steps, he looked back at me and said, "Go back to your seat. Don't leave your things alone." I, however, did not go back to my seat until his figure was lost among crowds of people hurrying to and fro and no longer visible. My eyes were again wet with tears.

In recent years, both father and I have been living an unsettled life, and the circumstances of our family going from bad to worse. Father left home to seek a livelihood when young and did achieve quite a few things all on his own. To think that he should now be so downcast in old age! The discouraging state of affairs filled him with an uncontrollable feeling of deep sorrow, and his pent-up emotion had to find a vent. That is why even mere domestic trivialities would often make him angry, and meanwhile he became less and less nice with me. However, the separation of the last two years has made him more forgiving towards me. He keeps thinking about me and my son. After I arrived in Beijing, he wrote me a letter, in which he says. "I'm all right except for a severe pain in my arm. I even have trouble using chopsticks or writing brushes. Perhaps it won't be long now before I depart this life." Through the glistening tears which these words had brought to my eyes I again saw the back of father's corpulent form in the dark blue cotton-padded cloth long gown and the black cloth mandarin jacket. Oh, how I long to see him again.

Chapter 11

第11章 “Of Studies”王佐良译文多维度鉴赏

《论读书》是弗朗西斯·培根《论说文集》中的不朽之作。王佐良的译文，无论是措辞风格、翻译技巧、节奏韵律，抑或是在语言风格方面，都可谓经典译作，堪与培根的原文媲美，本章就王佐良的译文进行多维度鉴赏。

11.1 措辞风格方面的鉴赏

原文写于17世纪早期，用词古典，其措辞与句法与当代英语有所不同，使用了一些文学化的词语及一部分古英语，比如marshalling、maketh、doth、nay、stond等，且用词精练讲究、很富于美感。所以，在翻译的时候，也就不能使用白话文来翻译。白话文较之古文，其随意性较大，不能给人庄重严肃的感觉。因此，王佐良先生采用大量的文言文来翻译此文，有其特有的优势：一是文言文具有古雅的特点，可以精微地再现原文典雅古朴的风韵；二是文言文词语庄重正式，既能反映该文章题材的特点又能体现原文的文体特征；三是文言文的句式通常短小精悍，言简意深，很适合体现原文简约、洗练的风格。王佐良先生的译文把握住了两种语言的特点，因此显得地道，而且在更深层次上忠实于原文。

原文：Their chief use for delight is in privateness and retiring; for ornament, is in discourse; and for ability, is in the judgement, and disposition of business.

译文：其怡情也，最见于独处幽居之时，其博采也，最见于高谈阔论之中；其长才也，最见于处世判事之际。

原文：They perfect nature, and are perfected by experience: for natural abilities are like natural plants, that need pruning by study; and studies themselves do give forth directions too much at large, except they be bounded in by experience.

译文：读书补天然之不足，经验又补读书之不足，盖天下生才干犹如自然花草，读书然后知如何修剪移接；而书中所示，如不以经验范之，则又大而无当。

严复先生在他所著《天演论》中提到翻译过程中的“信、达、雅”，一般来讲，译文达到“信、达”两个标准的困难程度要远低于“雅”，也就是说要保存原文的风骨，这个目标很难达到。王佐良先生在他的翻译中做到了这一点，他上面的两例译文，不但其意忠于原文，且其“风”亦紧扣原文，整篇文章中透着淡淡的古典气息，读起来倍感舒服，富有韵味。

11.2 翻译技巧方面的鉴赏

由于原文不属于现代汉语，其中多处表达不符合今天的英语用法与习惯。王佐良先生超越表层语言结构的束缚，深入探究原文的思维逻辑及原作者的真实意图，并能熟练运用双语转换的各种技巧，比如：重译法、增译法、减译法、词汇转换法、正说反译法、反说正译法、分译法、语态变换法等。

词类转移法（Conversion）

原文：Their chief use for delight, is in privateness and retiring; for ornament, is in discourse; and for ability, is in the judgment, and disposition of business.（名词—动词）

译文：其怡情也，最见于独处幽居之时；其博彩也，最见于高谈阔论之中；其长才也，最见于处世判事之际。

原文：Studies serve for delight, for ornament, and for ability.（名词—动词）

译文：读书足以怡情，足以博彩，足以长才。

评语：王先生在翻译时，充分发挥了汉语的动词优势，即把英语中的一些名词和介词转换成汉语的动词或动词结构。比如名词译成动词的有：delight、ornament、ability，分别译为动词“怡情、博彩、长才”。

语态变换法（Change of the Voices）

原文：Some books are to be tasted, others to be swallowed, and some few to be chewed and digested; that is, some books are to be read only in parts; others to be read, but not curiously; and some few to be read wholly, and with diligence and attention.

译文：书有可浅尝者，有可吞食者，少数则需咀嚼消化。换言之，有只须读其部分者，有只须大体涉猎者，少数则须全读，读时须全神贯注，孜孜不倦。

评语：原文中非限定动词的被动式（to be tasted），译文完全是用汉语的主动形式，即“以词汇手段”来表达英语的被动意义，符合汉语的表达习惯。译文毫无生涩拗口之感，亦无欧化痕迹，实乃不可多得之佳作。

增译法（Amplification）

为了使译文忠实地表达原文的意思与风格并使译文合乎表达习惯，必须增加一些词语，这就叫增译法。

原 文：Histories maketh men wise; poets（maketh men）witty; the mathematics（maketh men）subtle; natural philosophy（maketh men）deep; moral（maketh men）grave; logic and rhetoric（maketh men）able to content. *Abeunt studia in mores.*

译文：读史使人明智，读诗使人灵秀，数学使人周密，科学使人深刻，伦理学使人庄重，逻辑修辞之学使人善辩：凡有所学，皆成性格。

评语：原文使用了一个动词 maketh，显得简洁流畅，而译文重复使用了动词“使”，加强了排比效果，也更加符合汉语表达习惯。

减译法（Omission）

冠词、连词、代词（尤其是人称代词、关系代词）、关系副词等，在英语中经常使用，但译成汉语时几乎很少出现。所以翻译时常常省略。

原文：If his wit be not apt to distinguish or find differences, let him study the schoolmen; for they are *cymini sectores*.

译文：如不能辨异，可令读经院哲学，盖是辈皆吹毛求疵之人。

评语：原文代词 his 在译文中省略。

分译法（Division）

分译法指将英语句中某些特定词汇从复杂的结构中分离出来，当作独立的外位成分或分句来翻译，如副词、介词短语、分词短语等，也指将英语的两级结构句子（如主句加从句、句子加带有浓厚动词意味的短语）译成汉语的并列结构或分句。

原文：So every defect of the mind may have a special receipt.

译文：如此头脑中凡有缺陷，皆有特效可医。

正反译（Negation）

为了使译文忠实而合乎语言习惯地传达原文的意思，有时必须把原文中肯定说法变成译文中的否定说法，或把原文中的否定说法变成译文中的肯定说法。

原文：Others to be read, but not curiously.

译文：有只须大体涉猎者。

在译文中王佐良还运用了很多本文中没有提到的翻译技巧，这值得我们慢慢研究和思考。

11.3 节奏韵律方面的鉴赏

“Of Studies”之所以能给人以听觉上的享受，某种程度上归因于优美的节奏。“Studies serve for delight, for ornament, and for ability.”在这句中，作者起句连用两个 /s/ 音，然后渐渐地滑向双音节 delight，三音节 ornament 和四音节 ability，语音节奏平稳，缓缓渐进。王佐良先生的译文连用三个“足以”，在语音上形成回荡与绵延之势，与原文遥相呼应。“足以怡情，足以博彩，足以长才”三个四字结构加强了节奏美感。

11.4 语言风格方面的鉴赏

王佐良的译文将原文独特的语言风格翻译了出来，使用恰当的代码，使译文也具备原文别具一格的语言格调。

原文：For expert men can execute, and perhaps judge of particulars, one by one; but the general counsels, and the plots and marshalling of affairs, come best from those that are learned.

译文：练达之士虽能分别处理细事或一一判别枝节，然纵观统筹、全局策划，则舍好学深思者莫属。

王佐良先生在译文中使用了大量的文言词或文言结构“其……也，最见于……”“则舍……莫属”“练达之士”“然”，而文言文翻译恰好具有三个明显特点：①文言词汇色彩正式、庄重，既能反映原文题材的特点，又能体现原文的文体特征；②文言文具有古雅的特点，可以精微地再现原文古色古香的风韵；③文言文句式短小精焊，言简旨深，很适合体现原文简洁、洗练的风格。从这些可以看出，王佐良先生的文言结构文雅、正式，而且用字也更省，与原文在语言风格上实现了高度的契合，堪称形神兼备的佳译。

11.5 总结

Francis Bacon 是英国历史上著名的文学家和哲学家，他的文章风格古朴典雅，含意深远。“Of Studies”是他最著名的一篇，原文的文字措辞简洁、流畅，读来富有诗歌的韵律美感，文中比喻的应用恰如其分，让读者有灵光乍现、茅塞顿开之感。王佐良先生翻译的培根所著《论读书》充分兼顾了语体风格的契合、语言节奏的把握以及对原作适度恰当的归化，再现了原文高超的语言技巧、美妙的艺术境界，实现了意美、音美和形美的和谐统一，达到了“化境”的标准。

附“Of Studies”原文和王佐良译文

Of Studies

Francis Bacon

Studies serve for delight, for ornament, and for ability. Their chief use for delight, is in privateness and retiring; for ornament, is in discourse; and for ability, is in the judgment, and disposition of business. For expert men can execute, and perhaps judge of particulars, one by one; but the general counsels, and the plots and marshalling of affairs, come best, from those that are learned. To spend too much time in studies is sloth; to use them too much for ornament, is affectation; to make judgment wholly by their rules, is the humor of a scholar. They perfect nature, and are perfected by experience: for natural abilities are like natural plants, that need pruning, by study; and studies themselves, do give forth directions too much at large, except they be bounded in by experience. Crafty men contemn studies, simple men admire them, and wise men use them; for they teach not their own use;but that is a wisdom without them, and above them, won by observation. Read not to contradict and confute; nor to believe and take for granted; nor to find talk and discourse; but to weigh and consider. Some books are to be tasted, others to be swallowed, and some few to be chewed and digested; that is, some books are to be read only in parts; others to be read, but not curiously; and some few to be read wholly, and with diligence and attention. Some books also may be read by deputy, and extracts made of them bothers; but that would be only in the less important arguments, and the meaner sort of books, else distilled books are like common distilled waters, flashy things.

Reading maketh a full man; conference a ready man; and writing an exact man. And therefore, if a man write little, he had need have a great memory; if he confer little, he had need have a present wit: and if he read little, he had need have much cunning, to seem to know, that he doth not. Histories make men wise; poets witty; the mathematics subtle; natural philosophy deep; moral grave; logic and rhetoric able to contend. *Abeunt studia in mores*. Nay, there is no stand or impediment in the wit, but may be wrought out by fit studies; like as diseases of the body, may have appropriate exercises. Bowling is good for the stone and reins; shooting for the lungs and breast; gentle walking for the stomach; riding for the head; and the like. So if a man's wit be wandering, let him study the mathematics; for in demonstrations, if his wit be called away never so little, he must begin again. If his wit be not apt to distinguish or find differences, let him study the schoolmen; for they are *cymini sectores*. If he be not apt to beat over matters, and to call up one thing to prove and illustrate another, let him study the lawyers' cases. So every defect of the mind, may have a special receipt.

论读书

王佐良

读书足以怡情，足以博彩，足以长才。其怡情也，最见于独处幽居之时；其博彩也，最见于高谈阔论之中；其长才也，最见于处世判事之际。练达之士虽能分别处理细事或一一判别枝节，然纵观统筹、全局策划，则舍好学深思者莫属。读书费时过多易惰，文采藻饰太盛则矫，全凭条文断事乃学究故态。读书补天然之不足，经验又补读书之不足，盖天生才干犹如自然花草，读书然后知如何修剪移接；而书中所示，如不以经验范之，则又大而无当。有一技之长者鄙读书，无知者羡读书，唯明智之士用读书，然书并不以用处告人，用书之智不在书中，而在书外，全凭观察得之。读书时不可存心诘难作者，不可尽信书上所言，亦不可只为寻章摘句，而应推敲细思。书有可浅尝者，有可吞食者，少数则须咀嚼消化。换言之，有只须读其部分者，有只须大体涉猎者，少数则须全读，读时须全神贯注，孜孜不倦。书亦可请人代读，取其所作摘要，但只限题材较次或价值不高者，否则书经提炼犹如水经蒸馏，淡而无味矣。

读书使人充实，讨论使人机智，笔记使人准确。因此不常作笔记者须记忆特强，不常讨论者须天生聪颖，不常读书者须欺世有术，始能无知而显有知。读史使人明智，读诗使人灵秀，数学使人周密，科学使人深刻，伦理学使人庄重，逻辑修辞之学使人善辩：凡有所学，皆成性格。人之才智但有滞碍，无不可读适当之书使之顺畅，一如身体百病，皆可借相宜之运动除之。滚球利睾肾，射箭利胸肺，慢步利肠胃，骑术利头脑，诸如此类。如智力不集中，可令读数学，盖演题须全神贯注，稍有分散即须重演；如不能辨异，可令读经院哲学，盖是辈皆吹毛求疵之人；如不善求同，不善以一物阐证另一物，可令读律师之案卷。如此头脑中凡有缺陷，皆有特药可医。

第12章 英语小说的文体特征与《傲慢与偏见》译例鉴赏

12.1 英文小说的主要文体特征

从严格意义上来讲，小说抑或其他样式的文学作品，不存在一个统一的文体特征。以下论述的只是小说所具有的较具普遍性的风格特点。

12.1.1 语言的形象性

小说创作主要是形象思维。它通过形象思维来建构小说世界，来“展现”画面场景，借助具体细致的描绘来营造真实可信的氛围，渲染某种特定的情绪，使读者有身临其境的感受。在情节描写中，作家崇尚具体形象，力避抽象演绎。

12.1.2 人物语言的个性化

在一部小说中，尤其是在人物众多的小说中，作家为了生动地再现形形色色的人物的个性，常常模仿他们各自的语言，使他们说出合乎自己身份、地位、教养、性格的话来，有的可能非常文雅，有的则会十分粗俗，有的则是方言俚语，极不规范，这是作家借人物语言塑造人物形象的一个重要手段。如马克·吐温（Mark Twain）的 *The Adventures of Huckleberry Finn*，小说的叙述部分即采用了经过锤炼的美国当代口语，书中的人物对话更是原原本本的生活语言的照录，下面这段是哈克与黑奴吉姆的对话。

“Hello, Jim, have I been asleep? Why didn’t you stir me up?” “Goodness gracious, is dat you, Huck? En you ain’ dead-you ain’ drownded-you‘s back agin? It’s too good for true, honey, it is too good for true. Lemme look at you, chile, lemme feel o’you...”

由此例可以看出，黑奴吉姆的语言充斥着讹读、省音，不合语法，用词不妥（其中dat=that，En=and，ain’=ain’t=are not，drownded=drowned，you’s=you are，Lemme= Let me，chile=child，o’=of），这些极不规范的语言不仅仅只是传递了一种信息，透过它们读者可以推测到有关这一人物更多的情况。

12.1.3 修辞格的广泛运用

文学作品是语言的艺术，作家所要探寻的是语言怎样才能最好地达意传神，所以，与其他任何语篇相比，文学语篇中使用的修辞格是最多的，其中尤以拟人、比喻、讽刺、夸张、双关为多。这里不妨再举出选自劳伦斯（D. H. Lawrence）的小说《菊馨》（*Odour of Chrysanthemums*）中的一个例子：The pit-bank loomed up beyond the pond, flames like red sores licking its ashy sides, in the afternoon's stagnant light. 句中的 flames like red sores licking 将火焰比作红红的疮疡，使人对火焰色泽的印象更加清晰，且产生一种隐隐的痛感，起到了一语双关的作用；lick 本用于指人或动物舔舐，但这里却用在了 flame 身上，让人有极不舒服之感，同时又写活了火焰。这是绝妙的文学语言，而其妙处正是在于修辞格的巧妙使用。

12.1.4 复杂多变的句式

小说叙述为了打破沉闷，使文字生动活泼，常在句式上做文章，如长短句的结合，圆周句与松散句的选用，等等。这些多变的句式造成了语言的跌宕起伏、灵活多变。当然，也有一些作家因个人的语言习惯或为求得某一特定的艺术效果而采用相对单一的句式，但这种情况并不多见。

12.1.5 叙述时空的混乱

这一特点主要存在于一些现代派小说中。传统小说的叙述总是时空脉络清晰，要么依事件发生的先后顺序描述，要么采用倒叙，即使多有场景变化，但时间和空间都交代得清清楚楚。而在一些现代派的作品中，由于作家对心理现实刻画的追求，也由于作家的创作观念及手法的缘故，如意识流手法的采用，常常使得时空变化模糊不清，作品中的人物思维、语言混乱无序，过去的、眼前的，想象中的人和事，纷乱一团，语言缺少了形式上的逻辑关联，变得毫无条理，不完整的句子很多，给理解带来了较大困难。这种情形较为典型的是詹姆斯·乔伊斯的《尤利西斯》（*Ulysses*）。

12.2 英语小说的翻译

小说反映的是广阔的社会现实，因此翻译英语小说的译者必须具备以下素养：首先，必须有着宽广的知识面；其次，译者必须具备一定的文学鉴赏力；再者，译者必须对译入语驾轻就熟，有较高的母语表达能力。

形象思维是作家的主要思维方式，想象力是小说家的重要禀赋，而好的译者应在这两个方面最大限度地接近作家。请看杨必所译萨克雷（W. M. Thackeray）的《名利场》（*Vanity Fair*）中的一个片段。

"I hate the whole house," continued Miss Sharp in a fury. "I hope I may never set eyes on it again. I wish it were in the bottom of the Thames, I do; and if Miss Pinkerton were there, I wouldn't pick her out, that I wouldn't. O how I should like to see her floating in the water yonder, turban and all, with her train streaming after her, and her nose like the beak of a wherry."

夏泼小姐狠狠地说道："我恨透了这整个儿的学校。但愿我一辈子也别再看见它，我恨不得叫它沉到泰晤士河里去。倘若平克顿小姐掉在河里，我也不高兴捞她起来。我才不干呢！哈！我就爱看她在水里泡着，头上包着包头布，后面拖着个大裙子，鼻子像个小船似的浮在水面上。"

12.3 《傲慢与偏见》译例鉴赏

简·奥斯丁的《傲慢与偏见》（*Pride and Prejudice*）是一部脍炙人口、雅俗共赏的小说，它以伊丽莎白与达西的感情纠葛为红线，主要描写了四桩婚姻，并与其他次要人物及场景共同绘就了一幅绝妙的世俗画。它以理性的光芒为现实主义小说高潮的到来扫清了道路。这部小说我国汉语全译本有六种以上。下面笔者就《傲慢与偏见》的两个译本（王科一译和孙致礼译）中一些句子的翻译进行对比赏析。

例 1：It is a truth universally acknowledged that a single man in possession of a good fortune must be in want of a wife.

王译：凡是有钱的单身汉，必定需要娶位太太，这已经成了一条举世公认的真理。

孙译：有钱的单身汉总要娶位太太，这是一条举世公认的真理。

原句是《傲慢与偏见》的开篇首句，它将反讽表现得淋漓尽致，富有特效。主句使用了一个严肃的大字眼 It is a truth universally acknowledged，仿佛在宣读一则放之四海皆准的普遍真理和客观规律，然而从句的语调却急转直下 that a single man must be in want of a wife，变得平淡无奇。

从中英文两种语言的表达习惯上，两种译本把 that 之后的从句作为译文的主语，利用两种语言的各自习惯相互转化，使译文通俗易懂。在王译本中，"凡是"一词更加突出了原文的反讽语气，同时又照应了"举世公认的真理"这一说法。"凡是"二字足以表明这条所谓客观真理的绝对正确性，不允许有任何例外存在，译文取得了与原文同样幽默的效果。孙致礼的译文也将严肃的大词"举世公认""真理"和口语化的小词"有钱""单身汉"的对比使用很好地表现了出来，且用笔洗练而辛辣，传达出了原文反讽的神韵。但王译通过"凡是”两个字，更增添了滑稽语气。

例 2： However little known the feelings or views of such a man may be on his first entering a neighbourhood, this truth is so well fixed in the minds of the surrounding families, that he is considered as the rightful property of some one or other of their daughters.

王译： 这样的单身汉，每逢新搬到一个地方，四邻八舍虽然完全不了解他的性情如何，见解如何，可是，既然这样的一条真理早已在人们心目中根深蒂固，因此人们总是把他看作自己某一个女儿理所应得的一笔财产。

孙译： 这条真理还真够深入人心的，每逢这样的单身汉新搬到一个地方，四邻八舍的人家尽管对他的性情见识一无所知，却把他视为自己某一个女儿的合法财产。

王译用了断句译法把 feelings or views 译成“性情如何，见解如何”；原文中的“so...that”译成了中文的因果关系，既符合对等译法，又符合中文习惯。

孙译运用换序译法把原文中的However引导的短语，与后面的this truth从句交换了顺序，语义连贯通顺。

例 3： ...he withdrew his own and coldly said, “She is tolerable; but not handsome enough to tempt me; and I am in no humor at present to give consequence to young ladies who are slighted by other men.”

王译： 他才收回自己的目光，冷冷地说：“她还可以，但还没有漂亮到打动我的心，眼前我可没有兴趣去抬举那些受到别人冷眼看待的小姐。”

孙译： 他才收回自己的目光，冷冷地说：“她还可以，但还没有漂亮到打动我的心，眼前我可没有兴趣去抬举那些受到别人冷落的小姐。”

slight 本 意 为 to treat as of small importance ; make light of ; to treat with discourteous reserve or inattention，在小说中，女主角伊丽莎白虽然长相不及姐姐漂亮，但她聪明机灵，活泼大方，也颇受欢迎。即使在舞会上没有男士相邀，也不至于受到冷眼看待，所以，孙译中使用“冷落”更准确，更贴近原文想要表达的意思。

例 4： Lady Lucas was a very good kind of woman, not too clever to be a valuable neighbor to Mrs.Bennet.

王译： 卢卡斯太太是个很善良的女人，真是班纳特太太一位可贵的邻居。

孙译： 卢卡斯太太是个很和善的女人，因为不太机灵，倒不失为贝纳特太太的一个宝贵的邻居。

通过阅读小说，我们知道卢卡斯太太之所以能够与班纳特太太亲近，并不仅仅是因为她为人和善。因为在嫁女儿这场竞争中，她们是强劲的对手。只是班纳特太太觉得卢卡斯太太不太机灵，构不成威胁，所以才愿意跟她亲近。not too clever 是这段文字中的幽默之处，而王译本却漏译了，这是非常重大的失误。此外，孙译本中的“倒不失为”正好表达了这种幽默，也讽刺了班纳特太太的思维方式和处事原则。

例 5：“My dear Mr. Bennet”, said his lady to him one day, “have you heard that Netherfield Park is let at last?”

王译：有一天班纳特太太对她的丈夫说：“我的好老爷，尼日斐花园终于租出去了，你听说过没有？”

孙译：“亲爱的贝纳特先生，”一天，贝纳特太太对先生说：“你有没有听说内瑟费尔德庄园终于租出去了？”

王译将 My dear Mr. Bennet 译为“我的好老爷”而孙将之译为“亲爱的贝纳特先生”，前者突出了原文的口语化特征，符合两人之间的身份关系，后者则显得生硬，凸显不了两人的亲密关系。

例 6：They were in fact very fine ladies; not deficient in good humor when they are pleased, nor in the power of being agreeable where they chose it, but proud and conceited.

王译：事实上，她们都是些非常好的小姐，她们并不是不会谈笑风生，问题是要碰到她们高兴的时候；她们也不是不会待人和颜悦色，问题在于她们是否乐意这样做，可惜的是，她们一味骄傲自大。

孙译：其实她们都是很出色的女性，高兴起来也会谈笑风生，适宜的时候还讨人喜欢，但是为人骄傲自大。

这是一段介绍 Bingley 姐妹的话语，原文里作者的反讽味道特别明显。王译为了将反语表达出来，在译文里增加了“问题是要碰到……”“问题在于……是否乐意……”和“可惜的是，她们一味……”等原文字面上本无而在含义上却含有的词语，使译笔确切而传神。而孙译照字面直译，语句虽说精练多了，却使读者难于理解原文的讽刺意味，可能误以为她们真是很好的小姐，只不过有点儿骄傲自大罢了。

例 7：“I see no occasion for that. You and the girls may go, or you may send them by themselves, which perhaps will be still better, for as you are as handsome as any of them, Mr. Bingley might like you the best of the party.”

王译：“我不用去。你带着女儿们去就得了，要不你干脆打发她们自己去，那或许倒更好些，因为你跟女儿们比起来，她们哪一个都不能胜过你的美貌，你去了，彬格莱先生倒可能挑中你呢。”

孙译：“我看没那个必要。你带着女儿们去就行啦，要不你索性打发她们自己去，这样或许更好些，因为你的姿色并不亚于她们中的任何一个，你一去，宾利先生倒作兴看中你呢。”

读过小说，我们知道，班纳特先生总是抓住一切机会嘲讽太太，这一句更明显是对班纳特太太的嘲讽。王译的“因为你跟女儿们比起来，她们哪一个都不能胜过你的美貌”中间变换了主语，淡化了原文的语句，句子长度也增加了。孙译更加简洁流畅，更具嘲讽意味。

12.4 总结

通过对《傲慢与偏见》中一些典型例子的两种译文对比分析，不难发现，两个译本各有千秋，都能保持原作的信息，表现原作的精神和韵味，都尽可能地再现了原作的艺术风格。总体而言，王科一多用意译，力求神似，在深入把握原作风格的基础上，充分发挥译语优势，使译文语言简洁明了、生动形象、幽默风趣，创造性地重现了原作风格。孙致礼凭着深厚的中英文造诣，对原文的解码准确无误，对词句和语篇在语境中的深层含义，对作者的叙事手法以及作品风格都理解深刻，而在译文编码过程中做到了独具匠心、表达顺畅，灵活对等地再现了原文的技巧与神韵，很好地把握了小说的特点。

Chapter 12

第13章 诗歌翻译及译例赏析

诗是一种最古老的文学形式，它是伴随着音乐和舞蹈产生的，人们常常吟唱诗，故诗又称为诗歌。

诗歌的神韵需要一定的形式来表现，甚至有些诗，其形式的表现力可以超过内容的表现力。神寓于形，形之不存，神将焉附？所以诗歌翻译应该在恰如其分地传达原诗神韵的同时，尽可能地忠于原诗的形式。

13.1 译诗六论及三美说

中国当代译诗的大家许渊冲先生提出的“译诗六论”很有借鉴意义，具体内容如下。

译者一也（Identification）：翻译是译文和原文矛盾的统一。统一有不同的层次：词汇和词组层次上统一；句子层面上统一；段落和全诗的层面上统一。

译者艺也（Recreation）：文学翻译是艺术，诗歌翻译更是艺术。英语是形合的语言，往往表意比较精确；中文是意合的语言，比较模糊，说一指二，两种语言互译时，常常难以统一，这时就需要译者艺术地创新。

译者异也（Innovation）：诗歌翻译可以创新，创新就难免会标新立异。有时立异是必需的，特别是对年代久远的诗，可能在源语中的理解都已经不能确定了，不立异就不能翻译。

译者依也（Imitation）：前面说译者异也，但是异不能脱离原文的依据，这就是所谓的译者依也。也就是说，“异”指的是译文脱离原文的程度，“依”则是指译文接近原文的程度。

译者怡也（Recreation）：所谓“怡”，就是翻译的诗歌应该怡性悦情，使人得到乐趣。一首诗艺术上的优劣，在一定程度上取决于启示义的有无，一首译诗的优劣，也在很大程度上取决于启示义译得如何。

译者易也（Rendition）：翻译是换易语言形式，无论如何使用和选择上述的五论，易是总论。

另外，诗歌作为一种高级的文学艺术形式，它是否可译，现在翻译界还没有达成一致。不管怎样，每年都有大量的诗歌被译入和译出。关于诗歌翻译的标准，可谓仁者见仁智者见智。著名翻译家许渊冲就提出了“三美论”。依据“三美论”，文学翻译尤其是诗歌翻译，要尽可能体现原诗的音乐美（即音韵美），建筑美（即形式美）和美术美（即意象美）。

13.2 诗歌译文鉴赏

一直以来对于诗歌的翻译就争论不休，分为两大阵营：诗之不可译（Untranslatability）和诗之可译（Translatability）。

关于诗歌的不可译性，罗伯特·L. 弗洛斯特（Robert L. Frost）有过如下论述：Poetry is what is lost in translation（诗就是在翻译中失去的那种东西）。而中国的一些学者如郭沫若、王佐良等认为应该以诗译诗；成仿吾在《译诗论》中也指出：译诗也应当是诗，这是我们所最不能忘记的。译诗应当忠于原文。

不管是持不可译性还是可译性的观点，都必须承认，翻译不易，而翻译对音、意、形非常讲究的诗歌就更加困难，无论是英诗汉译还是汉诗英译，都必须下足功夫，下面就几则诗歌的翻译进行鉴赏。

13.2.1 On This Day I Complete My Thirty-Sixth Year 译文欣赏

原文（摘）：

The days are in the yellow leaf,
The flowers and fruits of love are gone,
The worm, the canker, and the grief
Are mine alone.
（Byron）

译文一：

年华黄叶秋，
花实空悠悠。
多情徒自苦，
残泪带愁流。
（译者不详）

译文二：

我的岁月似深秋的黄叶，
爱情的香花甜果已凋残；
只有蛀虫、病毒和灾孽，
是我的财产。
（杨德豫译）

如果不对照原诗，译文一倒是很符合中国传统审美标准，它读来朗朗上口，节奏感强，然与原诗对照来看，译诗的风格显得和拜伦的风格相去甚远，且以中国旧体诗的视角来翻译英诗，由于受字数、韵律和平仄的严格限制，往往难恰如其分地传达英诗的意义、意境和情调，诗中所出现的意象都没有在译文中出现。格调翻译得古、高，读起来让人反而想起了中国某朝某代，因此不能算是一个成功的翻译。而译文二基本按照原诗的用词和形式得来，则更能让中文读者看到拜伦的真面目：用明喻代替了原诗的暗喻。译文与原诗长短相当，也保留了诗中的全体意象，虽然读起来不如译文一朗朗上口，略有瑕疵，但总体来讲，译文二的统一度要比译文一高，较好地传达出了原诗的音、形、意三美。

13.2.2　唐诗《江雪》译文赏析

江雪

柳宗元

千山鸟飞绝，
万径人踪灭。
孤舟蓑笠翁，
独钓寒江雪。

译文一：Fishing in Snow

From hill to hill no bird in flight;
From path to path no man in sight.
A lonely fisherman afloat;
Is fishing in a lonely boat.
（许渊冲译）

译文二：River Snow

These thousand peaks cut off the flight of birds;
On all the trails, human tracks are gone.
A single boat—boat—hat—an old man!
Alone fishing chill river snow.
（Gary Snyder译）

原诗只用二十字，就为我们描绘了一幅万籁无声、一尘不染、幽静、寒冷的江景。柳宗元写这首绝句时，仕途遭挫，精神上受到很大的刺激和压抑，通过对景色的描写，突出了他寂寞甚至孤独的心情，吟诵之下，让人不知不觉被带入那种幽静、寒冷又孤独寂寞的情境之中。

从原诗我们可以看出，诗人以“绝”“灭”“雪”作为诗的韵脚来体现幽静、沉寂的静态江景。译文一是我国著名翻译家许渊冲教授所译，许教授的译文押了 aabb 韵，分别以 flight、sight、afloat、boat 这四个单词来再现原文的节奏感，使译文重读音节和非重读音节分布整齐，读来朗朗上口，音韵和谐。同时，使读者受到译诗的语言、节奏、韵律和句式的感染，体验到一种和谐诗的意境，从而产生心灵的震撼。译文二为美国著名诗人 Gary Snyder 所译，Snyder 的译诗不仅无韵可言，且选词也比较随意。

13.2.3 A Red，Red Rose 译文赏析

A Red, Red Rose
Robert Burns
O my Luve's like a red red rose
That's newly sprung in June;
O my Luve's like the melodie
That's sweetly play'd in tune.
...
And fare thee weel, my only Luve!
And fare thee well, a while!
And I will come again, my Luve,
Tho'it were ten thousand mile.

译文：

呵，我的爱人像朵红红的玫瑰，
六月里迎风初开；
呵，我的爱人像支甜甜的曲子，
奏得和谐又合拍。
……
再见吧，我唯一的爱人，
我和你小别片刻。
我要回来的，亲爱的，
即使是万里相隔。
（王佐良译）

罗伯特·彭斯的诗富有乡土气息和民歌风味，语言通俗、音乐性强，读来流畅自然，朗

朗上口。译诗所选的首尾两节是直译过来的，句法未变，字面意义也未做任何变更，正是奉行了“译者依也”的原则。而不变是相对的，第一句根据 sprung 表现的情态增加了“迎风”；第三句给 melodie 加上了“甜甜的”修饰。这些“异”都是译者的“艺”，增添了原诗深层意蕴所有而表层意蕴所无的内容，因而更深层次地传达了原诗的意境，达到了“怡”的效果。

第二节中将 my Luve 译为意义相同的两个称呼“我的爱人”和“亲爱的”，展现了诗人深沉的情感和依依不舍的心情。而“小别”和“相隔”两词用得更是精当优美，与此节一、三句相呼应，进一步表现出诗人真挚深切的感情。此“易”使原诗和译诗达到了统一。

13.3 总结

从来就不存在最好的译本，只能有更好的译本！诗歌的翻译也一样，诗歌的翻译应尽量兼顾音、形、意三美的标准，如果能够三者兼备，译诗基本就是成功的。诗歌翻译鉴赏也一样，要注意是否保留了原诗的意义和意境，是否保留了与原诗相当的形式，是否节奏自然，读来具有原诗的神韵和风采。

Chapter 14

第 14 章　翻译的分类、标准和译者素养

14.1　翻译的分类

翻译的分类有很多种。在我国，自汉代佛经翻译开始就有了“直译”“意译”之争，一直延续至今；周兆祥根据“翻译的自由度”，在《翻译初阶》一书中把翻译类似地分为：逐字对译、字面翻译、语意翻译、传意翻译、编译（free translation）、改写（adaptation）；美国语言学家雅各布森基于他的符号学观，将翻译活动分为语内翻译、语际翻译和符际翻译；施莱尔马赫对翻译的类型与翻译的文本进行了分类，他将翻译分为口译和笔译两种，“是明确区分口译和笔译的第一人。”纽马克也在其论著 *A Textbook of Translation* 中根据翻译者侧重译出语还是译入语，将翻译分为逐字对译（word-for-word translation）、字面翻译（literal translation）、忠实翻译（faithful translation）、语义翻译（semantic translation）、传意翻译（communicative translation）、符合语言习惯的翻译（idiomatic translation）、自由翻译（free translation）和改译（adaptation）。他们从翻译的一个方面或者多个方面，对翻译的分类进行了论述，这有助于我们了解翻译的本质，提高对翻译理论的认知。

实际上，翻译的分类是由分类的范畴决定的，这种范畴可能是翻译的功能、翻译的工具、翻译的形式，以及翻译的目的、翻译的服务内容，等等。不同的翻译环境，不同的翻译读者或客户，不同的翻译方法，需要对翻译的分类加以实践运用和选择。除上面提到的翻译分类，常见的具体分类小结如下。

翻译按方式来分，可分为汉语译成外语（简称“汉译外”）（translation from Chinese into a foreign language）和外语译成汉语（简称“外译汉”）（translation from a foreign language into Chinese）两种。汉译外，首先要理解汉语的原文、原话的意思，再用外语表达出来。而外译汉正好相反，先理解外语的原文、原话的意思，再用中文表达出来。

翻译按翻译客体性质或文体分，可分为文学翻译（literary translation）和非文学翻译（non-literary translation）。文学翻译强调对文学作品文本的艺术审美与文学欣赏，包括其风格、价值观和思想，再显的是原文作者的精神活动和语言艺术美；非文学翻译涉及的内容和学科知识十分广泛，强调的是现实世界中的知识、事实、事件和信息，再显的是实用性事实、信息的交际性和功能。

翻译按翻译主体来分，可分为人工翻译（human translation）、机器翻译（machine

translation）、机器辅助翻译（computer-aided translation）、人机交互翻译（interactive translation），以及网络辅助翻译（Internet-aided translation）等。人工翻译主要指译者借助工具书，利用一定的翻译知识和技巧完成翻译的整个过程；机器翻译，又称自动翻译，就是利用机械（主要是计算机）按一定程序自动进行自然语言（natural language）之间的翻译过程，它主要建立在语言学、计算机科学、自动化技术和数学等多门学科基础上；机器辅助翻译，或称计算机辅助翻译，是指译者运用计算机程序部分参与翻译过程的一种翻译策略，它利用计算机软件和翻译记忆技术（translation memory）来实现翻译过程，根据其辅助工具的不同还可以分为：电子词典翻译和软件辅助翻译等；人机交互翻译是指人与计算机之间使用某种对话语言，以一定的交互方式，将人与计算机之间的信息加以交换来实现翻译的过程；网络辅助翻译，也称在线翻译（online translation），主要是指利用互联网资源、在线词典和编程、协议等来完成翻译的一个实时查询、浏览、翻译系统。

按照两种语言的本质来分，可分为语际翻译（interlingual translation）、语内翻译（intralingual translation）和符际翻译（intersemiotic translation）。语内翻译是在同一种语言内部进行的翻译，也就是把一种语言符号译成同一语言中的其他符号，如汉语中的简体、繁体互换；语际翻译是不同语言之间的翻译，如把本族语译为外族语或把外族语译为本族语，如英语、汉语互译；符际翻译是把一种语言翻译成另一种非语言的符号系统，即不同语言系统之间的翻译，如把公式翻译成文字解释等。

翻译按照信息处理方式，可分为完美翻译（perfect translation）、等值翻译（adequate translation）、综合翻译（composite translation）和科技翻译（translation of learned, scientific, technical and practical matter）。完美翻译是纯粹传递信息的翻译，如广告、布告等；等值翻译因为其服务对象是一般读者（general reader），他们只对故事情节而非原作语言感兴趣，所以不拘形式，只管内容的翻译；综合翻译其服务对象是严肃读者，他们的求知欲远胜于仅仅了解一些故事情节，主要包括古典作品的高质量的译本，此种翻译难度最大，形式与内容同等重要，甚至比内容更重要；科技翻译内容的重要性远远超过语言表达形式的重要性，翻译文献本身对于生产或科研来说有借鉴价值，译者应对该文献包含的知识具有一定的了解。

翻译从译文功能来分，可分为工具翻译（instrumental translation）和纪实翻译（documentary translation）。这是德国目的学派翻译理论的代表人物诺德（Nord）提出的。工具翻译的目的是在译语文化中实现新的交际功能，认为翻译本身就是一种交际功能，而不仅仅是对源语作者与读者间的交际行为所做的文献记录（documentary record）。纪实翻译包括：①逐词翻译或对照译法（word-for-word or interlinear translation），重视再现源语词汇和句法特征，主要用于比较语言学和语言百科全书中，目的是体现不同语言的结构差异；②直译或语法翻译（literal or grammar translation），强调按照译语规范，再现源语的词汇用法与句法结构，常用于翻译政治人物的讲话、学术文献等；③哲学翻译法或学术翻译

（philological or learned translation），即直译加注法，常用于翻译古代文献、经典或文化差异较大的文本；④异化翻译（foreignizing or exotic translation），文本的源语文化背景没有改变，给译语读者造成一种陌生感或文化距离感，原文的功能有所改变，主要用于文学翻译。

翻译按译品形式来分，可分为全译（full translation）、变译（adaption）和校译（proofreading translation）。其中的变译可以指节译（选译）、译要（摘译，partial translation）、编译（translation plus editing）、综译、转译、译述、改译、阐释、译写、改写等。

14.2 翻译的标准

在探讨翻译标准的定义前，先看两个译例。

例 1： When Greek meets Greek, then comes the tug of war.

译文 1： 张飞杀岳飞，杀得满天飞。

译文 2： 两雄相遇，其斗必烈。

例 2： He wanted to learn, to know, to teach.

译文 1： 他渴望博学广闻，喜欢追根穷源，并且好为人师。

译文 2： 他想学习，增长知识，也愿意把自己的知识教给别人。

上面两例的译文 1 都有过分归化、过度意译之嫌，译者有任意发挥之疑。无论在何种条件下，译者在从事翻译时都要参考一定的标准，"随心所欲不逾矩"，只有这样，才可做到"有效"翻译！

所谓翻译标准，亦曰翻译原则，即指导翻译实践、评价译文质量的尺度。翻译标准的确立，为翻译工作者指明了努力的方向，对于建立科学的翻译理论体系具有重要意义。

14.2.1 中国学者及翻译家提出的翻译标准

19 世纪末，我国清代资产阶级思想家严复（1853—1921）在《天演论·译例言》（1898）中，提出了"信、达、雅"（faithfulness, expressiveness and elegance）三字标准，在我国翻译史上独具意义，给后世的译界有益的启发，在翻译界最具影响力、典范性，甚至成了中国人翻译西方语言文字的准绳。

傅雷提出"神似说"，认为翻译应当像临画一样，所求的不在形似而在神似。译作与原作，文字既不同，规则又大异，各种文字又各有特色，各有不可替代的优点，各有无法补救的缺陷，同时又各有不能侵犯的戒律，译作一定要传神达意。

鲁迅主张"宁信而不顺"，译作"力求其易解"，并"保持着原作的丰姿"。

茅盾认为应忠实地传达原作的信息内容，忠实地传达原作的内容和风格，译文应明白畅达。

钱钟书提出文学翻译的最高标准是"化"。把作品从一国文字转变为另一国文字，既不能因语言习惯的差异而露出生硬牵强的痕迹，又能完全保存原有的风味，那就算得上是入于"化境"了。

瞿秋白主张在翻译中大胆地运用新的表现方式、方法，新的字眼，新的句法。

刘重德提出了"信、达、切"的标准。他认为，严复的"信、达"两字仍可沿用，而"雅"字应改用"切"字，这是因为"雅"字实际上只不过是风格中的一种，和"雅"相对立的，就有所谓"粗犷"或"豪放"。"粗犷"和"文雅"显而易见是迥然不同的两种文体，因此，翻译起来不能一律要"雅"，应该实事求是，酌情处理，恰如其分，切合原文风格。"切"指的就是要切合原文风格，适用于各种不同的风格。

许渊冲提出了诗歌翻译的"三美"（音美、形美、意美）标准。

辜正坤提出了关于翻译标准的"多元互补理论"。他认为翻译的最高标准是"最佳近似度"。

无论是"信、达、切""信、达、贴""信、达、化""神似""化境"，还是"翻译的最高境界是'化'""翻译必须重神似而不重形似"，等等，都以期修补、更新、完善我国大翻译家严复提出来的"信、达、雅"翻译标准。可始终没有哪一种新提法能取而代之。因为"信、达、雅"言简意赅，主次突出，全面系统，完整统一。

14.2.2　外国学者及翻译家提出的翻译标准

西方学者对翻译标准也有诸多论述。

早在公元前，古罗马政治家西塞罗就提出翻译"不是字当句对，而是保留语言总的风格和力量"，主张"演说员"式的而不是"解释员"式的翻译，为后世确定了翻译讨论的方向。

以苏联的费道罗夫为代表的翻译理论家提出了"等值论"："等值翻译就是表达原文思想内容完全准确并在修辞上、作用上与原文完全一致。"

18 世纪末，爱丁堡大学历史教授亚历山大 · F. 泰特勒（Alexander Fraser Tytler，1747—1814 年）在《论翻译的原则》一书中系统地提出了进行翻译和评判翻译的三条基本原则。

① A translation should give a complete transcript of the ideas of the original work.

② The style and manner of writing should be of the same character as that of the original.

③ A translation should have all the ease of the original composition.

美国著名翻译家尤金 · 奈达（Eugene Nida）提出了"功能对等"（Functional Equivalence）翻译准则。翻译的预期目的主要是原文与译文在信息内容、说话方式、文体、风格、语言、文化、社会因素诸方面达到对等。

杰弗里 · 利奇（Geoffrey Leech）把翻译定义为"在另一语言中寻找同义语"的活动，

可谓“意义标准”说。他提出了翻译中七种意义的对应：概念意义（conceptual meaning）、内涵意义（connotative meaning）、社会意义（social meaning）、情感意义（affective meaning）、反映意义（reflected meaning）、搭配意义（collocative meaning）和主题意义（thematic meaning）。

中西传统译论对翻译的批评，大多追求译文与原文的对等，但随着翻译研究“文化转向”的到来，国内外越来越多的学者不再把目光局限于文本内字词的研究，而是投向文本产生的社会与文化环境，颠覆了传统译论中译文对原文的附属地位。同时，把翻译与女权主义、后殖民主义、解构主义等相结合，更彰显了翻译标准的多元化。翻译标准多元化推翻了上千年来翻译理论家们关于一个唯一正确、绝对实用、放之四海皆准的翻译标准的设想，而是用一个辩证标准群取而代之。在这个标准群里有抽象标准和具体标准，有最高标准和临时性主、次标准等。所有这些标准都只有相对的稳定性，都在变动不居的发展过程中，相互对立、补充和转化。

14.3 译者的素养

鲁迅先生在谈到翻译工作的甘苦时曾说过：“我向来总以为翻译比创作容易，因为至少是无须构想，但到真的一译就会遇到难关，比如一个名词或动词，写不出，创造的时候可以回避，翻译上却不成，也还得想，一直弄得头昏眼花，好像在脑子里面摸一个急于要开箱子的钥匙，却没有。严又陵说‘一名之立，旬月踌躇’，是他的经验之谈。”鲁迅先生的这段话可以引起每个译者的深思：必须脚踏实地地勤学苦练。

要成为一名合格的翻译，既要有一种严肃认真、一丝不苟的工作态度，还要至少具备四种基本素质，即扎实的语言基本功、丰富的文化背景知识、基本的翻译理论和常用技巧知识、翻译工具的运用能力。想要在翻译方面有所建树的人，应该朝着这些方面去努力。

例 3：我们更加关注结构调整等长期问题，不随单项指标的短期小幅波动而起舞。

该话是李克强在 2014 夏季达沃斯论坛开幕式讲话中的一句，如果译者没有扎实的语言基本功，对原文中“起舞”一词的理解就会出现偏差。所以，遇到类似的语言障碍，就是考验译者素养的时候。

译　文：We focused more on structural readjustment and other long-term problems, and refrained from being distracted by the slight short-term fluctuations of individual indicators.

那么，如何提高译者的个人素养呢？一般可以从以下几个方面着手：

多方涉猎——广博的知识和学识；

提升悟性——敏感的语言感悟力；

勤于实践——亲自体验翻译之难；

文化意识——文化蕴藉和参悟力；

民族意识——爱国忠诚，准确引介。

当然，成为一名合格的译者并非一日之功。只有不断加强语言功底，不断提升文化文学积淀，才能在翻译中如鱼得水，信手拈来。

14.4　总结

在具体的翻译实践中，翻译的分类并不是很重要，或者说具体的细分对于实际翻译过程影响不大。对于一个翻译人员来说，适当了解翻译的分类可以帮助其在实践中面对不同的翻译环境，具体问题具体分析；翻译必须有一个统一的标准，以衡量译文的优劣，现代人已经把翻译的标准概括为言简意赅的四个字："忠实、通顺"。"忠实"指的是忠实于原文，"通顺"指的是译文的语言必须合乎规范、通俗易懂。事实上，翻译的标准只能是相对的，而不是绝对的。当然，我们应该力求达到理想的最高标准。至于译者素养的培养，不是一朝一夕的事情，一个合格的译者应利用一切机会，从多个方面不断地提升自己。

Chapter 15

第 15 章 翻译的过程

翻译活动是一项复杂的思维活动，翻译的过程是正确理解原文和创造性地利用另一种语言再现原文的过程，大体上可以分为阅读、理解、表达、核校四个阶段。

15.1 阅读

阅读是指从书面材料中获取信息的过程。获取信息不等于理解了信息，所以要注意把阅读和理解区分开来。英语的各种考试中都有一个题型“阅读理解”而不叫“阅读”，正是这个意思。我们必须明白，译者在翻译前所进行的阅读和普通的阅读是不一样的。

当我们拿到待翻译的文献时，首先必须通篇阅读待译文献的全文，并对其进行分析，领会其内容大意。只有对翻译的文献的内容了然于胸，才能正确把握宏观的语境，从而在大的语境之下将每个句子的意思正确解读出来。

In 1737, when Peter Jefferson was 30 years old, he and his friend William Randolph traveled up the James River and followed a branch of it...in the middle of all this work. Peter Jefferson fell in love with Jane Randolph, a 19-year-old cousin of William’s and in 1739 married her.

本段中的 cousin 一词在汉语里有表 / 堂兄弟，表 / 堂兄妹的意思，而此时 cousin of William’s 一句具体要表达什么意思必须依赖于阅读上下文，弄清语境，从而解读出其具体意思。此段落中 William 与 Jane 同姓，排除了“表姐妹”的可能，再从年龄推断，cousin of William’s 可以有把握地译成“威廉的堂妹”。

因此，在翻译的过程中，首先应该明白，阅读是翻译的第一步，但只阅读不理解，同样无法完成整个翻译过程。

15.2 理解

在翻译中，理解不同于阅读，阅读时一个读者由于水平有限，理解或深或浅，甚至一知半解，或理解错误，这都无关紧要，因为这是个人的问题，不会对别人产生影响。但作为译者，必须认真理解原作的思想，对原文的理解稍有偏差，译文就不可能准确无误，甚至会差之毫厘，失之千里。因此，理解非常重要。如果对原文不理解，或理解得不正确，一切都无从谈起。

15.2.1　理解要准确透彻

正确的理解，不能仅停留在表面，要通过表层进入深层，也就是说要通过现象抓住事物的本质。但凡一种语言表达一种思想总要使用一些词语，采取某种表现手段，使用这些词和表现手法的目的，就是为了表达某种思想。理解不能仅看字面，有时，字面上看上去是一个意思，而实际上指的是另一种意思。译者若看不出它的内在含义 / 暗含意义或弦外之音，译文读者就更无法懂得其真正含义了。

例 1：It seems to me what is sauce for the goose is sauce for the gander.

译文 1：我觉得煮鹅用什么调料，煮公鹅也要用什么调料。

译文 2：我认为应该一视同仁。

这个例子中，如果译者不懂内在含义，很可能译成译文 1，这样读者就会感到莫名其妙，不知所云。译者若能透过表层理解深层意义，就可能译成译文 2，从而把原意清楚准确地表达出来。

例 2：— It is an order from President Bush.

— I don't care if it is from bush, tree, or grass.

译文：——这是布什总统的命令。

——管他什么布什、布头儿、布片儿，我才不在乎呢。

15.2.2　理解要靠上下文

从语言学的观点看，孤立的一个单词、一个短语、一个句子，看不出它是什么意思，必须在语言环境中，有一定的上下文才能确定它的意义。

例 3：They were Zhou's welcoming party.

单从这一句话中，很难把握这句话的意义，因为不知道 They 所指，Zhou 又是谁，还有 welcoming party 是否指欢迎宴会。但如果将这句话放在下面的大语境中，其确切含义就不难理解。

A few minutes before Kissinger boarded the aircraft, four senior Chinese officials entered the plane. They were Zhou's welcoming party; they had been in the capital for 3 days, but had remained in seclusion.

例 4：——"几点了？"——"都快 20 了，还不快点。"

"20"是什么意思？通过上下文，不难发现"20"是指时间的分钟，所以该句应翻译为：

What’s the time? It’s already twenty past the hour. So, hurry up, then.

15.2.3 理解要靠广博的知识

人的一切活动都必然受着历史环境的影响和制约，所以人们理解任何事物都不是用空白的头脑去被动地接受，而是以其固有的意识和先在的结构去积极地参与。因此，译者要想完整理解原文，必须拥有广博的知识，所谓“杂学”。上至天文地理，下至各国的风土人情，都要有一些了解。在实际翻译过程中，遇到自己所不了解的名人名言、成语典故、风俗习惯、典章文物、文坛轶事、艺坛掌故、机械器皿、动物植物，等等，都要细心研究，多查多问，务必弄清而后下笔，以免闹出笑话。

15.3 表达

理解正确、透彻后，下一步就是表达。理解正确不等于表达正确，在正确理解的前提下，一篇译文质量的好坏，就全看如何表达了。表达的三点原则：不失原意；保持原文的风格特色；符合译语习惯。这三者做得如何，会直接影响译文质量的优劣。因此，表达是整个翻译过程中的关键。

例 5： Anna was thin and black, a very umbrella of a woman.

原译： 安娜是一个又瘦又黑的女人，上身粗大，下身细长。简直像一把雨伞。

改译： 安娜是一个又瘦又黑的女人，活像一把细长的黑雨伞。

例 6： 那太阳，整天躲在云层里，现在又光芒四射了.

译文： The sun, which had hidden all day, now came out in full splendor.

原文是形合语言，在解读之后，要用译文将原文的意思表达出来，需要加上 which 一词，以此来使得译文地道。

试比较下面几个例子中“烂”字的翻译。

例 7： 扑克牌打烂了。

此处的“烂”指的是“破碎”，全句指扑克牌破损得厉害，但不是被撕成碎片。因而不能用 torn 或 worn-out。此句可译为：The playing cards have already been worn down.

例 8： 他的衣服穿烂了。

译文： His clothes are worn-out.

例 9： 他真是个烂人。

这里的“烂人”一般用来指代好吃懒做、不务正业的人，所以，本书认为这里可以翻译为：He is really a bad fellow.

例 10：花瓶打烂了。

这里的打烂指代的是打破，所以我们可以翻译成：The vase was broken.

试比较下面几个例子中“问题”一词的翻译。

例 11：问题是哪儿去找答案。

这里的“问题”是难以解决的问题，要用 problem。

译文：The problem is where to find the answer.

例 12：科学家必须知道怎样运用数学以求得对问题的准确答案。

译文：It is necessary that a scientist know how to use mathematics to get an accurate answer to his question.

例 13：重要的问题是你怎么做。

译文：The important thing is how you do it.

例 14：国王在此问题上拿他的王冠冒险。

译文：The king adventured his crown upon the issue.

例 15：我不断参阅论述那些问题的著作。

这里的问题其实指代的是话题或主题，所以我们可以翻译成：I have constantly referred to works dealing with those subjects.

例 16：你会听到到处都在讨论这个问题。

译文：You'll find the topic being discussed everywhere.

例 17：那台车床出问题了。

译文：Something has gone wrong with that lathe.

当然，还有另一个比较专业的词汇 malfunction 也可以表示故障、问题。如机器故障：a malfunction of the machine；键盘上的一些键开始出现故障：Some of the keys on the keyboard have started to malfunction。

例 18：一路上没有出现问题。

译文：The trip went off without mishap.

例 19：生活中可写的东西是很多的，问题在于发掘和提炼。

这里的问题指的是 key or point。

译文：There are many things in life that one can write about, but the point is how to explore and select them.

15.4 核校

核校是翻译的最后阶段，也是必不可少但往往容易被人忽略的阶段。核校可以在完成翻译后立即执行，也可以在翻译完成后“搁置”数日再进行。在核校阶段，译者应该仔细对照译文与原文，核对一词一句乃至一节一章的意义是否相符，功能是否相似，标点符号是否合适，数字是否正确，原文信息在译文中是否有遗漏之处，等等，不可马虎。译者还应将译文通读几遍，再次从宏观上把握译文的整体效果，不妥之处再做修改，力争实现译文与原文在意义上尽可能相符，在功能上尽可能相似。当然，若有他人帮忙核对，换一双眼睛，从不同的角度或不同的观点审核译文，更可能发现不易发现的问题，有利于改进译文。

编者曾在翻译《时代周刊》关于陈毅的一篇英文文章时，处理过这个句子：“In that odd, oral simile Chen neglected to say who was the teeth and who was merely the lip.”因误将该句中的 simile 看成 smile，从而翻译为“在他那难以琢磨的微笑中，陈没有提及中国和北越哪个为齿，哪个为唇。”隔一段时间，编者再次核校时发现了这一误译，于是将之改译为“在他那难以琢磨的比喻中，陈没有提及中国和北越哪个为齿，哪个为唇。”

15.5 总结

翻译是一项再创造的语言实践活动，翻译过程中任何一个步骤都举足轻重，不可或缺，因此，完整的翻译过程应包括阅读、理解、表达和核校。

Chapter 16

第16章 翻译技巧概述

翻译是一项非常考验语言驾驭能力的技术活儿，有时候，能读懂句子不代表能把它很好地翻译出来。在实际翻译过程中，由于中英文的语言差异、表达习惯不同，翻译时掌握一些翻译技巧有助于抹平译文和原文之间在语言层面上的矛盾，翻译出更符合译语表达习惯的译文，本章从词和句子两个层面来探讨翻译的技巧。

16.1 词汇层面的翻译技巧

16.1.1 词义选择

所谓词义选择，是要求我们将其在特定场合的正确意思选出来。正确选词是保证译文质量的重要环节，如果能做到在词语意义和字面形式上都对等当然最好，如果不能兼顾，则需要得“意”忘“形”。

例1：剪纸用来装饰门窗和房间，以增加喜庆的气氛。

译文：Paper cutting is used to decorate doors, windows and rooms in order to enhance the joyous atmosphere.

分析：“增加”此处实际是“加强”的意思，而非我们平常所指的“数量增多”的含义，因此不宜翻成 increase，翻译为 enhance 更恰当。

例2：经济发展再上新台阶。

译文：Economic strength reached new heights.

分析：“台阶”并不是真正的阶梯，因此不能翻译成 stair，翻译为 height 能够突出经济发展的新高度，更加直白、简练。

例3：Share prices moved ahead today.

译文：股票价格今日上扬。

例4：The story of their sufferings moved us deeply.

译文：他们的苦难经历深深打动了我们。

分析：move 有“移动、搬家、促使、使感动”等意思。在翻译有多个意思的单词时，必须考虑词的搭配关系，结合上下文，选择一个合适的汉语意思。

根据上下文，例 3 中的 move 应翻译为“上扬”，而例 4 中的 move 却翻译为“打动”。

16.1.2 词类转换

词类转换是英汉互译中一种常用的手段。汉语具有动态性和具体性的特点，在语言运用上多用动词。英语则具有静态性和抽象性的特点，在语言使用上呈现出名词化和介词化倾向，在互译过程中，适当转换词性，可以使译文更符合英语的表达习惯。

16.1.2.1 动词→名词

汉语中动词使用比较频繁，而且汉语动词没有时态变化的约束，也没有谓语动词和非谓语动词的形式之分，动词甚至可以充当句子的任何成分。然而，英语动词的使用则受到形态变化规则的严格限制。一个句子往往只有一个谓语动词，大量原本应该由动词表达的概念，常常需要借助于名词，因为名词比较不受形态变化的束缚，使用起来相当灵活、方便。

例 5：根据交通运输部 3 月底发布的一份通知，从上海、深圳邮轮港口出发的国际邮轮运输，在暂停了三年多之后，已经被批准复航。

译文：International cruise trips that depart from Chinese mainland’s home ports, Shanghai and Shenzhen in Guangdong province, had been given the green light to resume after a suspension of over three years, according to a notice released by the Ministry of Transport in late March.

分析：根据英语的写作逻辑，句子的谓语动词是“被批准复航”，因此，虽然“暂停”也是一个动词，翻译为名词 suspension 要比 be suspended 更简单，并且不会让读者忽视句子真正的谓语动词。

16.1.2.2 动词→介词

介词与名词密切相关，英语名词的广泛使用使得介词频繁出现。汉语中的介词数量约为 30 个，而英语中的介词却有 280 个之多，这一显著差异决定了英语中的介词使用和汉语相比要多得多。而且英语中有些介词本身是由动词演变而来的，具有动词的特征。因此，汉译英时，有些动词可以用介词短语来表达。

例 6：党的干部们吃着粗茶淡饭，住着冰凉的窑洞，点着昏暗的油灯，长时间地工作着。

译文：Party officials worked long hours on meager food, in cold caves, by dim lamps.

分析：在汉语句子中，有四个动词——“吃”“住”“点”“工作”，如果全部翻译成动词，那英语句子就会显得冗长啰唆。可以将“工作”作为句子的谓语动词，而“吃着粗茶淡饭，住着冰凉的窑洞，点着昏暗的油灯”则是党员干部们的日常生活方式，翻译为介词短语作方式状语，既保留了动词的意思又保证了形式的简洁。

16.1.2.3　动词→形容词

汉语的一些动词也常常可以用英语的形容词来表达，这些形容词通常是与动词同源的词（如 dreamful、doubtful、sympathetic 等），这样的译文有时比直接使用动词显得更地道，更标准。另外，由于英语动词的使用受到时态、语态的限制，所以经常采用非谓语形式表达动词的意义，分词就是常用的手段。

例 7：We are very grateful to you for meeting us at the airport.

译文：我们非常感谢你来机场接我们。

分析："感谢" 翻译为 grateful 要比 thanks/thank you 更加正式。

例 8：当感情完全淹没理智时，就可能铸成大错。

译文：If(one was) overwhelmed by passion, it could lead to serious blunders.

分析："淹没" 翻译为过去分词形式的形容词 overwhelmed 更能凸显理智被感情占据上风时的状态。

16.1.2.4　形容词或副词→名词

由于语法结构和修辞的需要，汉语的形容词和副词也可以译为英语的名词。

例 9：……只有这些生灵自由自在地享受着这个黄昏。

译文：…leaving these living things to enjoy this moment of dust with full ease and freedom.

例 10：他们在岸边坐着，海阔天空地谈着。

译文：They were sitting on the bank and talking of the universe.

分析：在翻译汉语的四字词语时，很难找到对等的英语表达，因此，在理解汉语意思的基础之上，用名词把精髓表述出来即可。

16.1.2.5　名词→动词

在英译汉时，英语的名词可以用汉语的动词来表达，这样翻译出来的汉语更加生动自然。

例 11：The sight and sound of our jet plane filled me with special longing.

译文：看到我国的喷气式飞机，听见隆隆的引擎声，令我心驰神往。

分析：the sight and sound 如果直接翻译为 "景象和声音"会过分拘泥于原文的句式结构，翻译出的中文十分生硬。翻译为动词 "看到" 和 "听见" 则更加生动形象，画面感更强。

综上所述，静态与动态的差别是英语与汉语的显著差异。英语中的动作意义常常借助于名词、形容词、介词或副词来表达，句中少有动词。相反的，汉语中动词出现频率很高，动词甚至可以充当几种句子成分，因此常常是一句出现若干个动词。了解了英汉语言的这种差异，在翻译过程中，适当地将二者语言特征加以转换，可以使译文既能更好地忠实于原文，又符合各自的语言习惯。

16.1.3 词的增补

词的增补就是指翻译时添加必要的单词，使得译文语法正确、语义完整、修辞合理、逻辑清晰，并符合译入语的文化习惯。增补的单词在句法、语义、文本和语境上都是不可缺少的。

16.1.3.1 语法需要

由于汉英两种语言的差异，为了语言简洁，汉语原文常省去一些词语，部分词类也不会用。由于汉英语言的这种差异，在互译时往往需要补充上相关词语和词类，以使译文更符合英语语法的要求。

例 12：聪明一世，糊涂一时。

译文：Smart as rule, but this time a fool.

分析：根据英语形合和汉语意合的特点，可以在译文中增译“but”一词。

16.1.3.2 语势需要

例 13：Reading makes a full man; conference a ready man; and writing an exact man.

译文：读书使人充实，讨论使人机智，写作使人精确。

分析：译文将原文中的一个 makes 引领的三个宾语分别译成三个短语“使人……使人……使人……”，使得译文达到了更好的修辞效果。

16.1.3.3 解释需要

中西文化差异的存在使得英语和汉语包含着许多文化色彩浓厚且不易被译文读者所理解的词语，因此在翻译过程中需要使用增词译法，把相关文化背景知识翻译出来。

例 14：世上先有伯乐，然后有千里马，千里马常有而伯乐不常有。

译文：Only when the world has a Bole, who knows about horses, can there be fine steeds. There are always fine steeds that can cover a thousand miles a day, but we cannot frequently find a Bole.

分析：原文中“伯乐”是中国读者比较熟悉的人物：相传为春秋时人，以善相马著称。现在引申为善于发现、推荐、培养和使用人才的人。然而译文如果不将这种文化背景知识翻译出来，就很难使译文读者了解其内涵。于是，译文在音译了“伯乐”之后，又加上解释性的词语 who knows about horses，达到了翻译的目的。

16.1.3.4 语义增词

例 15：Saying good-bye to a child going to college for the first time is rough…How does a person cut off 18 years of closeness?

译文：孩子考上大学第一次与他送别，这滋味真教人难受。……十八年的晨夕相处，而今一朝别离，又怎会舍得呢？

分析：译文中的“晨夕相处，而今一朝别离”属于语义性增译。

16.1.4　词的删减

所谓词的减省，就是翻译时，把原文中一些仅仅为了语法上的需要而存在的词、词组加以适当省略，从而达到译文通顺、意思完整及句子精练的目的。

例 16：于是转喜为怒，转赞美为责备挑剔，转首肯为摇头。

译文：Then happiness turns to anger, praise to scolding and nit-picking, and head-nodding to head-shaking.

分析：译文中删减了重复的谓语动词。

例 17：He put his hands into his pockets and then shrugged his shoulders.

译文：他将双手放进口袋，然后耸了耸肩。

分析：省略了原文中的一些代词。

16.1.5　词的替代

重复是汉语常使用的一种语篇衔接手段，虽然英语中也用重复，但多是利用词语的重复来体现语义强调或进行语言润色。汉语以重复见长,英语则以省略见长。故而在汉译英时，可采用替代的方法来避免重复。反之，在英译汉时，应适当重复来确保译文的完整。

例 18：他讨厌失败，他一生中曾战胜失败，超越失败，并且藐视别人的失败。

译文：He hated failure; he had conquered it all his life, risen above it, despised it in others.

分析：汉语中，“失败”出现过四次，而在汉译英时，第一个“失败”可以保留，剩下的三个“失败”则用 it 替代，这样能避免信息的重复和表达的啰唆。

例 19：We talked of ourselves, of our prospects, of the journey, of the weather, of each other—of everything.

译文：我们谈到自己，谈到前途，谈到旅程，谈到天气，谈到彼此的情况——谈到一切事情。

分析：原文的宾语包含六种事物，如果直译只保留一个谓语会让译文结构失衡，因此，在翻译时，重复谓语“谈到”会使译文的可读性更强，也增加了排比的修辞效果。

16.2 句子层面的翻译技巧

16.2.1 语态转化

被动语态在英语中的使用非常广泛，相比较而言，由于汉语中的被动态多表示不幸或不愉快的事情或经历，所以在汉语中使用被动结构的情况较少。在做被动语态的英译汉时，有时需要根据汉语的表达习惯，将被动语态转译为主动结构。而在汉译英时，汉语中的主动语态可译作英语的被动结构。

例 20：Futhermore, it is obvious that the strength of a country's economy is directly bound up with the efficiency of its agriculture and industry.

译文：此外，显而易见的是，一个国家的经济实力与其工农业生产效率密切相关。

分析：be directly bound up with 是一个被动态短语，但是不宜翻译为“被直接捆绑在……上”，翻译为“紧密相连”或者“息息相关”更言简意赅。

例 21：A note was passed up to the speaker.

译文：有人给演讲者递上来一个纸条。

分析：动作发出者不明确时，可译为“无主句”或增加“泛指人称代词”。

例 22：门锁好了。

译文：The door has been locked up.

分析：句子的主语是“门”，谓语是“锁”，但是一个无生命的物体“门”不可能做出“锁”的动作，显然，门是被某个人锁上的，因此，这句话应该翻译为被动语态。

例 23：龙井茶通常手工制作，其价格可能极其昂贵，也可能比较便宜，这取决于茶的生长地、采摘时间和制作工艺。

译 文：Longjing tea is usually made by hand. Its price can be very high or relatively low, depending on where it is grown, when it is picked, and how it is produced.

分析：“龙井茶”与“制作”和“采摘”均为被动关系，因此应该译为被动语态。“龙井茶”与“生长”虽为主动关系，但根据常识，茶叶为经济作物，需要人打理，一般不会自己生长，所以应该翻译为“种植”的被动语态。

在学习翻译的过程中，我们还必须注意英语常用被动句型的汉语习惯译法。

It is hoped that…	希望……
It is reported that…	据报道……
It is said that…	据说……

It is supposed that…	据推测……
Its must be admitted that…	必须承认……
It must be pointed out that…	必须指出……
It is asserted that…	有人主张……
It is believed that…	有人相信……
It is well known that…	众所周知……
It will be said that…	人们会说……
It was told that…	人们曾说……
I was told that…	我听说……

16.2.2　分译

英语重形合，而汉语则重意合，这种截然不同的外在表现形式要求我们在英汉翻译时要谨记这种差异，化繁为简，化长为短，化整为零。一般来说，英语中长句较多，句中修饰语多且长，使句子结构复杂。有时原文中的一个词或短语很难照原样处理，有必要将其单独译成一个句子，或者是将一个长句一分为二，切分成两个或更多句子。

例 24： At present people have a tendency to choose the safety of the middle-ground reply.

译文： 现在，人们都倾向于采取不偏不倚的态度来回答问题，因为它安全，不招风险。

分析： 原文中的 the safety of the middle-ground reply 被拆分为几个短句，反倒使得译文的可读性增强了。

例 25： There are many wonderful stories to tell about the places I visited and the people I met.

译文： 我访问了一些地方，遇到了不少人。要谈起来，奇妙的事可多着呢。

分析： 原文中的 stories 由前置定语 many wonderful 和后置定语 to tell 修饰，the places 和 the people 也分别带有定语从句，在翻译的时候，应该按照定语把句子拆开翻译，最后再合在一起。

例 26： I just met a lady whom I saw last week.

译文： 我刚碰到一位女士，上周也见过她。

分析： 如果将定语从句前置，则是“我刚碰到一位我上周见到的女士”，显得不通顺，所以把句子拆分成 I just met a lady 和 I saw her last week 两句话，再来翻译。

例 27： Probably he had come down in the world and this sampling (the puddings) was all that was left him from the time when he could afford to come and select his favorite puddings.

译文： 很可能他已家道败落，尽管以前他可以花钱来这儿选购各种喜爱的布丁，可如今却只能来这儿品尝施舍的免费布丁了。

分析：原句非常长，包含两个定语从句，翻译为“以前”“如今”两个分句，可以突出“他”的今昔对比。

16.2.3 合译

合译法是将两个或两个以上的单词、单句、复合句和并列句压缩糅合在一起翻译的情况，使其更符合汉语的洗练简洁的特点，从而避免译文的拖泥带水和啰唆的缺点。

例 28：She shook and trembled with fear.

译文：她吓得不停地发抖。

分析：译文将原文的两个词 shook 和 trembled 合二为一，译为“不停发抖”。

例 29：They sat down in the waiting-room to do some reading. People came to and fro there.

译文：他们在人来人往的候车室里坐下来看书。

分析：原文中 People came to and fro there 可以翻译为“人来人往”修饰“候车室”，这样译文更加简练。

例 30：中国是个大国，百分之八十的人口从事农业，但耕地只占土地面积的十分之一，其余为山脉、森林、城镇和其他用地。

译文：China is a large country with four-fifths of the population engaged in agriculture, but only one tenth of the land is farmland, the rest being mountains, forests and places for urban and other uses.

分析：原句很长，并且每个部分的主语都不一致，分别为“中国”“人口”“耕地”和“其余土地”，如果不将这些主语进行整合，那么译文将包含四个简单句，十分冗长。而利用 with 的复合结构、并列连词和独立主格，原句的内容就能用一句话表述出来。

例 31：他用辛辛苦苦积攒了五年的钱买了一架照相机。然后，他带着它走遍全国，拍摄了许多祖国名胜古迹的照片。

译文：With the money he had saved hard for five years, he bought a camera, with which he then traveled around the country, taking numerous pictures of the scenic spots and places of historic interest of our motherland.

分析：可以使用定语从句和非谓语动词将复杂的信息压缩在一句话中。

16.2.4 正反互译

每种语言都有表达否定和肯定的概念，但由于不同语言反映的民族文化和思维方式不同，表达同一概念时采用的方式就各不相同。

英、汉语中均有从反面或正面表达同一概念的现象，但由于表达习惯上的差异，各自的正反说法有些不一样。比如，

Private. 闲人莫入。

Keep upright. 切勿倒置。

Wet paint. 油漆未干。

Urban clearway. 市区通道，不准停车。

Women only. 男士止步。

例 32：谈到中国的改革开放就必然提到邓小平先生。

译文：We cannot talk about China's reform and opening-up without mentioning Mr. Deng Xiaoping.

分析：汉语中含有“必定”“一定”等词时，可以使用两个否定形式，因为在英语中，双重否定表示肯定。

例 33：There is no story without coincidence.

译文：无巧不成书。

分析：形式否定的英语句子也可以译成汉语的双重否定式来强调其肯定的意义。

例 34：The thought of returning to his native land never deserted him.

译文：归国的念头始终萦绕在他的心中。

分析：never deserted 翻译为“始终萦绕”而不是“从未丢弃”更加符合汉语习惯，也更加突出“他一直渴望”归国的意味。

例 35：One of the main reasons that the store went out of business was failure to meet customers' needs.

译文：这家店倒闭的主要原因之一，是未能满足客户的需求。

分析：failure 表示“失败”，但由于后面跟着不定式 to meet，因此将其隐含的否定含义翻译出来会更合理一些，译为“未能”。

16.2.5 倒置法

英汉语句中的主要成分主语、谓语、宾语或表语的词序基本上是一致的，但各种定语的位置和各种状语的次序在英、汉语言中则有同有异。在汉语中，定语修饰语和状语修饰语往往位于被修饰语之前；在英语中，许多修饰语常常位于被修饰语之后，因此翻译时往往要把原文的语序颠倒过来。汉语说“他正在卧室里睡觉”，而在英语中却说 He is sleeping in the bedroom。汉语中说“我明天和同学去购物。”而英语却说 I am going to go shopping with my classmates tomorrow。倒置法通常用于英译汉，即对英语长句按照汉语的习惯表达法进行前后调换，或按意群进行全部倒置，原则是使汉语译句安排符合现代汉语叙事的一般逻

辑顺序。有时，倒置法也用于汉译英。

16.2.5.1 前置法

例 36： Great changes have taken place in China since the introduction of the reform and opening policy.

译文： 改革开放以来，中国发生了巨大的变化。

例 37： Make a mark where you have any doubts or questions.

译文： 在有疑问的地方做个记号。

例 38： Our competitors have to stop the production of this range for lack of enough labor, resources as well as investment.

译文： 由于缺乏足够的人力、资源和投资，我们的竞争对手不得不停止生产这一系列的产品。

例 39： Turn off the switch when anything goes wrong with the machine.

译文： 如果机器发生故障，就把电门关上。

分析： 表示时间、地点、原因、条件等关系的状语，一般翻译到主语前面。

例 40： They lived in the house facing the South.

译文： 他们居住在朝南的房子里。

例 41： Space and oceans are the new world which scientists are trying to explore.

译文： 太空和海洋是科学家们努力探索的新领域。

分析： 在翻译后置定语和定语从句时，如果修饰部分比较简单，可以根据汉语习惯把定语部分翻译到所修饰的名词前面。

16.2.5.2 后置法

例 42： I believe strongly that it is in the interest of my countrymen that Britain should remain an active and energetic member of the European Community.

译文： 我坚信，英国依然应该是欧共体中一个积极的和充满活力的成员，这是符合我国人民利益的。

分析： 在主系表结构中，为了避免句子"头重脚轻"，可以由 it 作形式主语，that 从句作真实主语，翻译时，应该先翻译 that 从句，再翻译系动词和表语部分。

例 43： We are firmly convinced that mankind will eventually find ways to overcome cancer.

译文： 人类终将找到治疗癌症的办法，对此我们深信不疑。

分析： 当宾语从句过长时，可以先翻译从句，再翻译主句。

例 44： Social science is that branch of intellectual enquiry which seeks to study humans and their endeavors in the same reasoned, orderly, systematic, and dispassioned manner.

译文：社会科学是一个知识探索的分支，它用理性的、有序的、系统的和冷静的方式研究人类及其行为。

分析：which 引导的定语从句比较长，考虑用后置法翻译，不需要根据汉语习惯翻译到所修饰的名词前面。

例 45：如果没有绿色植物不断制造氧气和吸收有害的气体，人类就无法生存。

译文：Man would not be able to exist without green plants producing oxygen and absorbing harmful gases all the time.

分析：without 可以表示具有否定意义的条件状语，如果还包含非谓语动词，汉英翻译时，一般将整个由 without 引导的状语放在主句后。

16.3　总结

英汉两种语言在词汇、句法、修辞等方面均存在较大差异，因此在英汉互译时必然会遇到一些困难。翻译技巧是广大翻译工作者在长期的翻译实践中逐渐总结出来的行之有效的翻译方法，学习翻译技巧，对英汉互译过程中的语言转换能够起到实际的指导作用。工欲善其事，必先利其器。翻译技巧正是翻译过程中的有效工具，掌握正确的翻译技巧能让翻译实践事半功倍。

Chapter 17

第 17 章 MTI简介及翻译试题应试技巧

翻译硕士专业学位，即 Master of Translation and Interpreting，简称 MTI，是经国务院学位委员会批准实施的全国专业学位教育。MTI 的培养目标是培养德、智、体全面发展，能适应全球经济一体化及提高国家国际竞争力的需要，适应国家经济、文化、社会建设需要的高层次、应用型、专业性口笔译人才。随着我国经济发展和改革开放的不断深入，综合国力不断增强，政治、经济、科技、文化等各方面的国际交往越来越频繁，对高层次翻译专门人才的需求，无论从数量上，还是质量上都提出了迫切的要求。因此，根据专业学位强调实践性、应用性、专业化的特点、理念与模式来培养翻译高层次人才就显得尤为必要与紧迫。翻译硕士专业学位的设置正是在这一大背景下应运而生的。2009 年《教育部关于做好全日制硕士专业学位研究生培养工作的若干意见》中指出，“扩大招收以应届本科毕业生为主的全日制硕士专业学位范围。”“为促进我国研究生教育的更好发展，必须重新审视和定位我国硕士研究生的培养目标，进一步调整和优化硕士研究生的类型结构，逐渐将硕士研究生教育从以培养学术型人才为主向以培养应用型人才为主转变，实现研究生教育在规模、质量、结构、效益等方面的协调、可持续发展。”2012 年，教育部印发并实施了《教育部关于全面提高高等教育质量的若干意见》，意见指出我国将加大应用型、复合型、技能型人才培养力度。大力发展专业学位研究生教育，逐步扩大专业学位硕士研究生招生规模，促进专业学位和学术学位协调发展。自扩大专业学位硕士招生规模之后，MTI 近几年甚是火爆，报考人数逐年递增。

17.1 MTI 考试科目简介

全国翻译硕士专业学位教育指导委员会在《全日制翻译硕士专业学位研究生指导性培养方案》中指出，MTI 教育的目标是培养高层次、应用型、专业性口笔译人才。MTI 教育重视实践环节，强调翻译实践能力的培养。全日制 MTI 的招生对象为具有国民教育序列大学本科学历（或本科同等学力）人员，具有良好的双语基础。

考试旨在全面考查考生的双语（外语、母语）综合能力及双语翻译能力，招生院校根据考生参加该考试的成绩和“政治理论”的成绩总分，参考全国统一录取分数线来选择参加复试的考生。

考试是全国翻译硕士专业学位研究生的入学资格考试，除全国统考分值 100 分的第一单元“政治理论”之外，专业考试分为三门，分别是第二单元外国语考试“翻译硕士 X 语”（含英语、法语、日语、俄语、韩语、德语等语种），第三单元基础课考试“X 语翻译基础”（含英汉、法汉、日汉、俄汉、韩汉、德汉等语种）以及第四单元专业基础课考试“汉语写作与百科知识”。“翻译硕士 X 语”重点考查考生的外语水平，总分 100 分，“X 语翻译基础”重点考查考生的外汉互译专业技能和潜质，总分 150 分，“汉语写作和百科知识”重点考查考生的现代汉语写作水平和百科知识，总分 150 分。

极少数学校的英语翻译硕士会考二外，但绝大多数学校的英语翻译硕士考试科目为思想政治理论（100 分）、翻译硕士英语（100 分）、英语翻译基础（150 分）、汉语写作与百科知识（150 分），满分共计 500 分。考试时间安排如下：第一天上午 8：30—11：30 为“思想政治理论”考试，下午 14：00—17：00 为“翻译硕士英语”考试；第二天上午 8：30—11：30 为“英语翻译基础”考试，下午 14：00—17：00“汉语写作与百科知识”考试，每一科考试时间为 3 个小时。下面简要介绍专业考试的三门科目。

17.1.1　翻译硕士英语

根据《全日制翻译硕士专业学位（MTI）研究生入学考试考试总纲》，“翻译硕士英语”测试应试者单项和综合语言能力的尺度参照性水平考试。考试范围包括 MTI 考生应具备的英语词汇量、语法知识以及英语阅读与写作等方面的技能。考试基本要求：①具有良好的外语基本功，认知词汇量在 10000 以上，掌握 6000 个以上的积极词汇，即能正确而熟练地运用常用词汇及其常用搭配；②能熟练掌握正确的英语语法、结构、修辞等语言规范知识；③具有较强的阅读理解能力和英语写作能力。考试形式采取客观试题与主观试题相结合，单项技能测试与综合技能测试相结合的方法。考试内容包括以下部分：词汇语法、阅读理解、英语写作等。总分为 100 分。

词汇语法考试题型一般为多项选择或改错题，也有学校考填空题，如湖南大学和四川外国语大学，词汇的考查除多项选择外，还有根据所给词的正确形式填空这样的题型。

阅读理解要求考生能读懂常见外刊上的专题文章、历史传记及文学作品等各种文体的文章，既能理解其主旨和大意，又能分辨出其中的事实与细节，并能理解其中的观点和隐含意义；能根据阅读时间要求调整自己的阅读速度。题型为多项选择题（包括信息事实性阅读题和观点评判性阅读题）和简答题（要求根据所阅读的文章，用 3 ～ 5 行字数的有限篇幅扼要回答问题，重点考查阅读综述能力）

英语写作部分要求考生能根据所给题目及要求撰写一篇 400 词左右的记叙文、说明文或议论文。该作文要求语言通顺、用词得体、结构合理、文体恰当。

17.1.2 英语翻译基础

“英语翻译基础”测试考生是否具备基本的翻译能力。考试的范围包括 MTI 考生入学应具备的外语词汇量、语法知识以及外汉两种语言转换的基本技能。

要求考生具备一定中外文化，以及政治、经济、法律等方面的背景知识；具备扎实的英汉两种语言的基本功；具备较强的英汉、汉英转换能力。考试内容包括两个部分：词语翻译和英汉互译。总分 150 分。

词语翻译要求考生准确翻译中英文术语或专有名词。其考试题型要求考生较为准确地写出题中的 30 个汉英术语、缩略语或专有名词的对应目的语。汉英文各 15 个，每个 1 分，总分 30 分。

英汉互译要求应试者具备英汉互译的基本技巧和能力；初步了解中国和目的语国家的社会、文化等背景知识；译文忠实于原文，无明显误译、漏译；译文通顺，用词正确，表达基本无误；译文无明显语法错误；英译汉速度为每小时 250 ～ 350 个英语单词，汉译英速度为每小时 150 ～ 250 个汉字。

17.1.3 汉语写作与百科知识

“汉语写作与百科知识”统一用汉语答题，测试考生的百科知识和汉语写作水平。要求考生具备一定中外文化，以及政治、经济、法律等方面的背景知识；对作为母语（A 语言）的现代汉语有较强的基本功；具备较强的现代汉语写作能力。考试形式采取客观试题与主观试题相结合，单项技能测试与综合技能测试相结合的方法，强调考生的百科知识和汉语写作能力。考试内容包括三个部分：百科知识、应用文写作、命题作文。

百科知识要求考生对中外文化，国内外政治、经济、法律以及中外人文、历史、地理等方面有一定的了解。题型一般为名词解释、单项选择和填空。名词解释的考查一般为给出短文，就短文中画线词语给出解释，或直接考查最新热词的解释；单项选择考查较多的是中国和主要英语国家的人文、历史、地理、政治、经济、文化等，填空多为文学常识和翻译理论知识。

写作一般包括应用文写作和命题作文，应用文写作要求考生根据所提供的信息和场景写出一篇 450 词左右的应用文，体裁包括说明书、会议通知、商务信函、备忘录、广告等，要求言简意赅，凸显专业性、技术性和实用性。试卷会提供应用文写作的信息、场景及写作要求。命题作文要求考生根据所给题目及要求写出一篇不少于 800 词的现代汉语短文。体裁可以是说明文、议论文或应用文，要求文字通顺、用词得体、结构合理、文体恰当、文笔优美。试卷给出情景和题目，由考生根据提示写作。

各科目考试内容一览表如表 17-1、表 17-2 和表 17-3 所示。

表 17-1 "翻译硕士英语"考试内容一览表

序号	考试内容	题型	分值	时间（分钟）
1	词汇语法	多项选择题	30	60
2	阅读理解	多项选择题或简答题	40	60
3	英语写作	命题作文	30	60
共计	/	/	100	180

表 17-2 "英语翻译基础"考试内容一览表

序号	题型		题量	分值	时间（分钟）
1	词语翻译	英译汉	15个英文术语、缩略语或专有名词	15	30
		汉译英	15个中文术语、缩略语或专有名词	30	30
2	英汉互译	英译汉	两段或一篇文章，250～350个单词	60	60
		汉译英	两段或一篇文章，150～250个汉字	60	60
共计	/		/	150	180

表 17-3 "汉语写作与百科知识"考试内容一览表

序号	题型	题量	分值	时间（分钟）
1	百科知识	选择题、填空题或名词解释	50	40
2	应用文写作	一段应用文体文章，约450个汉字	40	60
3	命题作文	一篇800汉字的现代汉语文章	60	80
共计	/	/	150	180

17.2 MTI 考试中翻译部分应试技巧

MTI 英语翻译基础考试中应该达到的基本要求是"忠实原文"和"通顺可读"，即 faithfulness 和 readability。在考试的紧张氛围和时间有限的情况下最起码应该做到这两点。"忠实原文"告诉我们：不能改变原文的意思，不能想当然地增译，也不能漏译，"通顺可读"即要地道，要符合目标语的习惯，这样读起来才不显得生硬。要做到这两点，就要通读全文，理解原文意思，从整体上把握文章。比如以下一篇文章，不看译文，你能想到标题"媲美"如何准确地翻译吗？很多人会根据字面意思来理解为"比美"，其实不然，读完全文，你就会知道文章实际上是在讲"美的定义"。所以标题可以翻译为"Beauty"或者"What Beauty Is"。

媿美

林青

一朵雪花的体态是轻盈的，宛如六枚小银针，千针万线，给S大学校园绣出了合身的水晶外套。但是，正如童话世界也有缺陷一样，文史楼北墙畔一株年轻的龙柏，由于一夜风摧雪压，已经倾侧成30° 斜角了。

远处走来几个身背照相机的年轻人。其中那位穿黑呢大衣的姑娘真美，一双亮晶晶杏核儿大眼，似湖？似星？谁也说不清，只惹得路人不时朝她张望。这群市大学生摄影协会会员准备捕捉大自然恩赐的美妙镜头，心情舒畅地说笑着，渐渐地走近这棵倾斜的龙柏。

“在文史楼前拍张雪景吧！”一个浑厚的男中音提议。

“不，这棵龙柏被风雪压斜了，缺乏自然美。”姑娘那双纤手朝不远处一指。“喏，到生物系的小植物园去，那儿不仅有龙柏，还有雪松、扁柏呢。”

她的声波在清冽的空间扩散，像清甜的冰糖渐渐融化。年轻人留下了一串无邪的笑声。

又一个竹骨梅肌的青年出现在文史楼前，衣服右下摆隐约可见斑驳的油画颜料污迹。他在欣赏雪景之余，猛然发现倾斜的龙柏，不满地轻声嘀咕：“搞环境保护的同志真马虎，昨晚下那么大的雪，竟没来校园巡视，他们对美的统一性被破坏负有间接的责任！”这位美术爱好者凝视片刻，灵感的火花映亮心窗，他立刻打开速写本，捏着炭精棒，勾勒这棵龙柏的体态轮廓，准备回宿舍精心画一幅漫画，连画名也想好了，就叫做《一株龙柏的控诉》。他离去时遗憾地摇头叹息，眼波里颤动着一丝失望的情绪。

微弱的阳光下，急匆匆地走来一个肩挎旧书包的青年工人，他是来旁听中文系选修课的。突然，一阵风吹拂龙柏树，扬起无数雪沫，洒在他头上、身上。青年工人仰脸看看那株龙柏，脚步放慢了，他一看手表立刻加快步伐走去。

一会，他带来一把铁锹、一截旧茅竹、橡皮带，手脚麻利地不停地劳作，那株倾斜的龙柏终于挺直了脊梁，牢牢地屹立在校园。

上课铃声响了。他疾步如飞地向教室奔去！

静谧。点点不同的浅蓝色脚印留在雪地里，组合成一行行无人辨识的文字，蕴藏着精致微妙的内涵。那株龙柏静静注视着面前的雪地，仿佛苦心思索关于美的神秘的定义。

Beauty

Lin Qing

Snowflakes are light, each having six tiny silver needles. Last night, they worked together to weave a well-fitted crystal outfit for the campus of S University. However, nothing is perfect, not even in a fairyland. The young dragon cypress at the north wall of the Humanities Building was bent over at a 30 degree angle after the night's snowstorm.

Several students came from a distance, each carrying a camera. Among them was a girl in a black wool overcoat. She was a real beauty, her almond-shaped eyes like pools of clear water or bright stars in the sky. It was hard to tell which they resembled more, but she herself was certainly eye-catching!

These members of the town's College Photographers Society had come out to capture the beautiful scenery endowed by nature. Laughing and talking merrily, they were approaching the leaning cypress.

"Let's take a shot just in front of the Building!" a rich baritone voice suggested.

"No, this cypress is bent by the storm and lacks natural beauty," the girl responded. Pointing to a place nearby, she proposed, "Why don't we go to the small garden of Biology Department? It has not only cypresses there, but silver pines."

Her voice drifted in the crisp air like sweet, crystal sugar melting slowly. So to the small garden they went, leaving their carefree laughter behind.

Another slim young man appeared at the Building, his coat stained with paint somewhere down the right corner. In appreciation of the snow scene he suddenly caught sight of the bent cypress. He grumbled to himself, "The gardeners were indeed very negligent. They didn't even come out to patrol the campus in such a heavy snow as last night's. They should be held partially responsible for the ruin of the harmonious beauty of nature." The amateur artist was staring at the bent cypress when inspiration flashed into his mind. He quickly opened his sketch book and drew an outline of the cypress with his charcoal pen. He planned to develop the sketch into a cartoon, when he got back to the dormitory. He had even figured out a title for it, *A Cypress Complains*. He left with a sigh of sympathy for the bent tree and a flicker of disappointment in his eyes.

In the dim sunlight, a young worker, with a worst bag on his shoulder, was hurrying to the Chinese Department to audit a selective course. All of a sudden a gust of wind blew over the bent cypress, shaking the overlaying snowflakes down onto the young man's head and shoulders. He looked up and noticed the tree. Then he slowed his steps, took a glance at his watch and hurried away.

In a short while, he came back with a spade, an old bamboo stick and a piece of rubber hand. He worked with his deft hands on the bent cypress, until it was straight again. The bell for class was ringing and he dashed to the classroom.

Silence reigned. Faint bluish footprints, of all shapes and sizes, formed in the snow lines of illegible words with subtle implications. That cypress was quietly gazing at the snow, as if meditating on the mystery of beauty.

17.2.1 MTI 汉译英真题演练

北京大学 2012 年汉译英（选自蔡元培先生的《以美育代宗教说》）

纯粹之美育，所以陶养吾人之感情，使有高尚纯洁之习惯，而使人我之见、利己损人之思念，以渐消沮者也。盖以美为普遍性，决无人我差别之见能参入其中。食物之入我口者，不能兼果他人之腹；衣服之在我身者，不能兼供他人之温，以其非普遍性也。美则不然。即如北京左近之西山，我游之，人亦游之；我无损于人，人亦无损于我也。隔千里兮共明月，我与人均不得而私之。中央公园之花石，农事试验场之水木，人人得而赏之。埃及之金字塔、希腊之神祠、罗马之剧场，瞻望赏叹者若干人。所谓独乐乐不如人乐乐，与寡乐乐不如与众乐乐，以齐宣王之惛，尚能承认之，美之为普遍性可知矣。

暨南大学 2013 年汉译英（节选自郁达夫的《故都的秋》）

秋天，无论在什么地方的秋天，总是好的；可是啊，北国的秋，却特别地来得清，来得静，来得悲凉。我的不远千里，要从杭州赶上青岛，更要从青岛赶上北平来的理由，也不过想饱尝一尝这“秋”，这故都的秋味。

江南，秋当然也是有的，但草木凋得慢，空气来得润，天的颜色显得淡，并且又时常多雨而少风；一个人夹在苏州上海杭州，或厦门香港广州的市民中间，混混沌沌地过去，只能感到一点点清凉，秋的味，秋的色，秋的意境与姿态，总看不饱，尝不透，赏玩不到十足。秋并不是名花，也并不是美酒，那一种半开半醉的状态，在领略秋的过程上，是不合适的。

青岛大学 2013 年汉译英

近日热播的纪录片《舌尖上的中国》令 23 岁的陈佳宇胃口大开。中华美食中新鲜的食材、精美的菜式、复杂精细的烹制过程以及饮食传统的多样性都令他为之着迷。

然而，一系列食品安全事件却令中华美食名声受损。有关专家表示，长期以来食品安全监管机制存在的缺陷正在摧毁公众对食品的信心。“如今外出就餐时，人们被无数个问号困扰着。肉类安全吗？食品里含添加剂吗？他们用的是地沟油吗？”作为武汉市一名食品质量检验员，陈佳宇说：“当我在工作中看到一些食品的来源时，感到十分震惊。”

统计数据显示，中国每天消耗 200 多吨的食品，这些食品来自 40 多万家食品生产商，以及 323 万家相关企业。为了解决复杂的食品安全问题，2010 年，我国设立了国务院食品安全委员会，由李克强出任主席。然而，现实情况是，在目前的食品安全监管体系下，涉及六大部委的十几个部门均参与其中，直接负责监管从田间到餐桌的每一个环节。

华东师范大学 2011 年汉译英

旅客似乎是十分轻松的人，实际上却相当辛苦。旅客不用上班，却必须受时间的约束；爱做什么就做什么，却必须受钱包的限制；爱去哪里就去哪里，却必须把几件行李蜗牛壳一般带在身上。旅客最可怕的噩梦，是钱和证件一起遗失，沦为来历不明的乞丐。旅客最难把握的东西，便是天气。

我现在就是这样的旅客。从西班牙南端一直旅行到英国的北端，我经历了各样的天气，已经到了寒暑不侵的境界。此刻我正坐在中世纪古堡改装的旅馆里，为读者写稿，刚刚黎明，湿灰灰的云下是苏格兰中部荒莽的林木，林外是隐隐的青山。晓寒袭人，我坐在厚达尺许的石墙里，穿了一件毛衣。如果要走下回旋长梯像走下古堡之肠，去坡下的野径漫步寻幽，还得披上一件够厚的外套。

——选自余光中《西欧的夏天》第一、二段

北京航空航天大学 2010 年汉译英

（1）1957 年 10 月苏联成功发射第一颗人造卫星，揭开了人类历史由地球迈向太空的第一页。此后短短半个世纪里，人类的外空探索活动突飞猛进，取得了辉煌的成就。人类不仅成功登陆月球，而且还将研究的触手伸向火星等更为遥远的星球。截止到 2006 年底，环绕地球飞行的各类人造物体，包括人造卫星、航天飞机、国际空间站、空间实验室等接近 6000 个。

（2）博鳌论坛的经历给了刘晓宁不小的打击，生活上的拮据让她开始反思自己做公务员两年多的经历。都说公务员舒服，但刘晓宁每天的工作时间都在 10 小时以上，加班到晚上八九点钟，是很正常的事。如果有活动，赶工到夜里 12 点，也是家常便饭。

中山大学 2010 年汉译英

制药行业的全球化与人们的日常生活密切相关，在改善人类健康和与疾病的斗争中，也扮演着不可替代的角色。AAA 公司就是该行业的一个典范，它是全世界最具声望的公司之一。我认为，AAA 公司之所以如此令人瞩目和受人尊敬，原因是多方面的，其中固然包括它卓越的科研成就和出色的业务表现。然而，其胜人一筹、脱颖而出的真正原因在于，该公司多年来一直非常重视社会责任和环境保护，并在这方面投入了大量的人力物力。

四川大学 2010 年汉译英

（1）新疆维吾尔自治区地处中国西北边陲、亚欧大陆腹地，面积 166.49 万平方公里，占中国国土面积六分之一，陆地边境线 5600 公里，周边与 8 个国家接壤，是古丝绸之路的重要通道。据 2000 年统计，新疆人口为 1925 万人，其中汉族以外的其他民族为 1096.96 万人。新疆自古以来就是一个多民族聚居和多种宗教并存的地区，从西汉（公元前 206 年—公元 24 年）起成为中国统一的多民族国家不可分割的组成部分。

（2）维持生命必需的食物有三类。一是碳水化合物。碳水化合物广泛存在于动物、植物，包括糖、淀粉及纤维分子（cellulose）中，为人类提供能量。碳水化合物还能合成生物过程所必需的葡萄糖和酶（enzymes）。二是脂肪。脂肪是比碳水化合物更为“浓缩”的食物能量，但是，它只是储备能量而不是立即可用的能量。三是蛋白质。蛋白质是由含碳、氢、氧和氮元素的大分子组成的。蛋白质主要不是用于提供能量，而是组成生命所必需的结构物质。

华南理工大学 2013 年汉译英

马拉松赛跑是考验人的意志和力量的竞技运动。长跑者在同一起跑线出发。一眼望不到尽头的跑道上，强者与弱者的差距逐渐拉开。最后一圈是拼搏的时刻。第一个到达终点的优胜者，迎来阵阵掌声和热烈欢呼，屏幕上闪耀着他创造的纪录。

然而，跑道上也有这样的场面：拖着疲惫不堪的双腿，苦苦挣扎着，摇摇欲坠几乎昏厥的身子，终于奋力冲过封锁线，那是多么激动人心的时刻！纵或是最后一名，也是一位胜利者，同样赢得热情的鼓励和赞许的掌声。人们为长跑者坚忍不拔的精神深深感动了。

人的一生就好比马拉松赛跑。人人都有最后一圈，这一圈通常属于人生道路漫长的老人。七老八十的人，穿过艰难的世途，穿过芸芸众生，穿过重重障碍，于是到了人生的最后一圈。这一圈路程有长有短，跑得有快有慢。有的人稳健有力，从容不迫；有的人歪歪扭扭，步子不正；有的人拖拖沓沓，蹒跚不前。也有跑入歪道的人，或跑不快还要挡道的人，或不按竞赛规则乱跑的人，都是注定要失败的。谁能跑好这最后一圈，谁就是胜利者。

17.2.2 MTI 英译汉真题演练

湖南大学 2012 年英译汉

Homeownership has let us down. For generations, Americans believed that owning a home was axiomatic good. Our political leaders hammered home the point. Franklin Roosevelt held that a country of homeowners was “unconquerable”. Homeownership could even, in the words of George H.W. Bush’s Secretary of Housing and Urban Development（HUD）, Jack Kemp, “save babies, save children, save families and save America.” A house with a front lawn and a picket fence wasn’t just a nice place to live or a risk-free investment; it was a way to transform a nation. No wonder leaders of all political stripes wanted to spend more than $100 billion a year on subsidies and tax breaks to encourage people to buy.

But the dark side of homeownership is now all too apparent: foreclosures and walkways, neighborhoods plagued by abandoned properties and plummeting home values, a nation in which families have $6 trillion less in housing wealth than they did just three years ago. Indeed, easy lending stimulated by the cult of homeownership may have triggered the financial crisis and led directly to its biggest bailout, that of Fannie Mae and Freddie Mac. Housing remains a drag on the economy. Existing-home sales in July dropped 27% from the prior month, exacerbating fears of a double-tip. And all that is just the obvious tale of a housing bubble and what happened when it popped. The real story is deeper and darker still.

暨南大学 2012 年英译汉

The plain was rich with crops; there were many orchards of fruit trees and beyond the plain the mountains were brown and bare. There was fighting in the mountains and at night we could see flashes from the artillery. In the dark it was like summer lightning, but the nights were cool and there was not the feeling of a storm coming.

Sometimes in the dark we heard troops marching under the window and guns going past pulled by motor-tractors. There was much traffic at night and many mules on the roads with boxes of ammunition on each side of their pack-saddles and gray motor trucks that carried men, and other trucks with loads covered with canvas that moved slower in the traffic. There were big guns too that passed in the day drawn by tractors, the long barrels of the guns covered with green branches and green leafy branches and vines were laid over the tractors. To the north we could look across a valley and see a forest of chestnut trees and behind it another mountain on this side of the river. There was fighting for that mountain too, but it was not successful, and in the fall when the rains came the leaves all fell from the chestnut trees and the branches were bare and trunks black with rain. The vineyards were thin and bare-branched too and all the country wet and brown and dead with the autumn. There were mists over the river and clouds on the mountain and trucks splashed mud on the road and the troops were muddy and wet in their capes; their rifles were wet and under their capes the two leather cartridge-boxes on the front of the belts, gray leather boxes heavy with the packs of clips of thin, long 6.5mm cartridges, bulged forward under the capes so that the men, passing on the road, marched as though they were six months gone with child.

华南理工大学 2012 年英译汉

Rapid transportation, modern architectural forms, methods of building up cities, and the architecture of cyberspaces all reflect the ability of our mind to cope with the spatial fractures that are produced by these things. If we are lucky enough to have the kind of mind that can make sense of a world filled with the heavy distortions of space and time that have been wrought by modern technology, then why fight it? After all, such technology has its advantages.

We can't go back to being wild savages loping across the plains of the savannah. Instead, we need to find the way ahead. But in finding this way, we need to first make sure we understand where we have come from, why so many of us value our natural heritage, and what we stand to gain from its preservation. Leaving aside the apocalyptic visions of seas boiling dry from global warming or untold millions of human beings dying slowly from the cumulative effects of toxins in our water, soil, and air, there is a much simpler rationale for our wanting to find ways to heal the spatial rifts that lie between us and the rest of the natural world: contact with nature is good for our minds.

浙江工商大学 2013 年英译汉

There are two senses of the word “recession”: a less precise sense, referring broadly to “a period of reduced economic activity”, and the academic sense used most often in economics, which is defined operationally, referring specifically to the contraction phase of a business cycle, with two or more consecutive quarters of negative GDP growth. If one analyses the event using the economics-academic definition of the word, the recession ended in the U.S. in June or July 2009. However, in the broader, lay sense of the word, many people use the term to refer to the ongoing hardship (in the same way that the term “Great Depression” is also popularly used). In the U.S., for example, persistent high unemployment remains, along with low consumer confidence, the continuing decline in home values and increase in foreclosures and personal bankruptcies, an escalating federal debt crisis, inflation, and rising petroleum and food prices.

青岛大学 2013 年英译汉

Some 350 million people of all ages, incomes and nationalities suffer from depression. Millions more—family, friends, co-workers—are exposed to the indirect effects of this under-appreciated global health crisis.

Depression diminishes people’s ability to cope with the daily challenges of life, and often precipitates family disruption, interrupted education and loss of jobs. In the most extreme cases, people kill themselves. Approximately one million people commit suicide every year, the majority due to unidentified or untreated depression.

People develop depression for a number of reasons. Often, different causes—genetic, biological, psychological and social—combine to provide the trigger. Stress, grief, conflict, abuse and unemployment can also contribute. Women are more likely to suffer depression than men, including following childbirth.

A wide variety of effective and affordable treatments are available to treat depression, including psychosocial interventions and medicines. However, they are not accessible to all people, especially those living in less developed countries and the least advantaged citizens of more developed nations. Among the barriers to care and services are social stigma and the lack of general health care providers and specialists trained to identify and treat depression. This is why the World Health Organization is supporting countries through its Mental Health Gap Action Programme.

上海海事大学 2013 年英译汉

Sweet funeral bells from some incalculable distance, wailing over the dead that die before the dawn, awakened me as I slept in a boat moored to some familiar shore. The morning twilight even then was breaking; and, by the dusky revelations which it spread, I saw a girl adorned with a garland of white roses about her head for some great festival, running along the solitary strand with extremity of haste. Her running was the running of panic; and often she looked back as to some dreadful enemy in the rear. But when I leaped ashore, and followed on her steps to warn her of a peril in front, alas! From me she fled as from another peril; and vainly I shouted to her of quick-sands that lay ahead. Faster and faster she ran;round a promontory（岬；海角）of rocks she wheeled out of sight; in an instant I also wheeled round it, but only to see the treacherous sands gathering above her head.

天津外国语大学 2010 年英译汉

Do you remember how Forrest Gump was preparing for the biggest pingpong match of his life to be played in China? Well, he came, he played, and he kicked butt. I am pretty sure "lose face" were the words of the day.

The Forrest Gump pipedream visits me every now and then. I have always fantasized about standing atop the gold-medal podium for the Red, White and Blue; victory paddle in one hand, 24-karats around my neck, Chinese opponents on both sides, with Old Glory rising and the Star-Spangled Banner playing. OK, wake me up. Who am I kidding? The Chinese will lose their number one spot on the pingpong podium when Hainan Island freezes over. And that's why I started playing the glorious game of ma jiang.

If you can't beat them at pingpong, ma jiang must be the second best thing, right? Now, I am not talking about mahjong, the matching tile game you play on the computer to kill time; I am talking about bona fide, cutthroat Chinese ma jiang.

I feel the most "Chinese" when I am sitting as the ma jiang table talking in the dough. And most of the time, in terms of making money, Chairman Mao's face is my friend, but hot streaks easily give way to cold ones. Indeed, most of ma jiang is a game of luck; I would say 70% luck and 30% skill.

Unlike poker, in ma jiang, reading your opponents tends to be almost impossible, so tense stare downs are rarely seen.

Perhaps, I am the only westerner in this city who plays ma jiang competitively. I guess you could call me the Da Shan of ma jiang, and that's part of the thrill for me. The other part of it is being just as skilled as my Chinese opponents, who started playing ma jiang when I was a little kid, swinging the Little League bat back stateside.

Truly, when I started playing ma jiang, I didn't know what I was gonna get; I didn't realize back then, that today, I would love it so much. I am a competitive person, so I guess ma jiang and me turned out to be—well—you know, like those two compatible veggies. In the end, if ma jiang one day becomes an Olympic event, you know what's going down.

四川大学 2010 年英译汉

Source Text 1:

For the Greeks, beauty was a virtue: a kind of excellence. Persons then were assumed to be what we now have to call—lamely, enviously—whole persons. If it did occur to the Greeks to distinguish between a person's "inside" and "outside", they still expected that inner beauty would be matched by beauty of the other kind. The well-born young Athenians who gathered around Socrates found it quite paradoxical that their hero was so intelligent, so brave, so honorable, so seductive—and so ugly. One of Socrates' main pedagogical acts was to be ugly—and to teach those innocent, no doubt splendid-looking disciples of his how full of paradoxes life really was. They may have resisted Socrates' lesson. We do not. Several thousand years later, we are more wary of the enchantments of beauty. We not only split off—with the greatest facility—the "inside" (character, intellect) from the "outside" (looks); but we are actually surprised when someone who is beautiful is also intelligent, talented, good.

Source Text 2:

Frankly speaking, Adam, I created Eve to tame you. Indeed she is wiser than you because she knows less but understands more. Charm is her strength just as your strength is charm. Doubtless you are active, eager, passionate, variable, progressive and original but she is passive, stable, sympathetic and faithful. In other words you are like animals which use up energy, whereas she is like the plants which store up energy. Henceforth you have got to get along with her willy-nilly in sun and rain, joys and sorrows, peace and turbulence. For you the Rubicon has been crossed. It is up to you now to make the situation a blessing or a curse. I would refuse to entertain any more requests from you to take her back.

中国海洋大学 2010 年英译汉

The art of living is to know when to hold fast and when to let go. For life is a paradox: it enjoins us to cling to its many gifts even while it ordains their eventual relinquishment. The rabbis of old put it this way: “A man comes to this world with his fist clenched, but when he dies, his hand is open.” Surely we ought to hold fast to our life. For it is wondrous, and full of a beauty that breaks through every pore of God’s own earth. We know that this is so, but all too often we recognize this truth only in our backward glance when we remember what it was and then suddenly realize that it is no more. We remember a beauty that faded, a love that waned. But we remember with far greater pain that we did not see that beauty when it flowered, that we failed to respond with love when it was tendered.

Hold fast to life—but not so fast that you cannot let go. This is the second side of life’s coin, the opposite pole of its paradox: we must accept our losses, and learn how to let go. This is not an easy lesson to learn, especially when we are young and think that the world is ours to command, that whatever we desire with the full force of our passionate being can, nay, will be ours. But then life moves along to confront us with realities, and slowly but surely this truth dawns upon us. At every stage of life we sustain losses—and grow in the process. We begin our independent lives only when we emerge from the womb and lose its protective shelter. We enter a progression of schools, then we leave our mothers and fathers and our childhood homes. We get married and have children and then have to let them go. We confront the death of our parents and spouses. We face the gradual or not so gradual waning of our own strength. And ultimately, as the parable of the open and closed hand suggests, we must confront the inevitability of our own demise, losing ourselves, as it were, all that we were or dreamed to be.

广东外语外贸大学 2010 年英译汉

Population ageing has become a worldwide phenomenon. Moreover, it has not only come to stay but, especially in the developing countries, it will become more felt and acute with the passage of time. Its repercussions are so wide-ranging and manifold that they can only be ignored at a tremendous cost to society.

The growing rate of population ageing poses many challenges which have to be faced realistically. A number of decisions have to be taken with the cooperation of every social institution, be it the State, non-governmental organizations, the community, the family members and last but not least, the older persons themselves.

Each has a very important role to play in ensuring a sustainable development for the elderly population.

Governments and civil society including organizations of older persons, academia, community-based organizations and the private sector need to help in capacity building on ageing issues. As the Shanghai Implementation Strategy points out, "A life-course and intersectoral approach to health and well-being is the best approach to ensure that both current and future generations of older persons remain healthy and active".

The gap between the projected increases of the older population and the consequently required services, combined with the parallel development of the personnel needed to carry out these services, creates a pressing and urgent need to train appropriate staff. Training programmes have to be tailored to the nature of the participants, the work they are doing and the needs entailed. Though the basic issues dealt with might often be the same, the approach differs. It will be important in the not too distant future to explore innovative ways of providing education and training in rural and remote areas and to apply, as much as possible, the new and emerging communication technologies to facilitate and enhance these programmes.

Every member of society should realize that aging is a process. Consequently, older persons are to be seen as equal citizens of any society, sharing the same rights like other citizens. Any form of discrimination is to be eradicated.

17.3 MTI 初试、复试中常考的翻译理论知识

翻译理论不仅为翻译实践提供指导，而且是现代译员能力的有机组成部分。现整理出MTI中常考的翻译理论知识，中文填空和选择可作为初试“汉语写作与百科知识”的备考内容，英文填空和英文问答题可作为复试时的准备内容。

17.3.1 中文填空题

1. 翻译是跨__________、跨__________、跨__________的交际活动。

2. 篇章的粘连分__________粘连和__________粘连两大类，粘连的目的是实现篇章的__________。

3. 社会符号学的翻译标准是__________相符、__________相似。

4. 格莱斯的__________原则和利奇的__________原则是促使语言交际成功的语用原则。

5. 社会符号学翻译法以韩礼德所述的语言的社会符号性为根据，以符号学的意义观为核心。语言符号具备三种意义，它们是________意义、________意义和________意义。

6. 语言对比是研究语言在__________中产生的意义。

7. 泰特勒在《翻译的原则》一书中提出了著名的三原则：A. 译文应完整地再现原文的__________；B. 译文的__________、__________应与原文的性质相同；C. 译文应像原文一样__________。

8. 汉语语法呈__________性，英语语法呈__________性。

9. 严复的三字翻译标准是__________、__________、__________。

10. 鲁迅认为翻译标准可以用__________和__________这四个字来表示。

11. 翻译的过程是__________、__________和__________。

12. 英语翻译成汉语时，英语称为__________，汉语称为__________。

13. 翻译按其工作方式来分，有__________、__________、__________三种。

14. 许渊冲提倡文学翻译要做到__________、__________和__________。

15. 在译文语言条件许可时，在译文中既保持原文的内容，又保持原文的形式——特别是保持原文的比喻、形象和民族地方色彩等，这种译法叫作__________。

16. 把原文中两个或两个以上的简单句译成一个单句的翻译方法是__________。

17. 翻译按其处理方式来分，有__________、__________和__________。

18. 翻译是"从语义到文体在译入语中用最__________而又最__________的对等语再源语的__________。"

19. 从翻译的手段来看，翻译可分为__________、__________和__________。

20. 鲁迅先生认为："凡是翻译，必须兼顾两面，一当然力求其__________，一则保存着原作的__________。"

21. 由于文化上的差异，英译汉时有时直译原文就会使译入语读者感到费解，甚至误解。这时，就有必要借用汉语中意义相同或相近且具有自己文化色彩的表达法对原文加以__________。

22. 傅雷先生认为："以效果而论，翻译应当像临画一样，所求的不在形似而在__________。"

23. 钱钟书先生提出："文学翻译的最高标准是'__________'。把作品从一国文字转变成另一国文字，既能不因语文习惯的差异而露出生硬牵强的痕迹，又能完全保存原有的风味，那就算得入于'__________'"。

24. 从涉及的语言符号来看，翻译可分为________翻译、________翻译和________翻译。

25. 所谓功能指语言所具有的种种社会功能。英国翻译理论家彼得·纽马克将其分为 6 种：__________功能、__________功能、__________功能、美感功能、酬应功能和元语言功能。

17.3.2 选择题

1. 直译保存了原作________，因而能达到与原文近似的效果。

A. 内容　B. 思想　C. 风格　D. 手法

2. 死译只注意保存原文________，对原文使用的词语、句子结构、比喻以及其他修辞手法，尽量原封不动地照搬过来。

A. 形式　B. 风格　C. 意义　D. 内容

3. 译文中若出现译语词不搭配的现象，就会产生________。

A. 翻译调　B. 翻译病　C. 翻译症　D. 翻译腔

4. 克服翻译症的方法之一是弄清________与内容的关系。

A. 形式　B. 风格　C. 意义　D. 表面

5. 从实用翻译理论的角度来看，译文不但要保存原作的思想风格，而且必须符合译语习惯，即提高________。

A. 随意性　B. 传意性　C. 相似性　D. 可接受性

6. 有的动物可通过动作，如蜜蜂的舞蹈，来传递某种信息，这属于________。

A. 自然信息　B. 动物信息　C. 非语言信息　D. 语言信息

7. 交流思想通过语言进行，因而语言是交流思想的________。

A. 物质　B. 工具　C. 媒介　D. 手段

8. 通常认为翻译外国小说等文学作品，三分靠________，七分靠________。

A. 外语 汉语　B. 汉语 外语　C. 外语 外语　D. 汉语 汉语

9. 翻译症的主要特征是________。

A. 文从句顺　B. 流畅易懂　C. 声情并茂　D. 文笔拙劣

10. 不可译的情况有________。

A. 没有对等词　B. 内容和形式必须兼顾的情况

C. 词外含义　D. 以上全部

11. ________主张直译，但同时又提倡保留“神韵”。

A. 鲁迅　B. 瞿秋白　C. 茅盾　D. 郭沫若

12. 就汉译英而论，________。

A. 断句的情况较多，并句的情况较少　B. 断句的情况较多，并句的情况也较多

C. 断句的情况较少，并句的情况较多　D. 断句的情况较少，并句的情况也较少

13. 中国第一个系统介绍西方哲学的人是________。

A. 严复　B. 王佐良　C. 林纾　D. 钱钟书

14. 提出“既须求真，又须喻俗”的是________。

A. 阿毗昙　B. 释道安　C. 鸠摩罗什　D. 玄奘

15. 提出“重神似不重形似”的观点的是________。

A. 钱钟书　B. 傅雷　C. 瞿秋白　D. 许渊冲

16. 著名的“信、达、雅”翻译标准是我国近代翻译家________提出来的。

A. 林纾　B. 周煦良　C. 钱钟书　D. 严复

17. 原文：“I have seventy-two grandchildren, and if I were sad each time I parted from one of them, I should have a dismal existence!” “Madre snaturale.” he replied.

译文：“我的孙子孙女有72个，要是每离开一个都要难过，我的生活可就太痛苦了。”听了这话，老先生竟说：“这个做母亲的真怪呀!”本句中画线部分运用的主要翻译方法是：________。

A. 反译　B. 减词　C. 增词　D. 省略

18. 讲到译诗体会时，提出译诗须像诗的是________。

A. 鲁迅　B. 王佐良　C. 林纾　D. 钱钟书

19. __________不喜欢重复，如果在一句话里或相连的几句话里需要重复某个词语，则用__________来代替，或以其他手段来避免重复。

A. 汉语　名词　B. 英语　副词　C. 英语　代词　D. 汉语　代词

20. 在“翻译三论”中提出“雅”应作为“得体”来理解的是________。

A. 钱钟书　B. 周煦良　C. 傅雷　D. 王佐良

21. 1954年，________在全国文学翻译工作会议上讲话，指出：“翻译是一种创造性的工作，好的翻译等于创作，甚至还可能超过创作”。

A. 郭沫若　B. 钱钟书　C. 茅盾　D. 杨宪益

22. 汉语语法单位的组合多用________，连接成分并非必要。

A. 意合法　B. 形合法　C. 意合法和形合法　D. 省略法

23. 一件事情，往往可以从不同的角度来加以说明。原文从正面说的，译文可以从反面来说，这就是________。

A. 胡译　B. 省略　C. 反译　D. 直译

24. 翻译初学者应该注意的两个标准是________和________。

A. 忠实 明白　B. 通顺 易懂　C. 准确 古雅　D. 忠实 通顺

25. 钱钟书先生指出：“文学翻译的最高标准是‘________’。”

A. 神似　B. 化　C. 美　D. 通顺

26. ________针对赵景深“宁顺而不信”的提法，提出了“宁信而不顺”的主张。

A. 鲁迅　B. 茅盾　C. 瞿秋　D. 林纾

27. ______虽不懂外语，却翻译了大量的西方文学作品，如《巴黎茶花女遗事》等。

A. 鲁迅　B. 茅盾　C. 林纾　D. 严复

28. 东晋后秦高僧________带领弟子僧肇等800多僧人共同译经，译出《摩诃般若波罗蜜经》《妙法莲华经》《金刚般若波罗蜜经》等。

A. 释道安　　B. 鸠摩罗什　　C. 玄奘　　D. 真谛

29. ________强调翻译“必须非常忠实于原文”，同时他夫人认为翻译“应该更富有创造性”。

A. 鲁迅　　B. 瞿秋白　　C. 郭沫若　　D. 杨宪益

30. 1935年，________又对翻译作了新的概括，“凡是翻译，必须兼顾着两面，一当然力求其易解，一则保存着原作的丰姿。”

A. 傅雷　　B. 瞿秋白　　C. 鲁迅　　D. 茅盾

31. 用严复提出的标准来衡量他译的《天演论》，可以看出他对________十分重视，但对________并不十分重视。

A. “雅”“信”　　B. “信”“雅”　　C. “信”“达”　　D. “雅”“达”

32. “要根据原作语言的不同情况，来决定其中该直译的就直译，该意译的就意译。一个出色的译者总是能全局在胸而又紧扣局部，既忠实于原作的灵魂，又便利于读者的理解与接受的。”这是________的观点。

A. 傅雷　　B. 朱光潜　　C. 周煦良　　D. 王佐良

33. 文学作品中，对话往往占很大比例。对话一般用口语体，与叙述部分使用的语言不同。翻译时要注意________。

A. 心理描写　　B. 文体差别　　C. 运用反译　　D. 运用直译

34. 关于风格能不能译，大体有两种意见。__________和__________认为风格是可译的，而________和________认为风格是不可译的。

A. 朱光潜 王佐良 茅盾 刘隆惠　　B. 茅盾 刘隆惠 周煦良 张中楹

C. 茅盾 周煦良 刘隆惠 张中楹　　D. 周煦良 张中楹 茅盾 刘隆惠

35. ________thought in translating one should aim at “translating sense, not words”.

A. Saint Jerome　　B. Cicero　　C. Tytler　　D. Nida

36. Eugene Nida says, “Each language has its own genius.” 他的意思是________。

A. 每一种语言有其自己的天才　　B. 各种语言都有其特有的创造力

C. 一种语言有一种语言的特点　　D. 凡是语言都具有语言的特征

37. In his book *The Art of Translation*, ________says “Translation, the surmounting of the obstacle, is made possible by an equivalence of thought which lies behind the different verbal expressions of a thought.”

A. Theodore Savory　　B. Eugene A. Nida

C. Peter Newmark　　D. Saint Jelbme

38. 就英汉语言特点而言，下列选项中不正确的一项是________。

A. 英语主从结构多，汉语并列结构多　　B. 英语被动语态多，汉语被动式少

C. 英语抽象名词多，汉语抽象名词少　　D. 英语成语多，汉语成语少

39. 费道罗夫在《翻译理论概要》中提出了________。

A. 确切翻译的原则　　B. 自由翻译的原则

C. 逐字翻译的原则　　D. 神似翻译的原则

40. 原文：An acquaintance of history is helpful to the study of current affairs.

译文：熟悉历史有助于研究时事。

本句中运用的主要翻译方法是：________。

A. 增词　　B. 省略　　C. 词性转换　　D. 具体变抽象

41. 代词在英语和汉语里都经常使用，但总的说来，________。

A. 英语代词用得多，汉语代词用得少

B. 英语代词用得多，汉语代词也用得多

C. 汉语代词用得多，英语代词用得少

D. 汉语代词用得少，英语代词也用得少

42. According to Theodore Savory, a translator must ask himself:________

A. (ⅰ) What does the author say?

(ⅱ) What does he mean?

(ⅲ) How does he say it?

B. (ⅰ) What does the author mean?

(ⅱ) What does he say?

(ⅲ) What does he want?

C. (ⅰ) What does the author say?

(ⅱ) Where does he say it?

(ⅲ) What does he mean?

D. (ⅰ) What does the author mean?

(ⅱ) How does he like it?

(ⅲ) What does he say?

43. Cicero said, "In doing so, I did not think it necessary________."

A. to translate word for word　　B. to preserve the general style

C. to keep the force of the language　　D. to change the form of the original

44. Cicero's translating of ancient Greek speeches is characterized by________ .

A. literal translation

B. counting out words to the reader likes coins

C. translating as an orator

D. translating as a Doer

45. “Chinglish is the most important and difficult problem in translation” is expressed by________.

A. George Steiner　　B. Sol Adler

C. Eugene A. Nida　　D. Charles R. Taber

46. 原文：绝对不许违反这个原则。

译文：No violation of this principle can be tolerate　　D.

对原文中下画线部分，此句的译者采用的主要翻译技巧是________。

A. 减词　　B. 从抽象到具体　　C. 词类转换　　D. 从具体到抽象

47. The most famous speeches of the two most eloquent Attic orators are translated by________, who tried to preserve the general style and force of the language.

A. Cicero　　B. Saint Jerome　　C. Eugene A. Nida　　D. A. F. Tytler

48. 《国外翻译界》在介绍西奥多·萨沃里的________一书时，称之为“论翻译技巧的最好的著作”。

A. 《论最优秀的翻译》　　B. 《翻译的艺术》

C. 《论翻译的原则》　　D. 《翻译理论与实践》

49. According to George Steiner, the true road for the translator lies through________.

A. metaphrase　　B. imitation　　C. paraphrase　　D. Transliteration

50. 傅雷是一位勤奋的翻译家，他研究法国文学，翻译的作品达三十余种，其中包括巴尔扎克的《人间喜剧》和罗曼·罗兰的________。

A. 《悲惨世界》　　B. 《老实人》

C. 《高老头》　　D.《约翰·克利斯朵夫》

17.3.3 英文填空题

A. Fill in the blanks with proper terms.

1. According to sociosemiotic theories, meaning consists of three aspects:________, ________ and ________ .

2. As far as communicative function is concerned, English sentences can be classified into four types:__________, __________,__________ __________ .

3. Professor Xu Yuanchong ever proposed that literary translation should conform to the principle of “__________, __________ and__________” .

4. The basic procedures of translation are made up of three steps:__________, __________ and__________ .

5. Peter Newmark divided the function of language into six kinds, among which the most

important four functions are__________, __________, __________and__________.

6. "Literal translation" is based on__________-language-oriented principle, while "liberal translation" is based on__________-language-oriented principle.

7. Translators often abide by__________-oriented principle when they translate literary works.

8. When we see the sun, we often think of hope. It's the__________meaning of the sun we in fact think of.

9. Yan Fu's standard for good translation is __________, __________and__________.

10. According to Peter Newmark, the expression "How do you do?" performs______function.

11. We should analyze__________, __________and__________before we really put something into the target language.

12. According to the structure, English sentences can be classified into ____________ sentences, __________sentences, __________sentences and__________sentences.

13. The three principles for translation advocated by Alexander Fraser Tytler are:

①____

②____

③____

14. The sentence "The earth goes around the sun" performs the__________function of language.

15. When we hear somebody speaks ungrammatically, we know that he is not well educated. Here the language carries the__________meaning.

16. According to the different signs that translation deals with, translation can be classified into__________, __________, __________.

17. Translation can be regarded as a__________, a__________or a__________.

18. According to different topics, translation can be classified into____________translation, __________translation and__________translation.

B. Fill in the blanks with proper terms in translation theories.

1. Chinese is__________language with the typical feature of non-inflection change.

2. Chinese belongs to the__________family while English belongs to the__________family.

3. The indicative character uses__________to indicate the word meaning.

4. No matter how complicated the English sentence pattern is, it derives from the________.

5. Morris argued that each sign is made up of three components:__________, __________and ______________.

6. According to sociosemiotic approach to translation,__________and__________should be regarded as two indispensable aspects for making translation criteria.

7. Chinese language belongs to__________writing system, while English language belongs to__________writing system.

8. Peter Newmark proposed that language possesses six functions, including__________, __________, __________, __________, phatic function and metalingual function.

9. Syntactical features of both Chinese and English are greatly affected by grammar. While Chinese grammar is characterized by______, English grammar has the typical feature of ______.

10. According to sociosemiotic approach to translation, translating process is actually a process of__________and__________.

11. A Comparison of the vocabularies in Chinese and English usually presents four types of relationships: __________, __________,__________ and__________.

12. According to Saussure, a verbal sign consists of __________and__________.

13. Translation is a kind of __________, __________and__________communicative activity.

14. The discourse cohesion can be classified into__________and__________. The aim of using cohesion devices is to achieve the__________of the discourse.

15. According to sociosemiotics, meaning is a kind of __________.

16. Verbal sign has three kinds of meaning, namely________, ________and__________.

17. Context is the environment in which the text keeps alive. There are__________context and__________context.

18. English and Chinese are different in terms of theme/rheme structure. Chinese is________ language while English is__________language.

19. Grice's principle of__________and Leech's principle of__________is the pragmatic principle promoting successful__________.

20. Chinese word meaning is generally________while English words are more__________.

21. In terms of nature, Chinese culture is______culture and western culture is______culture.

22. Both Chinese and English use sound changing, __________, __________, abbreviation, ______________and__________to produce new words.

23. Tytler's translation principle says that a translation should give a complete transcript of the__________of the original work; the__________and__________of writing should be of the same character as that of the original; a translation should have all the__________of the original composition.

24. In terms of function, the English sentence can be classified into four types:__________ sentence,__________sentence,__________sentence and exclamatory sentence.

17.3.4 Brief Questions

1. Introduce briefly in English what is Consecutive Interpreting.

2. What is "Liaison-escort Interpreting"?

3."Most of the specific knowledge acquisition for translation takes place during the translation work, while in interpretation, takes place before the conference." Please explain this and add your own view where necessary.

4. Make a contrast on the following phrases: word-for-word translation & sense-for-sense translation.

5. What is "Simultaneous Interpreting"?

6. What is "Skopos Theory"?

7. How do you understand "domesticating translation" and "foreignizing translation"?

8. There are so many famous translators in western countries, can you list some and tell us his or her contribution to translation cause?

9. There are so many famous translators in China, can you list some and tell us his or her contribution to translation course?

10. What is "Dynamic Equivalence"?

11. What is "Functional Equivalence"?

12. How do you know about Gideon Toury and Daniel Gile?

13. What is post-modernism in translation theory?

14. What is interpretive theory?

15. What is "Intra-lingual Translation"?

MTI 初试、复试中
常考的翻译理论知识
参考答案

Chapter 18

第 18 章 英语专业八级翻译简介

英语专业八级考试（TEM-8, Test for English Majors-Band 8），全称为全国高校英语专业八级考试，自 1991 年起由中国大陆教育部实行，考查全国综合性大学英语专业学生。英语专业八级考试是由高等学校外语专业教学指导委员会主办的（非教育部主办）。它在每年 3 月份举办一次，考试在上午进行，题型包括听力、阅读、改错、翻译和写作。考试内容涵盖英语听、读、写、译各方面。翻译部分既是考试的一个重点，也是考试的一个难点，本章将就英语专业八级考试中的做题技巧进行解析。

《高校英语专业八级考试大纲》于 2015 年 8 月对测试题型进行了调整，翻译部分去掉英译汉题型，只保留汉译英题型。在考查考生接受性语言技能的同时，更加注重考查考生的产出性技能。

18.1 考试大纲

测试目的：测试学生的汉译英翻译能力。

测试要求：能运用汉译英的理论和技巧，翻译我国报刊上的文章和一般文学作品。速度为每小时 250 ～ 300 个汉字，译文要求忠实于原意，语言通顺、流畅。

测试形式：本部分为作答题，将一段约 150 个汉字组成的段落译成英语，考试时间 20 分钟，满分 15 分，占考试总分的 15%。

18.2 评分标准

从 2010 年起，英语专业八级考试翻译开始实行网上阅卷。为了降低评分结果的不确定性，提高评分结果的有效性和可信性，英语专业八级考试翻译采用了新的评分标准。与旧的评分标准相比，新的评分标准主要分为两方面：一方面是译文对原文的忠实性；另一方面是译文语言的适切性。2015 年题型改革后，翻译部分满分为 15 分，其中“译文忠实性”占 60%，即 9 分；“语言通顺性”占 40%，即 6 分。具体分为以下五档。

① 优秀：原文的信息全部传达，语气和文体风格与原文一致；句式处理恰当，选词妥帖，英语比较地道。

② 良好：除个别次要信息有疏漏之外，原文的重要信息全部传达，语气和文体风格与原文一致；语言基本合乎英语规范，行文比较流畅。

③ 中等：有少量理解错误或个别漏译，但主要精神与原文一致；有个别句子结构错误和词不达意现象，行文不够流畅。

④ 及格：有个别重大错误或遗漏，部分信息含混，但总体上基本达意；有逐字硬译和不符合英语表达习惯的现象，句子不连贯，比较费解。

⑤ 不及格：误译、漏译较多，不能传达原文主要精神；有大量语法和用词错误，1/3 以上句子生搬硬套，不知所云。

18.3 考试难点

考试难点：理解和表达。

理解：正确理解原文，包括词汇、句子及语篇层面的理解，尤其是那些不能从字面上猜出意义的习惯表达法。

1）汉译英理解

A. 字面意义与实际意义

例 1：中国古代素来不滞于物，不为物役为最主要的人生哲学。（2006 年真题）

译文：Ancient Chinese always treat “not confined by material, not driven by material” as the uppermost life philosophy.

分析：能否正确理解“不滞于物，不为物役”的实际意义是翻译的关键。

例 2：手机刷新了人与人的关系。

译文：Cell phones have altered interpersonal relationships.

分析：原文中的“刷新”何意？这是翻译的关键。

B. 汉语的断句

例 3：世界上第一代博物馆属于自然博物馆，它是通过化石、标本等向人们介绍地球和各种生物的演化历史。（2000 年真题）

译文：The first-generation museums in the world are museums of natural history, which introduces to visitors the evolution of the earth and various kinds of living species by means of fossils and specimens.

C. 词语逻辑关系

科学技术（并列关系）：science and technology.

科学知识（偏正结构）：scientific knowledge.

D. 政治词汇

例 4：在世纪之交的伟大时代，我们的祖国正在走向繁荣富强，海峡两岸人民也将加强

交流，共同推进祖国统一大业的早日完成。（1998 年真题）

译 文： At the turn of the new century, in the great era when our country is making her way towards prosperity and strength, people on both sides of the Strait will promote mutual communications and make joint efforts to an early realization of the great cause for the nation's reunification.

例 5： 我们更加关注结构调整等长期问题，不随单项指标的短期小幅波动而起舞。

译文： We focused more on structural readjustment and other long–term problems, and refrained from being distracted by the slight short–term fluctuations of individual indicators.

2）汉译英表达

A. 时态

2007 年张炜的《美生灵》通篇使用一般现在时，而 2003 年白先勇的自传体散文《蓦然回首》使用一般过去时，个别句子使用过去完成时。

B. 虚拟语气

虚拟语气是英语中的一种比较特殊的语法现象，它会引起谓语动词的重大变动，是汉译英中非常容易犯错的地方之一。考生应该熟悉虚拟语气在假设条件句中的基本结构特征，以及在特定的动词、名词、形容词之后应该具备的形态。

C. 对称性表达

例 6： 这次到台湾访问交流，虽然行程匆匆，但是，看了不少地方，访了旧友，交了新知……（1998 年真题）

译文： Although we were hurried in this short visit to Taiwan, we paid visit to a lot of places, called on former friends, and made new ones...

D. 意合和形合的转化

例 7： 我们坚持区间调控的基本思路，只要经济增速保持在 7.5% 左右，高一点，低一点，都属于合理区间。

译文： Judging by the principle of range–based macro–control, we believe the actual economic growth rate is within the proper range, even if it is slightly higher or lower than the 7.5 percent target.

18.4 汉译英常见问题分析

A. 词汇

a. 词义机械对等

【原文】 得病以前，我受父母宠爱，在家横行霸道。（2003 年真题）

【误译】 Before I got ill, I was quite domineering at home owing to my doting parents.

“横行霸道”在此并无“任意欺凌他人”之意，而是“想干什么就干什么，为所欲为”，可用 get everything my all own way 或 be the bully 表达。

b. 冠词错误

【原文】大自然对人的恩赐，无论贫富，一律平等。（2002 年真题）

【误译】People, poor or rich, are equally blessed by the nature.

c. 冗余翻译

【原文】吸收外来移民，是加拿大长期奉行的国策。（1999 年真题）

【误译】The Canada’s long-term policy is to attract and accept the foreign immigrant.

d. 混淆近义词

【原文】吸收外来移民，是加拿大长期奉行的国策。（1999 年真题）

【误译】The long-lasting policy of Canada is absorbing emigrants.

e. 混淆词类

【原文】在人际关系问题上，我们不要太浪漫主义。（2004 年真题）

【误译】In interpersonal relations, we should not be too romanticism.

B. 句子

a. 时态错误

【原文】中华民族自古以来从来不把人看作高于一切。（2006 年真题）

【误译】Since ancient times, Chinese never consider human being to be the superiority over others.

b. 性、数不一致

【原文】古来一切有成就的人，都很严肃地对待自己的生命，当他活着一天，总要尽量多工作、多学习，不肯虚度年华，不让时间白白地浪费掉。（2005 年真题）

【误译】From ancient time to now, all the people who have prestige treat their lives by their hearts. As long as he lives, he will make full strength to work more and study more. He is unwilling to live without any achievement and waste his time leisurely.

c. 主次信息不分

【原文】得病以前，我受父母宠爱，在家中横行霸道。（2003 年真题）

【误译】I was deeply loved by parents and always spoiled at home before my illness.

C. 语篇

篇章的结构特征很突出，要求词句之间在语言形式上具有衔接性（cohesion），在语义上具备连贯性（coherence）。

【原文】开始吃的时候你正处于饥饿状态，而饿了吃糠甜如蜜……（2004 年真题）

【误译】As you start eating you are hungry, and when you are hungry chaff tastes sweet as honey...

【正译】As you start eating you are in hunger, when chaff tastes sweet as honey...

18.5 应试策略

1）多读 / 多记 / 多练

先通读全文，在充分理解大意后再着手翻译，最后再做修改和润色。平时多阅读富有人生哲理的散文、文学原著、报刊上的文章。

2）时间分配策略

一般说来，阅卷老师会把注意力集中在前几句话，较少注意最后几句。因此在时间安排上要在开头几句多花些时间。如果翻译的是几段话，每段开头的几句话要多花些时间。这样做是因为：①开头句子一般都是主题句，很重要；②人的知觉印象往往着重于开头第一印象；③在大规模的阅卷任务中，阅卷人对前几句可能比后面的句子看得更加仔细一些。

3）难点、易点处理策略

难点就是计分点，要正确运用短语和句型，合理变通，适当替代。易点不必花过多时间雕饰，准确、忠实第一。总的原则：不求过于漂亮精当，但求正确顺当。

4）灵活运用翻译方法和技巧的策略

必须承认，翻译活动在一定程度上是有规律可循的。所谓翻译技巧，就是一些处理语言差异的规律性办法。张培基主编的《英汉翻译教程》一书中，分类详细介绍了 15 种常用的英译汉的方法和技巧；张万防主编的《新思维英汉互译教程》则归纳了英汉互译中常见的十大技巧；翟长红主编的《大学英语初级翻译教程》中概述了翻译中常用的方法。这些方法和技法是具有开放性的，并非金科玉律，在英语专业八级考试中应当灵活地使用。

5）生词、熟词处理策略

生词要敢于猜，要根据上下文语境、词语搭配、逻辑关系、学科领域等进行推测猜想。熟词要善于想，要多一个心眼，出题人也许有别的用意。

6）避免低级错误

拼写错误、大小写错误、标点符号错误、基本词法错误、句法错误等，这些均是硬伤，一看便知，不可粗心大意。这些硬伤切莫出现在文章开头、结尾及每段的开头这些显眼的地方。

18.6 2021—2023 年英语专业八级考试翻译真题

2021 年英语专业八级考试翻译真题

你的青春就是一场远行，一场离自己的童年，离自己的少年，越来越远的远行。你会发现这个世界跟你想象的一点都不一样，你甚至会觉得很孤独，你会受到很多的排挤。度假和旅行，其实都解决不了这些问题，我解决问题的办法，就是不停寻找自己所热爱的一切。

参考答案：Youth is a journey into the distance, a journey that gets increasingly away from your childhood and then from your adolescence. In this journey, you will find the world drastically different from what you have imagined. You may even feel very lonely and suffer from a lot of social exclusion. In fact, neither going on a vacation nor taking a trip can solve these problems. To me, the way out is to keep searching for everything I' m passionate about.

分析：原文选自韩寒 2012 年湖南卫视“成人礼”演讲“十八岁的选择——远行”。选文通俗易懂，但立意较为深刻。选文包含三个长难句，在翻译时，要注意复杂的句式结构和个别重复的字词。不要过多受中文逗号的误导，而应该根据意思的完整性合理地将以逗号间隔的中文长句进行拆分，进行信息重组再翻译。

第 1 句运用了暗喻的修辞手法，将“青春”比作“远行”，这里的“远行”强调距离的遥远，因此翻译为 a journey into the distance。中文中的“远行”重复出现，英语中可以用同位语表示。“离自己的童年越来越远的”和“离自己的少年越来越远的”则用一个定语从句来表示，借助并列连词 and 表示递进关系。“远离”可以用短语 get away from 表示，“越来越”则用 increasingly 表示，而不是 more and more。

第 2 句看似只有一句话，其实却表达了两部分的内容，并且这两部分相对独立，因此，翻译为两句话更合适。前一部分“你会发现这个世界跟你想象的一点都不一样”和上一句应有衔接，因而增译 In this journey，表示“在远行这一过程中”。后一部分中的“受到”指的是遭受被排挤的痛苦，因此翻译为 suffer from。“排挤”可译为 social isolation 或 social exclusion。

第 3 句和第 2 句一样，表达了两部分的内容，因此应该用两句话翻译。前一部分中的“都解决不了”是对“度假”和“旅行”两件事情的否定，翻译为 neither。后一部分中的“我解决问题的办法”翻译为 To me, the way out 能够避免用词的重复。“热爱”可以用短语 be passionate about 表示。

2022 年英语专业八级考试翻译真题

城市驱散了旷野原有的住民，破坏了旷野古老的风景，越来越多地以井然有序的繁华，取代我行我素的自然风光。

今天，旷野日益退缩着，但人们不应忽略旷野，漠视旷野，而要寻觅出与其相亲相守的最佳间隙。善待旷野就是善待人类自身。要知道，人类永远不可能以城市战胜旷野。

参考答案：Cities have dispersed the indigenous inhabitants of the wilderness, destroyed the ancient landscape of the wilderness, and increasingly replaced the unrestrained natural landscape with well-regulated prosperity.

Nowadays, the wilderness is shrinking day by day. However, people should not ignore, or show a total disregard for the wilderness, but to look for the best space to live in harmony with it. To be kind to the wilderness is to be kind to human beings themselves. We need to bear in mind that human beings can never defeat the wilderness with the city.

分析：本文选自中国当代著名女作家毕淑敏的抒情散文《旷野与城市》。作品清新朴实，字里行间流露出作者对旷野渐渐消失的忧患意识。节选部分理解难度不大，但有两个长难句的结构较复杂，翻译时应该采用分译的方法将一个长句子拆分成几个短句子。另外，节选部分包含“井然有序”“我行我素”“相亲相守”等四字词语，选择合适的单词也至关重要。

第 1 句是一个长难句，包含三个谓语动词：“驱散”“破坏”和“取代”，可以分别用 disperse、destroy 和 replace 表示，中间用并列连词 and 连接。“以井然有序的繁华取代”可以用“with + *n.*”作方式状语表示。“井然有序的”译为 orderly 或 well-regulated；“我行我素的”意指“不受人类限制的”，可译为 unrestrained。

第 2 句是一个转折关系的并列句，可以用 but 或者 however 表示转折。“但人们不应……，而要……”结构可以翻译为“not...but...”句式。“退缩”指的不是“后退”，而是指“面积缩小”，因此应选择合适的单词，译为 shrink，而不是 retreat。“相亲相守”在此处的含义是“人与旷野和谐相处”，可翻译为 go along well with 或 live in harmony with。“间隙”指的是“空间”而不是“缝隙”，因此应译为 space，而不是 gap。

第 3 句是一个主系表结构的简单句。“善待旷野”是个动词短语，作主语时应该用动词不定式或者现在分词形式表示，为了结构的一致性，主语和表语都译为动词不定式或者现在分词。

第 4 句中，“人类永远不可能以城市战胜旷野”实为“要知道”的宾语，在主语欠缺时，应增译主语 we。“以城市战胜旷野”可以用短语“defeat...with...”表示

2023 年英语专业八级考试翻译真题

中国传统文化是我们先辈传承下来的丰厚遗产。她无时无刻不在影响今天的中国人，为我们开创新文化提供历史根据和现实基础。传统文化在影响现实的同时，也必然在新时代的氛围中发生蜕变。中国传统文化犹如一条奔腾了五千年的永不干涸的大河，她亦旧亦新，不断吐故纳新，持续创新。

参考答案：Traditional Chinese culture is a rich heritage passed down from our ancestors. She is influencing today’s Chinese people all the time, providing historical references and a realistic foundation for us to create a new culture. While affecting reality, traditional Chinese culture also inevitably changes in the new era. Like a river that has been running for 5,000 years and will never dry up, she embraces both the old and new, constantly rejuvenating and innovating.

分析：本篇属于典型的中国文化外宣文本。文体书面、文风优雅，采用多种修辞手法，如将中国传统文化拟人化为“她”，使用“蜕变”“大河”等比喻。此外，运用了较多的四字短语，如“亦旧亦新”“吐故纳新”等。全篇虽然只有 4 句话，但除了第一句话，其他三句的句式结构都较为复杂。因此，要成功对本篇做好外宣翻译，既要努力解构其修辞外壳，深谙原文本意，又要尽量将修辞和韵律传神地表达出来，向“信、达、雅”靠拢。

1. 第 1 句话难度平稳，整体是一个“主系表”结构。原文中定语部分“先辈们传承下来的”直接以后置定语 passed down from our ancestors 译出。译文简洁，能用后置定语，就不用定语从句，这也是英语专业八级考试翻译备考需要注意的技巧。第一句主要难点还是在词汇的准确使用和拼写上，如 traditional Chinese culture、heritage、ancestors 等。

2. 第 2 句开始难度增加。首先需要从译文句式上确定，后半句话是前半句话的伴随状语。其次就是要能解构和准确翻译三个四字短语，分别是“无时无刻”“历史根据”和“现实基础”。这里尤其值得学习的是将“根据”翻译为 references，而不是按字面翻译成 foundation，否则就会与“现实基础”的译文重复。考生需要灵活掌握同义替换的技巧。从词汇搭配的角度看，provide for 用得也很准确，对于部分基础薄弱的考生，这可能形成难点。

3. 第 3 句从句式上看是时间状语从句，表示两个动作同步进行。由于主语是一致的，所以从句部分采用非谓语动词的省略形式，而将真正的主语 Chinese traditional culture 放在主句中作主语，符合英语表达习惯。另外，这句的“必然”和“蜕变”也会给考生设置障碍。实在不会用 inevitably，可以用 surely、certainly、be sure to 等相对简单的表达来替换。

4. 第 4 句里面既有比喻又有拟人，且四字短语多。考生首先要明白句子主语仍然是中国传统文化。由于上一句刚出现了 Chinese traditional culture 的全称，所以这句可以只用代词 she 来替代，符合英文表达习惯。前半句中对于较长的定语“一条奔腾了五千年永不干涸的”，果断采用定语从句，后半句的“亦旧亦新”延续“她”的拟人，创意式翻译成 embrace both the old and new。而最后两个四字短语则抓住其核心意思，以两个意思接近的英文单词替代。整篇译文体现了中译英“做减法”的思想，即将渲染式中文表达简化处理的方法。这样做，原文意思能得到有效传递，也避免译入语读者产生误解。

Chapter 19

第 19 章　常见的翻译术语解释

19.1 基本概念

什么是翻译？（What Is Translation?）

自人类有史可载以来，翻译就是连接不同国家、民族和文化的桥梁。翻译活动促进了民族语言的发展和交流，催生了文学、宗教、科技等一系列人类活动的交融。中西方的翻译历史都可以追溯到几千年前，作为一种跨越时空的语言活动，人们又是如何看待和定义翻译的呢？不同的学者会给出不一样的理解和诠释，我们没有必要给它下一个定论，可以将其定义视作开放性的。本书列举两个代表性的定义，供读者参考。

定义 1. Translating consists in reproducing in the receptor language the closest natural equivalent of the source language message, first in terms of meaning and secondly in terms of style.（Nida, 1969）

定义 2. Translation is the production of a functional target text maintaining a relationship with a given source text that is specified according to the intended or demanded function of the target text.（Nord, 1991）

源语（Source Language，简称 SL）

源语，或称原语，是描述被译文本所用语言的标准术语。源语是源文本所属系统之一。对译者而言，具备一定的源语知识是不够的，还需要熟悉源语文化、源语文学传统、源语文本规范等。很多时候，翻译时的源语是作者的本族语，但在某些特定的翻译活动中，所涉及的源语不一定是作品最初写成的语言，原文本有可能就是译文，如果是这样的话，译者所要注意的地方就更多了。

目标语（Target Language，简称 TL）

目标语又称接受语（Receptor Language），是描述译文所用语言的标准术语。通常情况下目标语是译者的本族语。但也有例外，有些国家的书面翻译更多是从本族语译出。

源文本（Source Text，简称 ST）

源文本（或称原文本）是为译文提供起点的文本，包含口头和书面两种。一般情况下，源文本和译文所使用的是不同的语言。源文本并非仅仅是一个语言实体，它进入的是包含语言、文本和文化的一个整体。

我们来看一个以源文本为主的翻译。比如，flash mob，这个词是某英文词典 2009 年新收录的词条。flash mob 起源于 2003 年 5 月美国纽约的曼哈顿。当时一位名为比尔的组织者召集了 500 余人，在纽约时代广场的玩具反斗城中，朝拜一条机械恐龙，5 分钟后众人突然迅速离去。其组员之间以网络联系，各组员之间并不认识。译者将其译成“快闪族”，就是根据源语文化中这个词的意思来翻译的。它指一群素昧平生的人通过网络、手机短信等事先约定活动主题、时间、地点，然后一起做出夸张举动，这种活动的过程通常短得令旁人来不及反应。中文原本是没有这个词的，这是新兴词汇。“快闪族”自此也被引入了中国的流行文化，成为都市时尚文化中的一部分。

目标文本（Target Text，简称 TT）

目标文本是用来表述由翻译行为生成的文本的标准术语。它可能受到很多因素的影响，比如，译者的个人语言习惯、文化、流派、时代因素等，因此，对于任何一个文本，目标文本和源文本之间不总是简单的一对一关系。根据不同的读者以及读者所能接受的情况，译者往往会进行一定的调整，有的希望目标文本是源文本的复制品，完全忠实于原文，有的则是加入了译者自己的写作风格。

我们来看一个以目标文本为主的翻译。中央电视台推出了一档名为《舌尖上的中国》的纪录片，这部纪录片的英文译名是 *A Bite of China*，这么翻译就是以目标语为基准来进行的翻译。这里的 bite 是名词，同时也略带“咬”这个动作，乃至食物的意思。在英文当中，bite and sup 就是“饮食”的意思。而这里的 of 可以理解成“属于”，所以译文在英语国家人士看来就是“中国的食物”。而如果将这个例子直译的话，可以翻译成 *China on the Tip of the Tongue*，这样恐怕会闹笑话，因为 on the tip of one’s tongue 指的是“话到嘴边”的意思。这样的翻译显然是不正确的。

可译性（Translatability）

可译性指的是在双语转换的过程中，一种语言中的文字和文化能通过翻译顺畅地用另一种语言表达出来，使得讲两种不同语言、身处不同文化的人对同一事物有大致相同的认识和理解。可译性探讨的是一种语言翻译成另一种语言的可行程度。人类语言共性构成了可译性的基础，语言的差异性构成了可译性的限度。可译性的哲学依据是同类事物之间的相似性，维特根斯坦称之为“家族相似”。

不可译性（Untranslatability）

英语属于印欧语系，而汉语属于汉藏语系，其语音系统、文字结构和修辞方法都完全不同，绝大多数都无法在另一语言中找到对等语。如果在英汉互译中，有时无法将源语翻译成译入语或目的语而造成一定程度上意义的损失，即称为“不可译性”。它包括“语言上的不可译”（linguistic untranslatability）和“文化上的不可译”（cultural untranslatability）。

过载翻译（Over-Loaded Translation）

与欠额翻译相对，译语的意义容量超过源语的意义容量，即译语的信息量过大，一般为增添不当所致，亦有添油加醋、借题发挥之嫌。

欠额翻译（Under-Loaded Translation）

与过载翻译相对，在译语中，源语信息被译者忽视或打了不应有的折扣，即信息量过小，以至于读者得不到理解原文的必要信息。

形合（Hypotaxis）

形合指句子内部的连接或句子间的连接采用句法手段（syntactic devices）或词汇手段（lexical devices）。“形”是英文行文必不可少的要素。印欧语言重形合，语句各成分的相互结合常用适当的连接词语。

意合（Parataxis）

意合指句子内部的连接或句子间的连接采用语义手段（semantic connection），而汉语的句子铺排则以“意”为核心。语句各成分之间的结合多靠意义贯通，少用连接语，所以句法结构短小精悍。汉民族重内省和体悟，不重逻辑，语言简约，意义模糊，表现出意合特征。

异化（Foreignization）

异化指在译文中保留源语的文化观念和价值观，特别是保留原文的比喻、形象和民族、地方色彩等。

归化（Domestication）

归化指在译文中把源语中的文化观念和价值观，用目的语中的文化观念和价值观来替代，特别是把原文的比喻、形象和民族、地方色彩等用相应的目的语中的比喻、形象和民族、地方色彩来替代。

翻译过程（Translation Process）

翻译是在正确理解原文的基础上，用译语文字创造性地再现原文思想内容的过程。乔治·斯坦纳（George Steiner）将之归纳成四个步骤：信任（trust）、进攻（aggression）、吸收（incorporation）、补偿 / 恢复（restitution）。国内学者则认定为：正确理解（to interpret correctly）、创造性表达（to express creatively）、审校（to proofread）。也就是说，翻译的过程不是简单地从原文到译文的转换，完整的翻译还包括修正审核或者补充的过程。

翻译单位（Unit of Translation）

对于翻译单位，巴尔胡达罗夫定义为：“源语在译语中具备对应物的最小单位。”并把翻译单位按语言等级体系分为“音位层、词素层、词层、词组层、句子层、话语层”。翻译单位不宜太长，也不宜太短，以句子最为合适。从理论上说，句子是能够独立运用、句法结构完整的语义单位，是人们进行语言交际的最基本语义单位；就实践而言，英译汉的具体操作是在句子层面上进行的，译好句子就为篇章翻译奠定了基础。

翻译标准（Translation Criteria）

《中国翻译词典》对翻译标准是这样论述的：“翻译标准是翻译活动必须遵循的准绳，是衡量译文质量的尺度，也是翻译工作者应努力达到的目标。翻译标准是翻译理论的核心问题，但是翻译界对此还没有完全一致的定论。”传统的翻译理论历来强调一个“信”字，也就是说，将“忠实”视为翻译的基本标准。张培基先生提出可用“忠实、通顺”四个字作为翻译标准。忠实不但指忠实于原作的内容，还指保持原作的风格。通顺指译文语言必须通顺易懂、流畅地道。忠实与通顺是相辅相成、不可割裂的。必须把握好分寸，兼顾两者，讲忠实时不妨碍通顺，求通顺时不影响忠实。

翻译的层次（Levels of Translation）

语言可以分为不同的层次。划分层次的目的在于对语言进行科学有效的语法和语义分析。不过就翻译过程而言，译者的视点通常落在词语、句子、段落、篇章这四个层次上，因为两种语言的对等转换、不对等转换、跨层次转换主要集中在这些层面上。

词语层（Level of Words & Phrases）

词语是语言大厦的一块块砖石。翻译过程中要想正确理解和传递句子或篇章的意义，英汉词语是不可忽视的对比和分析对象。这里所说的词语是指我们常说的词（word）和词组（phrase）。对比和分析英汉词语主要从语法和词义两个角度来进行。

从语法角度来对比和分析英汉词语，我们可看出：英语和汉语有着大致相同的词类，实词中都有名词、动词、形容词、副词、代词、数词，虚词中都有介词和连词。两种语言中也都有象声词，所不同的是英语中有冠词，而汉语中有量词和语气词。不同的词类在句中充当不同的句子成分或起不同的语法作用。在翻译过程中，英汉两种语言有时可不进行词类转换，但更多的时候则常伴有词类转换。

一般来讲，英汉词义对比可以分为三种情况：词义等同、词义相异、词义空缺。比如，英语的 book 和汉语的“书”即为词义等同；英语的 Red China 和汉语的“红色中国”内涵其实并不一致，当属词义相异；而中国的“麻将、太极、阴阳、八卦”等词在西方并无对应的表达，可归为词义空缺。

句子层（Level of Sentence）

句子（sentence）是比词语更高一级的语法层次，是能够单独存在并能表达相对完整意义的语言单位。一般说来，交际活动都是以句子为基本语言单位展开的，因此句子在翻译过程中占有最重要的位置，必须予以高度重视。

英语句子按其结构可分为简单句和复杂句。简单句由一个独立分句，也就是一个独立使用的主谓结构组成，复杂句则由两个或两个以上的分句组成，按照分句间的关系，又可分为并列句和复合句。按交际功能分，英语句子可分为陈述句、疑问句、祈使句、感叹句等。汉语句子在结构和功能划分上同英语一样，也可以分为单句和复句及陈述句、疑问句等。但是，英语的简单句并不总是等同于汉语的单句，因为汉语的单句既包括英语的简单句，也包括英语中某些带从句的复合句。

在翻译时，往往不能单看原文的某一个句子，要结合句群的意思来进行分析和信息转换。

段落与篇章（Level of Paragraph & Passage）

段落（paragraph）是小于语篇的语义单位，是一个在概念上比句子更大的翻译分析单位。它可能是几个句群，也可能是一个句群，还可能只是一个句子，甚至是一个词。以段落为单位对源语进行分析，较之以句子为单位的分析更有利于译者对原文作者意向及原文逻辑关联的把握。

篇章（passage）是比句、段落更大的语言单位。它研究语篇中的句子排列、衔接和连贯，研究语篇的生成。我国对于篇章的研究由来已久，但多注重篇章结构分析，注重篇章修辞分析。

语篇是语言的交际形式，是传达信息的载体，在意义上具有完整性。要做好翻译，首先就是要理解好原文本的语篇，所以做好对原文的语篇分析，直接影响到翻译的质量。

综合型语言（Synthetic Language）

综合型语言的主要特征是语序灵活。英语是以综合型为主，向分析型过渡的语言，语序既有相对固定的一面又有灵活变化的一面，因此，在语序上具有某种程度的共性，这是我们进行英汉语序对比的基础。词与词的关系靠词本身的形式变化来表现。例如，名词可以变数、变格，动词可以变语态、时态，通过语法意义的屈折变化来表示数量、时间、状态等意义。

分析型语言（Analytic Language）

分析型语言的主要特征是语序较固定。汉语是分析型语言，语序总体上较为固定，没有屈折变化，其词语组合成句依靠语序和虚词。例如表现时态时无法通过汉字本身的形式变化来表现，但却有各种时态助词，比如前置时态副词“过去”“曾经”等。

19.2 翻译类别

语内翻译（Intralingual Translation）

语内翻译是某一种语言内部出于某种目的进行的词句意义的转换，用同一语言的符号对其他符号进行的解释。也就是说，语内翻译是依赖于同义词或者迂回表达形式在同一语言内重述原信息。简单地说，就是同一语言的各个语言变体之间的翻译，例如，将古汉语译成现代白话文。

语际翻译（Interlingual Translation）

语际翻译是两种（或多种）语言在它们共同构成的跨语言语境中进行的意义交流。语际翻译更关注如何在更为广阔的地域和更广阔的（跨）文化天地中实现异质语言的相互对接和转换——以意义为标尺，以交流为目的的语符转换。简单地说，语际翻译就是不同语言之间的翻译活动，我们通常说的翻译就是语际翻译，如英译汉，汉译英。

符际翻译（Intersemiotic Translation）

符际翻译指通过非语言的符号系统解释语言符号，或用语言符号解释非语言符号，如把语言符号用图画、手势、数学、电影或音乐来表达。

口译（Interpreting）

口译是一种通过口头表达形式，将所听到（读到）的信息准确而又快速地用一种语言转换成另一种语言，进而达到传递与交流信息目的的交际行为，是人类在跨文化、跨民族交往活动中所依赖的一种基本的语言交际工具。

同声传译（Simultaneous Interpreting）

同声传译是口译的一种，通常情况下，译员并不露面，一边听源语发言，一边用目标语重新表述出来。译员以这种模式工作时，会受到一定的限制，如说话人的语速过快或者译员不具备说话者的专业知识等。译者主要依靠短时记忆和简单笔记来翻译。同声传译要求译员在听辨源语讲话的同时，借助已有的主题知识迅速完成对源语信息的预测、理解、记忆、转换，并对目的语进行计划、组织、表达、监听与修正，同步说出目的语译文，因此同声传译又叫同步口译。同声传译具有很强的专业性和学术性。同声传译员就业前景广阔，工资高。

交替传译（Consecutive Interpreting）

交替传译是口译的一种，这个术语用来指正规环境，如会议或者法庭等为大批听众服务的传译程序。一般来说，译者聆听一段源语演讲，并做好笔记，然后演讲者暂停，译者将演讲词译成目标语，直至讲话完毕。它是在发言人讲完部分内容或全部内容后，由译员进行翻译。这种口译方式可以在很多场合下采用，如演讲、祝词、授课、谈判、情况介绍会、会议发言、新闻发布会等。一般认为，交替传译的正式职业化是在第一次世界大战后，1919 年的“巴黎和会”上大批量地正式使用交替传译。

同声传译和交替传译的不同之处在于，交替传译的理解和表达过程是分开的。因为交替传译的讲话人和译者不在同一时间说话，交替传译的时间也略长。

耳语传译（Whispered Interpreting）

耳语传译是口译的一种形式。在耳语传译中，译者坐在服务对象或会议代表身边，将听到的话语用耳语传译出来。一般适用于商务会议、审判、大会等场合。

笔译（Written Translation）

笔译指笔头翻译，用文字翻译。笔译是在口译的基础上发展起来的，之后笔译发展比较迅速。笔译一般讲究句子结构的完整性。

计算机辅助翻译（Computer-Aided Translation，简称 CAT）

这是译者使用计算机程序处理部分翻译的一种翻译策略。计算机辅助翻译关注的是如何应用计算机软件，最大限度地实现翻译流程的自动化，提高人工翻译的效率，保证人工翻译的质量，并能够管理翻译流程。

计算机辅助翻译技术有广义和狭义之分。从广义上来说，它是指能够辅助译员进行翻译的所有计算机工具，包括通用软件、文字处理软件、光学字符识别软件、电子词典、电子百科全书、搜索引擎等；从狭义上来说，它指的是与实际的翻译过程相关的计算机工具，如译员工作台、翻译记忆工具、术语管理工具、项目管理工具等。

全译（Full Translation）

全译指整个文本都加以翻译的一种翻译类型，也就是原文本的每一部分都为目标文本材料所替换。翻译时，必须逐段、逐句进行，既要译出原文本的深层含义，又要保留它的基本结构和风格。对其内容，翻译人员不能随意进行增减。当然，为使译文符合译语语言的表达习惯而进行的语句调整不在此列。

摘译（Partial Translation）

摘译是翻译人员根据目标语的编辑方针将源语中值得进行二次传播的部分转化为译语的一种翻译方法。

编译（Adapted Translation）

编译指从源语的话语材料转换成目的语中意义对应的话语材料。编译集翻译与编辑于一身，不仅要求译者有较强的外语阅读能力、有关的专业知识以及分析和综合能力，做到吃透原作的内容，掌握它的要领，还要求能用另一种语言忠实而又通顺地把它表达出来。编译涉及翻译目的、委托人的要求、目的读者、原文语篇特点等。

广告翻译（Advertising Translation）

广告是将各种高度精练的信息，采用艺术的方法，通过各种媒介传播给大众，以加强或改变人们的观念，最终导致人们行为的事物和活动。广告翻译强调翻译的效果，即不仅要提供充分的通俗易懂的商品信息给读者，还要让读者有一种“切肤之感”。因此，广告翻译最重要的标准就是翻译的效果与读者感受的和谐统一。广告语的翻译是翻译中比较特殊的一类，它不仅要以生动细腻的方式传达原文的意思，还要达到能够激发人们情感的目的。例如，Daisy 洗发水被译为“黛丝”，Fountain 厨具被译为“方太”，这都是很好的广告语翻译，译者把音译和意译相结合，在最贴近原文的基础上达到广而告之的目的。

科技文献的翻译（Translation of Scientific and Technical Literature）

科技文献可以泛指一切论及或谈及科学和技术的书面语和口语，其中包括科技著述、科技论文和报告、实验报告和方案、各类科技情报等。科技英语的翻译种类繁多，词义复杂，术语较多，这就要求译者具备一定的专业知识和科技素养，谨慎处理。

新闻翻译（Journalistic Translation）

新闻是对新近发生的事实的报道。新闻具有真实性、时效性和公开性的特点。根据传播学的特点，新闻翻译可以这样界定：新闻翻译是把用一种文字写成的新闻（源语新闻，news in source language）用另一种语言（译语语言，target language）表达出来，经过再次传播，使译语读者（target readers）不仅能获得源语新闻记者所报道的信息，而且还能得到与源语新闻读者（original readers）大致相同的教育或启迪，获得与源语读者大致相同的信息或文学享受。

新闻翻译有它的特殊之处。首先，新闻报道是一种高时效、高强度的工作，新闻翻译也必须在时效压力下高速度地进行，必须速战速决，容不得拖泥带水，不可能精雕细刻，但也不能粗制滥造，草率应付。新闻翻译人员必须具有较高的素质，具备较高的新闻、源语和译语语言文化修养。

其次，译语新闻必须体现新闻写作的主要特点。译语新闻一般也应采取“倒金字塔”结构，导语应“片言居要”，开门见山，或概括新闻的主要内容，或披露新闻中的新闻；在新闻的主体部分，要把重要新闻事实尽量安排在前面，相对次要的新闻事实则以其重要程度依次摆放；在行文方面，要言简意赅，通俗易懂，令尽量多的读者能顺利阅读，迅速理解。

此外，新闻翻译可以根据二次传播的需要全文译出，也可根据实际情况进行编译，对部分文字做一些必要的增删或顺序调整。

例如，《经济学家》2000 年 1 月 22 日版的封面文章标题为“A Tale of Two Debtors”，作者巧妙地借用了 Charles Dickens 的 *A Tale of Two Cities*（《双城记》），翻译的时候，用“两个欠债国的故事”，使文章显得幽默，更有内涵。再来看一则新闻标题“Save or Not to Save”，这个标题显然借用了莎士比亚的名作《哈姆雷特》中的名句 To be or not to be。如果读者没领会到这层含义，就不会体会到作者用典故的巧妙。

新闻翻译的句式以主动简洁的句式为主，如，Washington says it will only pay its dues to the United Nations if the world body refrains from attacking the U.S. and meets a laundry list of other demands.（*Time*, April 12, 1996）

译：华盛顿政府说只有联合国不再抨击美国并能满足其他的一些条件，美国政府才会向联合国支付其会费。

文学翻译（Literary Translation）

文学文本主要包括小说、诗歌、散文、戏剧等各种类型的文学作品，文学翻译指的就是对这类文本的翻译。文学翻译的原则是与它的审美原则一致的。文学翻译的过程是译者依据原文的艺术现实进行再创造的过程。翻译作品的忠实性、创造性、审美性都体现着译者的翻译观念和艺术观念。

小说翻译（Fiction Translation）

小说翻译是文学翻译中最常见的一种。小说是一种叙事性的文学体裁，通过人物构造和情节及对环境的描述来概括地表现社会生活的矛盾。翻译小说最重要的就是要集中对小说的特点进行翻译和传达。

例 1： Tess, her cheeks on fire, moved away furtively, as if hardly moving at all.

— *Tess of the D'Urbervilles*

苔丝像被火烤一样满脸通红，好像根本无法移动一步，悄悄躲在一边。

例 2：鸳鸯指着他骂道："什么'好话'！宋徽宗的鹰，赵子昂的马，都是什么好画儿，什么喜事！"

——《红楼梦》

Pointing an accusing finger at him, she swore, "What's all this talk of 'good news' and 'good fortune'?"（Translated by Yang Xianyi）

原文中提到的是中国的歇后语，历史上，宋徽宗擅长画鹰，赵子昂擅长画马，所以民间就有宋徽宗的鹰，赵子昂的马——都是好画（话）的歇后语。

小说区别于一般性文本的特点在于，小说的语言生动形象，集个性和多样性于一体。一般小说都有一定的肖像描写、行动描写和心理描写，这就要求译者在翻译时着眼于不同小说的个性化描写。

儿童文学翻译（Translation of Children's Literature）

儿童文学是文学的一种，其翻译应遵循文学翻译的规律，但又有一定的特殊性。这个特殊性的成因，来自其特定的读者对象——儿童，其原文本是儿童文学作品，译文本也应是儿童文学作品。那么，译者在翻译儿童文学作品时，务必兼顾译文的读者对象和原文本。由于儿童的语言能力有限，所以翻译时使用的语言也要求要相对简单易懂。

例："Is that true?" asked Wilbur, "Or are you just making it up?"

— *Charlotte's Web*

译文一

"这是真的吗？"威尔伯问道，"是你编出来的吧？"（任溶溶译）

译文二

"真的吗？"威尔伯说，"还是你杜撰的？"（康馨译）

由于译文的读者是儿童，译文二中的"杜撰"一词比较深，所以译文一更好。

诗歌翻译（Poem Translation）

诗歌作为文学作品的一种体裁，饱含丰富的想象和感情。诗歌常常以直接抒情的方式来表现，中国翻译界普遍认为诗歌是文学翻译中难度最大的一种文学体裁，诗歌翻译应该传神，即将原诗的魅力和感染力传达出来。诗歌翻译不仅要把握诗人的思想感情，注意诗中的意象安排，还要分析复杂的艺术技巧，留心语言的变异现象，研究诗行的节奏韵律，再现原作的诗美意境等。

戏剧翻译（Drama Translation）

戏剧是由演员扮演角色，在舞台上当众表演故事情节的一种艺术，是一种综合的舞台艺术。它借助文学、音乐、舞蹈、美术等艺术手段塑造舞台艺术形象，揭示社会矛盾，反映现实生活。狭义上专指以古希腊悲剧和喜剧为开端，首先在欧洲各国发展起来继而在世界广泛流行的舞台演出形式，英文为 drama，中国称之为"话剧"。戏剧翻译是以听众为目标的翻译，戏剧要求译文是口头化的语言。

Linda: There's a little attachment on the end of it. I knew right away. And sure enough, on the bottom of the water heater there's a new little nipple on the gas pipe.

— *Death of a Salesman*

译文一

林达：管子的一头安着个接头儿。我一看就明白了。他打算用煤气自杀。（英若城译）

译文二

林达：在橡皮管的一头有个小附件。我马上就明白了。果然，在烧水的煤气灶底肚上有个新的小喷头接在煤气管上。（陈良延译）

将译文一和译文二相比较，在原文最后一句的翻译上，译文一省略了部分信息，译文二保留了全部信息，这种省略和删除好还是不好呢？由于戏剧艺术受演出时间和空间的限制，它要求在有限的时间内，在人物有限的语言里，完美地展现一定的画面感，因此戏剧语言比起其他文学语言，要更讲究精练，最忌讳沉闷、啰唆。译文一的译者在这方面做得更好。

电影翻译（Movie Translation）

通常情况下，翻译外国的影视作品时有两种途径：一是“译配解说”，口头上的翻译，也就是配音；二是“译配字幕”，书面上的翻译，也就是配字幕。配字幕（subtitling）是翻译电影、电视节目等大众音像交际类型文本时使用的两种主要语言转换方式之一。配字幕于 1929 年首次使用，是替电影、电视节目中的对话提供同步字幕的过程。

Rhett: I think it is hard winning a war with words, gentleman?

——电影《乱世佳人》

瑞德：各位，我认为纸上谈兵没什么用。

译文中用“纸上谈兵”精准地表达出了原文的意思，使得译文通俗易懂。

19.3　翻译方法

直译（Literal Translation）

直译即字面翻译，以词对词翻译为起点，但因为需要与目标语语法一致，最终的目标文本也可能会呈现出词组对词组或从句对从句的对等。直译法强调的是原汁原味地翻译原文句子的本意，保持原有的文体形式，包括原文句子的结构和修辞等。

意译（Liberal/Free Translation）

意译是在尊重原文含义的基础上，不去过度描摹细节，不过于拘泥于原文的形式、结构、修辞。但意译也不能随意删除或者添加原文的内容，必须仔细考虑原文强调的重点。

音译（Transliteration）

音译指用发音近似的汉字将外来语翻译过来，这种用于音译的汉字不再有其自身的原意，只保留其语音和书写形式，比如，酷（cool）、迪斯科（disco）、欧佩克（OPEC）、托福（TOEFL）、雅皮士（Yuppies）、特氟隆（teflon）、比基尼（bikini）、尤里卡（EURECA）、披头士（Beatles）、腊克（lacquer）、妈咪（mummy）、朋克（punk）、黑客（hacker）、克隆（clone）等。

逐词翻译（Word-for-Word Translation）

逐词翻译最早是西塞罗（Cicero）提出的，这是一种必须严格忠于原文措辞的翻译方法。在逐词翻译中，原文本的每个单词都由一个相对应的目标语单词来替代，完全不考虑语法、句法等因素。

按照西塞罗的理论，英文中最简单的一句问候语“How are you?”应该译为“怎么是你？”而“How old are you?”应该被译成“怎么老是你？”显然是不能这么翻译的。由于两种语言的句法不同，翻译不能这样“一一对应”，要不然翻译就达不到它的目的了，这样译不是促进交流而是阻碍交流。

但我们也不能说西塞罗的观点完全没有可取之处。逐词的翻译强调的是字对字的翻译，这样的译法不免使得译文趋于死板化，可有时也是需要的。最早运用这种译法的就是《圣经》翻译。在西方那个年代，人们对于基督的信仰和对基督教的完全崇拜使他们坚信《圣经》的内容是上帝的旨意，谁都无权更改上帝的旨意，那么，只有逐词翻译才是最好的诠释和传达。

对意翻译（Sense-for-Sense Translation）

在西塞罗的翻译理论基础之上，哲罗姆（Jerome）提出了 sense-for-sense translation 的翻译模式。后来，翻译家约翰·德莱顿（John Dryden）进一步把这种模式归纳为：metaphrase，paraphrase，imitation。

词译（Metaphrase）

这个术语表示的过程就是字面翻译，将原文本逐词逐句地从一种语言转换成另一种语言。这种翻译就像是“戴着镣铐跳舞”，不能指望舞姿优美。

释译（Paraphrase）

这个术语表示在翻译中，原作者一直留在译者心中，但原作者的用词不会像他的意思那样得到尊重。这是有一定自由度的翻译，好比是写生，译文需要保持与原文本的相似性。由于它既能保存原文的信息，又能给译者表达上比较多的自由，因而在翻译中应用极为广泛。

原文：Early Reagan was a mirror image of early Carter.

译文：里根上台时在做法上跟执政初期的卡特毫无二致。

拟译（Imitation）

这个术语表示译者在适当的时候有权变换字词和意义，还可以在某些时候将两者都摒弃。这类翻译类似于就某一主题而创作的文章，或用一件礼物代替应还的债务。

这里所谈到的三种翻译方法中，词译和前面所讲到的西塞罗提出的方法是一致的。相对词译而言，释译和拟译则是较为自由的翻译方法。释译注重原文和译文之间的相对独立性。释译的出现是为了适应不同文化、不同语言的不同表达方式和差异性。它能更好地体现出原文的语言特点和风格。

例 如：It is hard for me to think about him, to remember him, without a ghostly whiff of tobacco smoke registering in my nostrils, and when I have trouble seeing him clearly, I can bring him into focus by summoning the yellowed skin on the middle and index fingers of his left hand.

译文：每次想起他或记起他，我几乎都会感到隐约有一股烟草味扑鼻而来，我记不清他的模样的时候，可以回想他那被烟熏成了黄色的左手的中指和食指。

原文中出现的 summoning the yellowed skin 直译是“想起黄色的皮肤”，这样读者一定不明其意。所以采用释译，加以解释性的文字“被烟熏”，读者就能准确地理解了。

拟译是译者采用的一种相对自由度最大的译法，可以在理解原文思想精华的基础上，模仿原文的语言风格来重新创作，也可以是译者根据自己的风格重新改写原文，形成独具特色的译文。在中西方文化中，都有成语、俗语，这种文字的翻译通常采用的就是拟译。例如，“不到黄河不死心”被译成了 Until all is over ambition never dies；“大智若愚”被译成了 He knows most who speaks least；“留得青山在不愁没柴烧”被译成了 The shepherd would rather lose the wool than the sheep。

语义翻译（Semantic Translation）

英国翻译理论家纽马克的语义翻译与交际翻译是从现代语言学的角度来论述形式与内容的关系。他把语义翻译定义为在目的语的语义和句法结构尽可能容许的情况下，译出原文确切的上下文义。它用于翻译所有那些原创的语篇，诸如文学、哲学、宗教、政治或人类学的语篇。这种表达性语篇的形式和内容一样重要，或者形式和内容密切结合因而无法分离。语义翻译试图精确再现原作的风格和格调：词语中的思维过程（表达形式）和交际翻译中词语后面的意图同样重要。语义翻译是以作者为中心的，为了保留作者的个性语言，译者不仅需要特别关注语篇的每一个词语，而且要关注组合这些词语的句法，关注语篇特有的强调和节奏。对译者来说，他无权改进或更正源语语篇。原来的词汇或语篇结构、句子长度、词的位置等应尽量保留。原文中任何错误应保留或最多在脚注中指出。任何对源语规范的偏离应同样以偏离目的语规范来体现。新词语和词义如果出现在源语语篇中，应该译出，特异的隐喻应再现，作为风格标记的关键词语应保留。

交际翻译（Communicative Translation）

交际翻译是试图使读者阅读译文所得到的效果尽可能接近原文读者阅读原文得到的效果。交际翻译应用于所有那些内容或信息比形式更重要的语篇。这就是那些所谓“普通的”语篇，他们构成译者日常工作的大部分。与语义翻译不同，交际翻译只面对译文读者，它关注作者意图，而不是作者的思维过程，它试图更适应读者，使原作的文化内容更能让读者接受。这并不意味着译者非得忽略源语语篇的形式，相反，源语仍然是译者工作的基础。

19.4 传统译论

八备说（Eight Conditions）

跨越北朝、隋朝两代的彦琮大师，是第一位将译经理论写成专文的人。他精通梵文，因此主张直接研习梵文佛典，但为了普及佛教，梵文佛典仍有翻译的必要，故在《辩正论》中提出翻译人才应具备“八备”的条件。

一备：诚心爱法，志愿益人，不惮久时。（译经者首先必须心诚意正，具足恒心毅力。）

二备：将践觉场，先牢戒足，不染讥恶。（从事翻译工作之前，必须先持守良好的戒行。）

三备：筌晓三藏，义贯两乘，不苦闇滞。（译经的人才，理所当然要博通大小乘的经律论三藏。）

四备：旁涉坟史，工缀典词，不过鲁拙。（除了佛学素养之外，还要旁及各种文史领域。）

五备：襟抱平恕，器量虚融，不好专执。（在人品器识方面，要有宽宏的胸襟，才能不偏不执。）

六备：耽于道术，淡于名利，不欲高衒。（乐好佛法而淡泊名利，也是先决条件之一。）

七备：要识梵言，乃闲正译，不坠彼学。（对于原典的梵文或其他的胡语，必须精通娴熟。）

八备：薄阅苍雅，粗谙篆隶，不昧此文。（译经者对于传统的文字学，乃至书法等，也应略知一二。）

由上可知，八备所谈，偏重于译场工作人员的选拔标准。总结八备的内容，可归纳为三项：一备、二备、五备、六备，是译者必备的操守；三备，是专指译者必须精通佛学；四备、七备、八备，是要求译者必须精通梵汉诸学。

五失本、三不易（Five Deviations from the Original, Three Difficulties in Translation）

道安对佛经翻译的主要贡献有：注经作序，纂辑佛经目录，主持译事，提出“五失本，三不易”。“五失本、三不易”见于《祐录》卷八《摩诃钵罗若波罗蜜经抄序》。

译胡为秦，有五失本也。

一者，胡语尽倒而使从秦，一失本也；

二者，胡经尚质，秦人好文，传可众心，非文不合，斯二失本也；

三者，胡经委悉，至于咏叹，叮咛反复，或三或四，不嫌其烦，而今裁斥，三失本也；

四者，胡有义记，正似乱辞，寻说向语，文无以异，或千五百，刈而不存，四失本也；

五者，事已全成，将更傍及，反腾前辞已，乃后说而悉除，此五失本也。

然般若经，三达之心，覆面所演，圣必因时，时俗有易，而删雅古，以适今时，一不易也；愚智天隔，圣人叵阶，乃欲以千岁之上微言，传使合百王之下末俗，二不易也；阿难出经，去佛未久，尊者大迦叶，令五百六通，迭察迭书；今离千年，而以近意量截，彼阿罗汉乃兢兢若此，此生死人而平平若此，岂将不知法者勇乎！斯三不易也。

文和质（Elegance / Simpleness）

孔子认为礼、乐、仁、义集于一身即文质兼备者，才称得上是君子，显然是在论述做人的标准问题。把论人的文质用于论文，就有了古代文论中儒家的文质观。引申过来，“文”就成了文采，即文学作品的形式方面；“质”则是实质，即文学作品的内容方面，文与质的关系遂成了形式和内容的关系。就翻译而言，文是意译，质是直译。佛经翻译的文质之争是我国翻译思想的第一次争论，历时长久，影响深远。文质之争源于《法句经序》，历经三国、两晋，直到唐朝，玄奘新译是文质之争的结果。

信、达、雅（Faithfulness, Expressiveness and Elegance）

“信、达、雅”是 1898 年严复在其译作《天演论・译例言》中提出的“译事三难”。在严复的翻译标准里，“信”是对原文思想内容和风格神韵的忠实。“达”是译文语言要通顺。“雅”是要注意修辞，富有文采。“信”是第一位的，是忠于原作，“达”是忠于读者，“雅”是对于文学语言的忠诚。三者体现了作品、读者、语言三者之间的关系。

洋气（Foreign Flavor）

鲁迅坚持以忠实为第一要义的直译，并认为翻译需要兼顾两个方面，一个是易懂，另一个是保存原作的丰姿，即顺和信。假如二者必取其一的话，他是宁信而不顺的，即使这样会造成句子有些不通顺、难懂。鲁迅主张在翻译中尽量保存原作的“洋气”以体现“异国情调”。主张“欧化”“保存洋气”是典型的异化翻译法。

神似（Spiritual Conformity）

“神似”是傅雷在 1951 年发表的《〈高老头〉重译本序》中提出的。傅雷指出“以效果而论，翻译应当像临画一样，所求的不在形似而在神似”。它指的是译作与原作在精神、节奏、韵味或者说神韵方面的相似。

化境（Sublimation）

“化境”是钱钟书在《林纾的翻译》一文中提出的。他认为文学翻译的最高理想是“化”，也就是把作品从一国文字转变成另一国文字，既能不因语言习惯的差异而露出生硬牵强的痕迹，又能完全保存原作的风味。一国文字和另一国文字之间必然有差异，译者的理解和文风跟原作品的内容和形式之间也不会没有距离。翻译总是以原作的那一国语言为出发点而以译成的这一国语言为到达点。从最初出发至到达，这是很艰辛的历程。一路上颠顿风尘，遭遇风险，不免有所遗失或受些损伤。因此译文总有失真和走样的地方，在意义或口吻上违背或不很贴合原文。

要做到“化”，就是要避免严重的翻译腔，在保持原文的语言风格基础上，以更为流畅、贴切的表达来传达信息。

原文 1：Whom every thing becomes, to chide, to laugh, to weep; whose every passion fully strives to make itself, in thee, fair and admired.

— *Antony and Cleopatra*

译文：嗔骂、嬉笑、啼泣，各态咸宜，七情能生百媚。（钱钟书译）

莎士比亚的原文中用了 23 个词，钱钟书的译文才用 16 个字，非常简洁。这种简洁，来自对原文准确的理解与表达时的不拘一格，但并不妨碍对原文意思的传达。译文的画面感极强，让人浮想。译文中的"百媚"当得自"回头一笑百媚生"的诗句，化古诗于译文中。

原文 2：Who has not admired the artifices and delicate approaches with which women "prepare" their friends for bad news?

— *Vanity Fair*

译文：女人们把坏消息告诉朋友的时候，惯会用些花巧，先缓缓地露个口风，那种手段，没有人看了不佩服。（杨必译）

比较原句与译句的结构，会发现很大的差异，译句几乎是将原句倒着译过来的，先译 women "prepare" their friends for bad news 时如何费尽思量，小心翼翼。然后用"那种手段"指代前面文字中陈述的内容，引出后面的"没有人看了不佩服"，句子自然、流畅，选词也极地道。

三美说（Beauty in Sound, in Sense and in Form）

许渊冲在《毛主席诗词四十二首》序言中首次提出了诗词翻译"三美论"，即意美、形美、音美。"三美论"是许渊冲翻译理论的本体论，也是许渊冲的理论核心之一。

鲁迅强调在学习汉字的过程中，必须用耳朵记住字音，用眼睛观察字形，用心体验字义，耳、目、心同时并用。好的汉字是音、形、意三者的统一结合。受鲁迅的"三美"说的启发，许渊冲将之应用到了诗词翻译上。

19.5 翻译技巧

增译法 / 增词法 / 增译（Amplification/Addition）

为了使译文忠实地表达原文的意思与风格，并使译文合乎表达习惯，必须增加一些在修辞上、语法结构上、语义上或语气上必不可少的词语。通过增译，一是保证译文语法结构的完整，二是保证译文意思的明确。

减译法 / 减词法 / 省略法 / 省译（Omission）

这是与增译法相对应的一种翻译方法，即删去不符合目标语思维习惯、语言习惯和表达方式的词，以避免译文累赘。

转译法（Conversion）

转译法是指翻译过程中为了使译文符合目标语的表述方式、方法和习惯而对原句中的词类、句型和语态等进行转换。

反译法 / 正反译法 / 反正译法（Negation）

所谓正译，是指把句子按照与汉语相同的语序或表达方式译成英语。所谓反译则是指把句子按照与汉语相反的语序或表达方式译成英语。正译与反译常常具有同义的效果，但反译往往更符合英语的思维方式和表达习惯。

插入（Inserting）

插入指把难以处理的句子成分用破折号、括号或前后逗号插入译句中。这种方法主要用于笔译中，偶尔也用于口译中，即用同位语、插入语或定语从句来处理一些解释性成分。

重组（Recasting）

重组指在进行英译汉时，为了使译文流畅和更符合汉语叙事论理的习惯，在捋顺英语长句的结构，弄懂英语原意的基础上，彻底摆脱原文语序和句子形式，对句子进行重新组合。

重复法（Repetition）

重复法指在译文中适当地重复原文中出现过的词语，以使意思表达得更加清楚；或者进一步加强语气，突出强调某些内容，以收到更好的修辞效果。一般而言，英语往往为了行文简洁而尽量避免重复。相反，重复却是汉语表达的一个显著特点。很多场合只有重复，语义才能明确，表达才能生动。

分译法（Division）

有些英文句子由于“联系词”的联系，虽在形式上是一个句子，但许多成分的意义是独立的。翻译时将它们断开分成短句是完全可以的。断开的位置一般可选在这些联系词处。联系词通常由关系代词、关系副词、独立副词、伴随动词等担任。

逆序法 / 倒置法（Reversing）

英语有些长句的表达次序与汉语表达习惯不同，甚至完全相反，这时必须从原文后面开始翻译。

合译法（Combination）

合译法是把若干个短句合并成一个长句，一般用于汉译英。汉语强调意合，结构较松散，因此简单句较多；英语强调形合，结构较严密，因此长句较多。所以，汉译英时要根据需要，注意利用连词、分词、介词、不定式、定语从句、独立结构等把汉语短句连成长句。

综合法（Mixture of Methods）

综合法是指单用某种翻译技巧无法译出时，着眼篇章，以逻辑分析为基础，同时使用转换法、倒置法、增译法、省译法、拆句法等多种翻译技巧的方法。

包孕（Embedding）

这种方法多用于英译汉。所谓包孕是指在把英语长句译成汉语时，把英语后置成分按照汉语的正常语序放在中心词之前，使修饰成分在汉语句中形成前置包孕。但修饰成分不宜过长，否则会造成拖沓的情况或造成汉语句子成分在连接上的纠葛。

回译（Back Translation）

回译就是先把英文翻译成中文，再把中文翻译成英文。回译是学习英语非常好的一种练习方法。

倒置法（Inversion）

在汉语中，定语修饰语和状语修饰语往往位于被修饰语之前，在英语中，许多修饰语常常位于被修饰语之后，因此翻译时往往要把原文的语序颠倒过来。倒置法通常用于英译汉，即对英语长句按照汉语的习惯表达法进行前后调换，按意群进行全部倒置，原则是使汉语译句安排符合现代汉语论理叙事的一般逻辑顺序，有时倒置法也用于汉译英。

切断 / 分切（Cutting）

有时候，英语由于修饰 / 限定成分或名词词组太多，要表达多重复杂的概念时，不得不使用长句，在汉译时我们可以视情况尽力将长句切断，使译句层次一目了然，不要像英语那样环扣相连、盘根错节。

拆离（Splitting-Off）

拆离就是将英语长句的某些成分（句子、词组或词）从句子主干中拆开，另行处理，以利于句子的总体安排。常见的情况是英语长句中有些成分很难切断或顺着翻译，也很难将它们包孕在句中，切实可行的办法是将它们拆开，放到句子主干之首或句尾，以免造成行文阻塞。

视点转换（Shift of Perspective）

视点转换是指重组源语信息的表层形式，从与源语不同甚至相反的角度来传达同样的信息。采用这种手段的理由是源语和译语文化之间可能存在着认知和思维习惯上的差异。常在以下情况下采用这种手段：一是原文直译不好懂，佶屈聱牙，甚至可能招致误解；二是直译虽然能理解，但不合乎译语的习惯。

19.6 总结

译学术语是构建译学体系的要素，是译学研究的基础和知识点。本书将常见的翻译术语专章列出并解释，目的是帮助初学者在乱花迷眼、名目纷繁的术语海洋中梳理出重点，为准备进一步深造的 MTI 学子廓清思路。

第20章 翻译测试

翻译试卷1

I. Multiple Choice.（40 points, 2 points each）

Directions: In this section, you will find 20 questions, each of which is accompanied with four choices marked A, B, C, and D. Choose the best answer and write it on the answer sheet.

1. If a translator translates the Chinese sentence “这件事给邻居知道,岂不笑歪了嘴?” into the English sentence “When neighbors heard of this, they'd laugh their mouths wry”, that is________.

   A. literal translation　　B. dead translation

   C. free translation　　D. adaptation

2. In nature, the core of translating is________.

   A. to translate form　　B. to translate culture

   C. to translate meaning　　D. to translate beauty

3. According to the nature of the two language codes, translation doesn't include________.

   A. intralingual translation　　B. interlingual translation

   C. intersemiotic translation　　D. pragmatic translation

4. In Eugene Nida's translational theories, the core concept is________.

   A. language universality　　B. message of translation

   C. theory of readers' response　　D. functional equivalence

5. The translational principle “faithfulness, expressiveness and elegance” is proposed by ________.

   A. Yan Fu　　B. Fu Lei　　C. Lin Shu　　D. Liu Chongde

6. ________is the first Chinese person who translated the Chinese works into foreign languages.

   A. Yan Fu　　B. Xuan Zang　　C. Lin Shu　　D. Zhen Di

7. Among the following translators,________translated the work of classical Chinese

literature《红楼梦》into English.

A. Lin Yutang B. Yang Xianyi C. Yang Bi D. Lu Xun

8. The translational notion "rather to be faithful than smooth" is proposed by________.

A. Lu Xun B. Liang Shiqiu

C. Zhu Shenghao D. Zhu Guangqian

9.________is the author of Moment in Peking.

A. Lin Yutang B. Yang Xianyi

C. Yang Bi D. Lu Xun

10. Qian Zhongshu said, the highest standard in literary translation is "________", when we translate literary works from one language to another, it is not supposed to have far fetched trace because of cultural differences. At the same time, the style and manner of writing should be of the same character as that of the original.

A. similarity B. fluency C. closeness D. sublimation

11. Translation criticism is the combination of translation criticism and________from the perspective of content, expression, style, language and vividness on the background of cross cultural communication.

A. translation appreciation B. translation analysis

C. translation comment D. translation transfer

12. The Chinese sentence "我唯一的资本就是勤奋" can be translated into English sentence "My only________to success is diligence".

A. capital B. capability C. means D. ability

13. Criteria of translation criticism DON'T include________.

A. equivalence B. effectiveness C. similarity D. revival

14. U.S. presidents normally serve a（an）________term.

A. eight-year B. four-year C. six-year D. two-year

15. The Maori people are natives of________.

A. Australia B. Canada C. Ireland D. New Zealand

16. In C-E translation, derived from a contrastive study of synthetic feature and analytic feature between English and Chinese, ________is always used as a translational technique.

A. amplification B. conversion C. deletion D. reconstruction

17. In the sentences "History denies this, of course. Among prominent summer deaths, one recalls those of Marilyn Monroe and James Deans, whose lives seemed equally brief and complete", "summer deaths" can be translated into________.

A. 盛夏之死　B. 英年早逝　C. 寿终正寝　D. 如日中天

18. If "Man proposes, God disposes" is translated into "谋事在人,成事在天", that belongs to________for Chinese readers.

A. domestication　B. foreignization

C. under-loaded translation　D. over-loaded translation

19. The great advantage of domesticating translation is________.

A. to promote the cultural transmission

B. to enrich vocabulary of target language

C. to help target language readers get a better understanding

D. to require translators to take readers' horizon of expectation into consideration

20. Xu Yuanchong advocated that literary translation should obey the following principles: ________.

A. faithfulness, expressiveness and elegance

B. faithfulness, expressiveness and closeness

C. the beauty of sense, the beauty of sound and the beauty of form

D. faithfulness, fluency and beauty

II. Gap Filling.（30 points, 3 points each）

1.__________held that translation is like painting: what is essential is not formal resemblance but rather spiritual conformity.

2. Kumarajiva（鸠摩罗什）advocated________.（Literal translation or free translation?）

3. Chinese is__________while English is hypotactic.

4. Generally speaking, the process of translating includes__________, expressing and proofreading.

5. American Eugene Nida: Translation consists in reproducing in the receptor language the closest natural equivalent of the source language message, first in terms of__________, and secondly in terms of style.

6. Translation is a science, an__________and a skill.

7. The functional equivalence is developed on the basis of__________equivalence.

8. __________is the combination of translation criticism and translation appreciation from the perspective of content, expression, style, language and vividness on the background of cross cultural communication.

9. Four Levels of Functional Equivalence: Lexical Equivalence, Sentence Equivalence,

Passage Equivalence and__________Equivalence.

10. However, the two nations have agreed that countries, regardless of their social systems, should conduct their relations on the principles of respect of the sovereignty and territorial integrity of all states, non-aggression against other states, non-interference in the internal affairs of other states, equality and mutual benefit, and__________.

III. Comment on the following topics. Your comment on each topic should not be less than 100 words.（30 points, 10 points each）

1. Talk about the qualifications for translators.

____

____

____

____

____

____

2. Comment on the following translational phenomena by using the Skopos theory.

Fu Donghua deleted a large number of paragraphs of the ST when translating *Gone with the Wind*.

Sun Zhili deleted the descriptions of sex when translating *Widow*.

Yang Xianyi and Gladys Yang translated *Butterfly*（50,000 words）into《蝴蝶》with only about 20,000 words.

____

____

____

____

____

____

3. Present your translation criticism on the following two translated versions by Zhang Peiji and Yang Xianyi.

Example 1: 这些日子，家中光景很是惨淡，一半为了丧事，一半为了父亲的赋闲。

Zhang's translation: Between grandma's funeral and father's unemployment, our family was then in reduced circumstances.

Yang's translation: Those were dismal days for our family, thanks to the funeral and father's unemployment.

Example 2: 到南京时，有朋友约去游逛，勾留了一日。

Zhang's translation: I spent the first day in Nanjing strolling about with some friends at their invitation.

Yang's translation: A friend kept me in Nanjing for a day to see the sights.

____

____

____

____

____

____

翻译试卷 2

I. Multiple Choice.（30 points, 2 points each）

A. Directions: This part consists of ten sentences, each followed by four different versions marked A, B, C and D. Choose the best translation of the original statement in terms of meaning and expressiveness.

1. A nation's greatest wealth is the industry of its people.

A. 一个国家最大的财富就是民族工业。

B. 一个国家最大的财富就是人民的勤劳。

C. 一个民族最大的财富就是人民的工业。

D. 一个民族最大的财富就是民众的兴旺。

2. Scientists are confident about the formation of coal, but they do not seem so sure when asked about oil.

A. 科学家们确实知道煤是怎样形成的，但要是问他们石油是怎样形成的，他们似乎就不那么有把握了。

B. 科学家们对煤的形成非常有信心，但是当被问到石油的形成时，他们好像没有那么确信。

C. 科学家们对煤的形成非常有信心，但是当被问到石油是怎样形成的，似乎就不那么确信了。

D. 科学家们确实知道煤的形成，但要是问他们石油的形成时，似乎就不那么有把握了。

3. I wasn't their enemy, in fact or in feeling. I was their ally.

A. 在事实上或感情上，我不是他们的敌人。我是他们的盟友。

B. 我不是他们的敌人，在事实上或感情上。我是他们的盟友。

C. 我不是他们的敌人，在事实上或者在感情上，而是他们的盟友。

D. 无论在事实上，还是在感情上，我都不是他们的敌人，而是他们的盟友。

4. His preoccupation with business left him little time for his family.

A. 他全神贯注于事业，为他的家庭留下了很少的时间。

B. 他对事业的全神贯注留给他的家庭的时间就很少。

C. 他对事业全神贯注。他能与家人共度的时间就很少。

D. 他全神贯注于事业，因而能与家人共度的时间就很少。

5. A jeep, full, sped past, drenching me in spray.

A. 一辆吉普车载满了人，速度很快，溅了我一身水。

B. 一辆载满了人、速度很快的吉普车溅了我一身水。

C. 一辆载满了人的吉普车疾驶而过，溅了我一身水。

D. 一辆吉普车溅了我一身水。它载满了人，疾驶而过。

6. 唯有相互了解，国与国才能增进信任，加强合作。

A. Without mutual understanding, it is impossible for countries to build trust and promote cooperation with one another.

B. It is mutual understanding which makes it possible for countries to build trust and promote cooperation with one another.

C. Only mutual understanding can be one way for countries to build trust and promote cooperation with one another.

D. Mutual understanding is one way only for countries to build trust and promote cooperation with one another.

7. 这20年间，世界发生了翻天覆地的变化。时而波澜壮阔，令人振奋；时而风雨如磐，惊心动魄。

A. Over the past 20 years, the world has changed greatly. It is sometimes sweeping and inspiring and it is sometimes stormy and disquieting.

B. Over the past 20 years, the world has witnessed great changes which are sweeping and inspiring at times and stormy and disquieting at others.

C. Over the last 20 years, the world has changed greatly, sometimes sweepingly and inspiringly and sometimes stormily and disquietingly.

D. Over the last 20 years, the world has witnessed great changes, at times sweepingly and inspiringly and at others stormily and disquietingly.

8. 对发展中国家而言，首先要摆脱贫穷。要摆脱贫穷，就要找出一条比较快的发展道路。

A. For developing nations, first of all, they will throw off poverty. To throw it off, they have to find a way to develop fairly rapidly.

B. To developing nations, first of all, they will throw off poverty. To throw it off, a way has to be found to develop fairly rapidly.

C. For developing nations, the first thing is to throw off poverty. To do that, they have to find a way to develop fairly rapidly.

D. To developing nations, the first thing is to throw off poverty. To do that, a way has to be found to develop fairly rapidly.

9. 他睡得很死，连打雷都没有把他惊醒。

A. He slept like a log and was not even awoken by the thunder.

B. He slept like a log and was not even awakened up by the thunder.

C. He slept like a log and was even not awoken up by the thunder.

D. He slept like a log and was even not awakened by the thunder.

10. 这支歌唱遍了神州大地，唱过了50年悠悠岁月，余音袅袅，一曲难忘。

A. This song has been singing all over China for 50 long years. The melody still lingers in the air.

B. This song has been sung all over China for 50 long years. The melody still lingers in the air.

C. This song has been singing all over China for 50 long years, the voice of which cannot yet be forgotten.

D. This song has been sung all over China for 50 long years, the voice of which cannot yet be forgotten.

B. Directions: This part consists of five unfinished statements, each followed by four choices marked A, B, C and D. Choose the one that best completes the statement.

11. 针对鲁迅提出的“宁信而不顺”的主张，瞿秋白提出__________。

A. “宁顺而不信”　　B. “信”和“顺”不应对立起来

C. 要容忍“多少的不顺”　　D. 要保存原作的丰姿

12. 王佐良认为译者在处理个别的词时，他面对的是__________。

A. 两种语言　　B. 两种文体

C. 两大片文化　　D. 两套语法体系

13. __________于1790年提出了著名的翻译三原则。

A. 泰特勒　　B. 费道罗夫　　C. 哲罗姆　　D. 西塞罗

14. 傅雷认为翻译重在__________。

A. 理论　　B. 实践　　C. 创新　　D. 观察

15. 代词在英语和汉语里都经常使用，但总的说来，__________。

A. 英语代词用得多，汉语代词用得少

B. 英语代词用得多，汉语代词也用得多

C. 汉语代词用得多，英语代词用得少

D. 汉语代词用得少，英语代词也用得少

II. Word and Phrase Translation.（20 points, 1 point each）

A. Directions: Translate the following words and phrases into Chinese.

16. appreciation dinner ______________________________

17. birth defect ________________

18. applied entomology ________________

19. member state ________________

20. maternity hospital ________________

21. over-the-counter medicine ________________

22. green belt ________________

23. inland waters ________________

24. room temperature ________________

25. debt chain ________________

B. Directions: Translate the following words and phrases into English.

26. 中低纬度 ________________

27. 双向贸易 ________________

28. 噪音污染 ________________

29. 版权保护 ________________

30. 客串演出 ________________

31. 福利基金 ________________

32. 社会保障 ________________

33. 国际竞争力 ________________

34. 候机室 ________________

35. 防火墙 ________________

III. Translation Revision.（20 points, 2 points each）

A. Directions: Correct or improve the translation of the following sentences.

Example

原文：Adelaide enjoys a Mediterranean climate.

原译：阿德莱德享有地中海型气候。

改译：阿德莱德属地中海型气候。

36. 原文：When the girl saw the thief, her otherwise attractive face turned sour, violently so.

原译：那姑娘一看见小偷，她那在其他情况下还挺妩媚的面孔突然变色，变得怒气冲冲。

改译：________________

37. 原文：No household can get on without water.

原译：没有家庭可以没有水而继续生活。

改译：____

38. 原文：The lawyer will take the cases of the poor for nothing.

原译：这位律师无缘无故地受理穷人的案件。

改译：____

39. 原文：I believe the Beijing Municipal Government has recognized the problem and the twelfth Five-Year Plan will address it effectively.

原译：我相信北京市政府已认识到了这个问题，在第十二个五年计划中将有效地提出这一问题。

改译：____

40. 原文：Both parties shall comply with the provisions of the laws, decrees and pertinent regulations of the People's Republic of China.

原译：合约双方将遵守中华人民共和国法律、法令和有关条例规定。

改译：____

B. Directions: Correct or improve the translation of the following sentences.

Example

原文：能为他的这本散文集子作序，我觉得很荣幸。

原译：To write a preface to this collection of his essays gives me a great honor.

改译：I find it a great honor to write a preface to this collection of his essays.

41. 原文：大凡远方对我们都具有诱惑力，不是由于它的传说，就是由于它的美景。

原译：A faraway land always poses as a temptation that lures not with its legends but with its beautiful scenes.

改译：____

42. 原文：钻石湖风景秀丽，是这个城市的几大景点之一。

原译：The Diamond Lake, noting for its beautiful scenery, is one of the major scenic spots of the city.

改译：____

43. 原文：他说："我不是文学家，不属于任何派别，所以我不受限制。"

原译：He said, "I am not a 'man of letters', either do I belong to any particular school. Thus I am not restricted in any way."

改译：____

44. 原文：微笑永远是微笑者个人的"专利"，它不能租，也不能买。

原译：Smile is always a "patent" of its owner, it can neither be rented nor bought.

改译：____

45. 原文：中国海域有丰富的海水资源和海洋可再生能源。

原　译：China's sea territory abounds in seawater resources and regenerable marine energy resources.

改译：____

IV. Passage Translation.（30 points, 15 points each）

A. Directions: Translate the following passage into Chinese.

46. Two things are outstanding in the creation of the English system of canals, and they characterize all the Industrial Revolution. One is that the men who made the revolution were practical men. Like Brindley, they often had little education, and in fact school education as it then was could only dull an inventive mind.

The other outstanding feature is that the new inventions were for everyday use. The canals were arteries of communication: They were not made to carry pleasure boats, but barges. And the barges were not made to carry luxuries, but pots and pans and bales of cloth, boxes of ribbon, and all the common things that people buy by the pennyworth.

____

____

____

____

____

____

B. Directions: Translate the following passage into English.

47. 不久前，我在上海展览馆看了一场特别的服装表演。"模特儿"都已人到中年甚至老年，从 42 岁直至 74 岁。她们穿着自己设计裁剪的服装，随着迪斯科音乐，迈着没有经过训练的朴素的步子，面带羞怯而勇敢的微笑，走在长长的红色地毯上。她们逐渐镇定下来，有了自信，脚步渐渐合拍，并开始注意面对观众。

____

____

____

____

____

____

翻译试卷 3

一、选择题。（每小题1分，共10分）

1. 当代翻译界普遍认同的翻译标准为：________。

A. 信、达、雅　B. 传神说　C. 忠实、通顺　D. 化境说

2. 翻译中所谓的“通顺”，即指译文的语言应通顺易懂，符合________表达的规范。

A. 原文　B. 译文　C. 原语　D. 译语

3. 信息科技英语的翻译标准应该是：________。

A. 传神、化境　B. 准确规范、通顺易懂、简洁明晰

C. 忠实、通顺　D. 意美、形美、音美

4. 信息科技英语翻译中所谓的规范，就是译文要符合所涉及的科学技术或某个专业领域的________所表达的规范。

A. 专业语言　B. 非专业语言　C. 专业技术　D. 非专业技术

5. 要做好科技英语的翻译工作，通常要求译者应具有较高的英语水平、________、科技知识水平和翻译理论水平。

A. 口头表达能力　B. 书面表达能力　C. 汉语水平　D. 思维能力

6. 信息科技英语文体的特点是第三人称多、________多、专业名词多、术语多、非谓语动词多、长句多。

A. 主动语态　B. 被动语态　C. 情态动词　D. 虚拟语气

7. 信息科技英语翻译中________几乎是很少用的译法。

A. 直译法　B. 意译法　C. 合译法　D. 分译法

8. 所谓顺译就是按照原文相同或相似的________进行翻译。顺译可以是完全顺译，也可以是基本顺译。

A. 语法　B. 句法　C. 词语　D. 语序

9. 英语句子中有些词如果硬要译成汉语，反而会使得________晦涩难懂；如果不译出来，则会使________更通顺、准确地表达思想内容。

A. 译文/原文　B. 原文/译文　C. 原文/原文　D. 译文/译文

10. 名词译法中所谓的________，就是把原文中名词或名词短语本身的含义翻译出来。

A. 转译　B. 互换　C. 直译　D. 意译

二、是非题。(每小题 1 分，共 10 分)

1. 名词的增译多数是为了使译文更符合汉语的表达方式与习惯。(　)

2. 有时不定冠词可以放在某些名词(如：day、week、year、month 等)之前，和名词一起作状语，此时不冠词不应译为“每一”或“一”。(　)

3. 在代词的翻译中，所谓还原，就是把代词所代替的名词、名词词组的意思翻译出来。(　)

4. 英语中不定代词虽较多，可其用法和意义不容易混淆，译者对此可略加了解。(　)

5. 在科技英语翻译中，数词与不定代词相似，其用法相当于形容词和名词。(　)

6. 在形容词前加上定冠词用来表示一类人或物时，可将该形容词转译为名词。(　)

7. 副词译法中所谓的“上”和“下”字法，就是在翻译时，在译文的副词短语后加译“上”字或“下”字，尤其是在翻译表示程度、状态的副词时。(　)

8. 英语的介词主要有两大类，即单个介词和短语介词。就其语法功能而言，单个介词和短语介词是不一样的。从宏观上来讲，介词的译法主要有直译、转译和省译三种。(　)

9. 从英语连词本身的含义和功能来看，可分为简单连词、关联连词、分词连词和短语连词四大类。(　)

10. 在翻译谓语动词时，首先应考虑到英语一词多义的特点，准确分析谓语动词所表示的概念，正确选择其在英语原文句子中的词义。(　)

三、句子英译汉题。(每小题 2 分，共 40 分)

1. After the war, much of this knowledge was poured into the developing of the computers.

____

____

2. While this restriction on the size of the circuit holds, the law is valid.

____

____

3. This is “good” ozone because it protects us from the sun’s UV rays.

____

____

4. Strength is an inherent property of a material or of a mechanical element.

____

____

5. If the bearings were not lubricated, they would rapidly overheat.

____

____

6. The velocity of light is as great as that of radio waves in vacuum.

7. When the electricity increase to 3 times, so does the coulomb force.

8. The leads of the new condenser are shortened by five times.

9. The computer system can make the internal surface grinder automatically operative.

10. Bubble memories are not expensive, consume little power, are small in size, and highly reliable.

11. To understand better matter and energy is the natural world is the purpose of chemistry.

12. Normally the whole mass of the atom is concentrated in the nucleus.

13. If necessary, the shaft and housing can be used for raceways instead of separate inner and outer races.

14. Solids expand much less than liquid or gases.

15. Warm-blooded creatures do not need to depend on the sun for body heat.

16. Ordinary movements would be impossible without friction available.

17. For all its great potential, the wide use of optical communications will not come overnight.

18. As we have mentioned above, coal production and use is accompanied by serious environmental problems.

19. The design is likely to be accepted on the condition that the cost is reasonable.

20. Phosphorus has an undesirable effect on steel in that it imparts brittleness.

四、段落英译汉题。（每小题 20 分，共 40 分）

段落一

I just want to say to this plenary session that we are running short on time. And at this point, the question is whether we will move forward together or split apart, whether we prefer posturing to action. I'm sure that many consider this an imperfect framework that I just described. No country will get everything that it wants. There are those developing countries that want aid with no strings attached, and no obligations with respect to transparency. They think that the most advanced nations should pay a higher price; I understand that. There are those advanced nations who think that developing countries either cannot absorb this assistance, or that will not be held accountable effectively, and that the world's fastest-growing emitters should bear a greater share of the burden.

段落二

We also face the specter of nonlinear "tipping points" that may cause much more severe changes. An example of a tipping point is the thawing of the permafrost. The permafrost contains immense amounts of frozen organic matter that have been accumulating for millennia. If the soil melts, microbes will spring to life and cause this debris to rot. The difference in biological activity below freezing and above freezing is something we are all familiar with. Frozen food remains edible for a very long time in the freezer, but once thawed, it spoils quickly. How much methane and carbon dioxide might be released from the rotting permafrost? If even a fraction of the carbon is released, it could be greater than all the greenhouse gases we have released to since the beginning of the industrial revolution. Once started, a runaway effect could occur.

翻译试卷 4

I. Fill in the blanks.（10 points, 1 point each）

1. 关于翻译的标准，我国历来有不同的看法。早在汉朝和唐朝，就有“__________”与“__________”之争。主张前者的翻译家强调翻译的修辞和通顺，强调翻译的可读性。主张后者的翻译家强调翻译要不增不减，强调翻译的忠实性。

2. 清代翻译家__________于 1898 年提出了“信、达、雅”的比较全面的翻译标准，即要忠实于原文，译文流畅，文字典雅，不过，后人对严复的“雅”字有着异议。

3. 1951 年，__________先生提出了文学翻译的“__________”论，他认为，翻译应当像临画一样，所求的不在形似而在神似。译文同原文在内容上一致，这叫“__________”，是翻译的最低标准。译文同原文在形式上和精神上保持一致，叫“形似”和“神似”，这是翻译的高标准。

4. 1964 年，__________先生提出翻译的“__________”之说。他认为，把作品从一国文字转变成另一国文字，既能不因语文习惯的差异而露出生硬牵强的痕迹，又能完全保存原有的风味，这样做就是原作向译文的“投胎转世”，文字形式虽然换了，而原文的思想、情感、风格、神韵都原原本本地进入译文的境界里了，丝毫不留下翻译的痕迹，让读者读译文就完全像在读原作一样。

5. 1792 年，英国著名学者__________在他的著作《论翻译的原则》里，提出了__________。

II. Translate the following sentences into Chinese.（24 points, 4 points each）

1. Those Chinese scientists in Silicon Valley are understandably proud of their achievements.

____

____

2. I believe strongly that it is in the interest of my countrymen that Britain should remain an active and energetic member of the European Community.

____

____

3. They reviewed the international situation in which important changes and great upheavals are taking place and expounded their respective positions and attitudes.

____

____

4. And for one boy who is now a man, there is a pond which neither time nor tide can change, where he can still spend a quiet hour in the sun.

____

____

5. Carlisle street runs westwards, across a great black bridge, down a hill and up again, by little shops and meat markets, past single-storied homes, until suddenly it stops against a wide green lawn.

____

____

6. The main impression growing out of twelve years on the faculty of a medical school is that the No.1 health problem in the U.S. today, even more than AIDS or cancer, is that Americans don't know how to think about health and illness.

____

____

III. Translate the underlined parts in the following two articles into Chinese.（66 points, 33 points each）

1. On August 6, 1997, when 55,000 people gathered in Hiroshima to commemorate the 46th anniversary of the devastating bombing that killed an estimated 140,000 people and brought World War Ⅱ to a sudden halt.The city's newly elected mayor broke with tradition by adding a few uncustomary lines to the annual Peace Declaration. It should also be recalled, he declared, that "Japan inflicted great suffering and despair on the peoples of Asia and the Pacific during its reign of colonial domination and war. For this we are truly sorry." Noting that this year marks the 50th anniversary of the Japanese assault on the U.S., he added, "Remembering all too well the horror of this war, starting with the attack on Pearl Harbor and ending with the atom bombings of Hiroshima and Nagasaki, we are determined anew to work for world peace."

Usually,in Japan,when people discuss the war at all, they speak of victimization: their own victimization by the militarists who led the country into battle and by the Americans who bombed their cities. The suffering inflicted by the imperial army on the peoples of Asia is ignored, as is Japan' s aggression in China and at Pearl Harbor. The appealing image of Japan the victim has no room for the underside of Japan the aggressor.

____

____

____

2. To speak of American literature, then, is not to assert that it is completely unlike that of Europe. Broadly speaking, America and Europe have kept step. At any given moment the traveler could find examples in both of the same architecture, the same styles in dress, the same books on the shelves. Ideas have crossed the Atlantic as freely as men and merchandise, though sometimes more slowly.

When I refer to American habit, thoughts, etc., I intend some sort of qualification to precede the word, for frequently the difference between America and Europe (especially England) will be one of degree, sometimes only of a small degree. The amount of divergence is a subtle affair, liable to perplex the Englishman when he looks at America. He is looking at a country which in important senses grew out of his own, which in several ways still resembles his own—and which is yet a foreign country. There are odd overlappings and abrupt unfamiliarities;kinship yields to a sudden alienation, as when we hail a person across the street, only to discover from his blank response that we have mistaken a stranger for a friend.

翻译试卷 5

I. Multiple Choice.（35 points, 1 point each）

1. 代词在英语和汉语里都经常使用，但总的说来，__________。
   A. 英语代词用得多，汉语代词用得少
   B. 英语代词用得多，汉语代词也用得多
   C. 汉语代词用得多，英语代词用得少
   D. 汉语代词用得少，英语代词也用得少
2. His preoccupation with business left him little time for his family.
   A. 他全神贯注于事业，为他的家庭留下了很少的时间。
   B. 他对事业的全神贯注留给他的家庭的时间就很少。
   C. 他对事业全神贯注。他能与家人共度的时间就很少。
   D. 他全神贯注于事业，因而能与家人共度的时间就很少。
3. 唯有相互了解，国与国才能增进信任，加强合作。
   A. Without mutual understanding,it is impossible for countries to build trust and promote cooperation with one another.
   B. It is mutual understanding which makes it possible for countries to build trust and promote cooperation with one another.
   C. Only mutual understanding can be one way for countries to build trust and promote cooperation with one another.
   D. Mutual understanding is one way only for countries to build trust and promote cooperation with one another.
4. Stevenson was eloquent and elegant.
   A. 史蒂文森慷慨大度。
   B. 史蒂文森有口才，有风度。
   C. 史蒂文森温文尔雅。
5. A stress is therefore set up between the two surface which may cause the glass to break.
   A. 因而在这两个表面之间产生一个可能使玻璃破裂的应力。
   B. 因而在引起玻璃破裂的两个表面之间产生一个应力。
   C. 因而，可以引起玻璃破碎的两个表面之间可以有一个压力。
6. Any man who was a man could travel alone.
   A. 无论是谁，只要是人，就可以单独旅行。

B. 任何有胆量的男子汉都可以单独旅行。

C. 任何男人中的男人都可以独自去闯荡。

7. I have written in bed and written out of it, written day and night.

A. 我躺在床上写，出去也写，没日没夜地写。

B. 我睡着写，出门也写，日日夜夜地写。

C. 我在床上写，下了床写，没日没夜地写。

D. 我卧床写，起床写；白天写，晚上也写。

8. 饭菜不好，请多多包涵。

A. These dishes are not good. Please make do with them.

B. These are the best dishes we can prepare. Please help yourself.

C. I don’t have ability to offer the best dishes, please forgive me.

9. 中国的富强和发展不会对任何国家构成威胁。

A. The strength, prosperity and development of China will pose no threat to any other countries.

B. A strong, prosperous and developed China will pose no threat to any other countries.

10. 我在山坡的小屋里，悄悄掀起窗帘，窥见园中大千世界，一片繁华，自己的哥姐、堂表弟兄，也穿插其间，个个喜气洋洋。

A. I was in a small house, unfolded the curtain and peered the garden’s prosperous scene, my elder brothers and sisters, cousins, were also among it, they were very happy.

B. In the small house on the slope, I quietly lifted the curtain, only to be met by a great and prosperous world with my elder brothers and sisters and my cousins among the guests, all in jubilation.

11. 这事到了现在，还是时时记起。

A. Even now, this remains fresh in my memory.

B. Even now, I still often think about this.

12. Africa is not kicking out Western imperialism in order to invite other new masters.

A. 非洲不踢出西方帝国主义为了请进其他新的主子。

B. 非洲踢出西方帝国主义并不是为了请进其他新的主子。

13. How many winter days have I seen him, standing blue-nosed in the snow and east wind.

译文：在许多冬日里我总能看到他，鼻子冻得发紫，站在飞雪和东风之中。

A. “总能”属于胡乱增译。

B. “冻得发紫”属于颜色词误译。

C. “飞雪”属于过度归化导致的误译。

D. “东风”属于忽视生态文化而导致的误译。

14. The tourism agency is criminally expensive.

A. 这家旅游公司的费用很高。　B. 这家旅游公司简直像强盗一样。

C. 这家旅游公司宰客很凶。　D. 这家旅游公司简直要人命。

15. 黄色录像

A. blue video　B. yellow video　C. black video　D. purple video

16. Among so many people, the girl felt like a fish out of water.

A. 同这么多人在一起，这位姑娘生龙活虎。

B. 同这么多人在一起，这位姑娘如鱼得水。

C. 同这么多人在一起，这位姑娘如出水芙蓉。

D. 同这么多人在一起，这位姑娘坐卧不安。

17. 他们省吃俭用，为了给国家多积累资金。

A. They save food and reduce expenses to accumulate more funds for the state.

B. They save food and reduce expenses to that to accumulate more funds for the state.

C. They live frugally to accumulate more funds for the state.

D. They live frugally so that to accumulate more funds for the state.

18. 中央政府不干预香港特别行政区的事务。

A. The Central Government has refrained from intervening in the affairs of the HKSAR.

B. The Central Government has never intervened in the affairs of the HKSAR.

19. 听到你母亲逝世的消息我非常悲痛。

A. I am deeply grieved to hear that your mother kicked the bucket.

B. I am deeply grieved to hear that your mother passed away.

C. I am deeply grieved at your mother's dead.

D. I am deeply grieved at your mother's dying.

20. I'm not the first man who has made mistakes.

A. 我不是第一个犯错误的人。

B. 犯错误的人，我不是第一个。

C. 自来出错的人多了，我又不是头一个！

21. The Chinese sentence "我唯一的资本就是勤奋" can be translated into English sentence "My only__________to success is diligence".

A. capital　B. capability　C. means　D. ability

22. In the sentence "History denies this, of course. Among prominent summer deaths, one recalls those of Marilyn Monroe and James Deans, whose lives seemed equally brief and complete", "summer deaths" can be translated into.

A. 盛夏之死　B. 英年早逝　C. 寿终正寝　D. 如日中天

23. The wealthy can have a ball in Paris.

A. 巴黎的财富在世界上也是有一席之地的。

B. 富人们在巴黎可以尽情玩乐。

C. 大款们可以到巴黎举办舞会。

24. The regular chiming of Big Ben proved to be a great morale booster during the war.

A. 大战期间，大本钟有规律的声音证明是一种伟大的士气的推动者。

B. 人们发现，在大战期间，大本钟沉稳不变的钟声增添了无穷的信心和力量。

C. 结果，大本钟在战时铿锵的声音极大地鼓舞了人们的士气。

25. 老师很喜欢这个嘴甜的小姑娘。

A. The teacher likes this sweet-mouthed little girl very much。

B. The teacher likes this honey-lipped little girl very much。

26. 转战南北

A. fight north and south　　B. fight south and north

27. 大家都怀疑汤姆是个间谍。

A. Everyone doubts that Tom is a spy.

B. Everyone suspects that Tom is a spy.

28. A nation's greatest wealth is the industry of its people.

A. 一个国家最大的财富就是民族工业。

B. 一个国家最大的财富就是人民的勤劳。

C. 一个民族最大的财富就是人民的工业。

D. 一个民族最大的财富就是民众的兴旺。

29. 对发展中国家而言，首先要摆脱贫穷。要摆脱贫穷，就要找出一条比较快的发展道路。

A. For developing nations, first of all, they will throw off poverty. To throw it off, they have to find a way to develop fairly rapidly.

B. To developing nations, first of all, they will throw off poverty. To throw it off, a way has to be found to develop fairly rapidly.

C. For developing nations, the first thing is to throw off poverty. To do that, they have to find a way to develop fairly rapidly.

30. Mummy, I'm hungry and I want to have dinner.

A. 母亲，我很饿，因此我想用餐。　　B. 妈，我饿了，要吃饭了

31. 小心扒手！

A. Take care of the thief!　　B. Avoid theft!

32. 男士止步！

A. Men stop!　　B. Women only!

33. Backdoor deals are unhealthy practice.

A. 走后门是一种不正之风。

B. 幕后交易是不正当的行为。

C. 背后的生意是不正确的实践。

34. Their power increased with their number.

A. 他们的力量随着数量的增长而增长。

B. 他们力量增长了，他们的人数增加了。

C. 他们人数增加了，力量也随之增强。

35. Why must you keep silent?

A. 你为什么必须保持沉默?

B. 你为什么又偏偏一言不发?

C. 你咋就不爱吭气儿呢?

II. E-C Translation.（30 points）

Pearl Buck

Soon after her graduation in 1914, Pearl Buck left again for China, which she considered her true homeland. In 1917, she married John Lossing Buck, an agricultural specialist who was also doing missionary work in China. They lived for several years in North China, then moved in 1921 to Nanjing, where she was one of the first American teachers at Nanjing University and where her daughter Carol was bore. In 1927 her family escaped a brutal anti Western attack through the kindness of a Chinese woman whom Buck had befriended.

Buck was deeply touched by the simplicity and purity of Chinese peasant life and wrote extensively on this subject. In 1931, she published *The Good Earth*, a novel about the fluctuating fortunes of the peasant family of Wang Lung. For this work, generally considered her masterpiece, she received the Pulitzer Prize in 1932. *The Good Earth* was followed by two sequels: *Sons*（1932）and *A House Divided*（1935）. The Exile and Fighting Angel, biographies of her mother and father, followed in 1936 and were singled out for praise by the committee that awarded her the Nobel Prize in Literature in 1938.

She moved permanently to the United States in 1934. For the remainder of her life, she wrote prolifically, producing a total of mom than a hundred works of fiction and non fiction. Her private life, too, was a full one, as she and Walsh adopted eight children.

She became a prominent advocate of many humanitarian causes. She was a founder of the East and West Association, dedicated to improving understanding between Asia and America. Her experiences as the mother of a retarded child led her to work extensively on behalf of the mentally handicapped and to publish the moving and influential book, *The Child Who Never Grew*. The plight of Amerasian children, rejected by two worlds, aroused her sympathy as well, and in 1964 she established the Pearl S. Buck Foundation to improve their lives.

III. C-E Translation.（35 points）

想起清华种种

我只是清华几万校友中的一个，现已不在清华工作，然而一说起这所学校，至今仍像年轻时候一样兴奋，话也像说不完似的。

清华吸引人的地方到底是什么？它有很好的校园、设备，但这些别校也有；它的历史也不很长，世界大学中，成立已几百年的有的是；想来想去，还是由于清华的人，或者说清华人与中国历史的特殊关联。

说起清华人，我怀念我的老师们。大学一年级，俞平伯、俞冠英两位老师教我国文，一位教读本，一位教作文，都亲切而严格。有一次俞先生指出我把爬山虎写成荆棘的错误，但又要我多写几篇给他看。二年级，贺麟老师教我西洋哲学史，见了我长达百页的英文读书报告不仅不皱眉，反而在班上表扬我。正是在他的指导之下，我读了不少希腊哲学家著作的英译，真有发现新星球似的喜悦。

翻译试卷 6

Multiple Choice.（100 points, 2 points each）

1. It serves little purpose to have continued public discussion of this issue.

   A. 继续公开讨论这个问题是不会有什么益处的。

   B. 继续公开讨论这个问题目的性不强。

   C. 继续公开讨论这个问题盲目得很。

2. The crowds melted away.

   A. 人群呼啦一下散了。

   B. 人群渐渐散开了。

   C. 人们各奔东西。

3. He knew he was mortally ill.

   A. 他知道他病得很重。

   B. 他知道他要死了。

   C. 他知道他得的是不治之症。

4. The explanation is pretty thin.

   A. 这个解释是相当不充实的。

   B. 这个解释站不住脚。

   C. 这个解释几乎不能令人满意。

5. The decision has to come.

   A. 决定不得不作出。

   B. 决定还没有做出。

   C. 是否决定，不得而知。

6. When they met again, each had already been married to another.

   A. 他们重新见面时，一个已是“使君有妇”，一个已是“罗敷有夫”了。

   B. 他们重新见面时，一个已是有妇之夫，一个已是有夫之妇。

   C. 他们重新见面时，每个人都已经和另外一个人结合了。

7. The train whistle tooted.

   A. 火车汽笛响了。

   B. 火车飞快开走了。

   C. 火车长笛一声，轧轧启动了。

8. It was a privilege revokable at any time on whim of the authorities.

A. 这是一种特权，官方随时都可以加以滥用。

B. 当局只要高兴，任何时候都可以阻挠这种特权。

C. 这种恩赐只要当权者心血来潮随时可以取消。

9. Mr. Billings cannot be deterred from his plan.

A. 不能阻止比林斯先生实行他的计划。

B. 比林斯先生的计划受阻。

C. 人们不能没有比林斯先生的计划。

10. Their power increased with their number.

A. 他们的力量随着数量的增长而增长。

B. 他们力量增长了，他们的人数增加了。

C. 他们人数增加了，力量也随之增强。

11. Don't cross the bridge till you get to it.

A. 到了桥边才过桥。

B. 不必自寻烦恼。

C. 准备充分以后再执行工作任务。

12. He is the last man to consult.

A. 他是最后一个值得商榷的人。

B. 商量只能由他拍板。

C. 根本不宜找他商量。

13. Stevenson was eloquent and elegant.

A. 史蒂文森慷慨大度。

B. 史蒂文森有口才，有风度。

C. 史蒂文森温文尔雅。

14. Buckley was in a clear minority.

A. 巴克利显然属于少数。

B. 巴克利明显不占优势。

C. 显然，巴克利是少数民族。

15. Into the dim clouds was swimming a crescent moon.

A. 一轮明月淹没于淡淡的云中。

B. 灰暗的云层里漂泊着一弯月亮。

C. 一钩新月渐渐隐没到朦胧的云彩里去了。

16. He remembered the incident, as had his wife.

A. 他记得这件事，像他的妻子那样。

B. 他记得这件事，他的妻子早就记起了。

C. 他和妻子一样对此事历历在目。

17. Target priorities were established there.

A. 在那里确定目标的优劣。

B. 目标有大有小，有主有次，都在那里定夺。

C. 目标的轻重缓急，孰先孰后，是在那里决定的。

18. This problem is above me.

A. 这个问题与我无关。

B. 我解决不了。

C. 事不关己高高挂起。

19. Dulles greeted me with a bemused look.

A. 杜勒斯欢迎我时，满脸是呆若木鸡的表情。

B. 杜勒斯以诙谐幽默的表情接待了我。

C. 杜勒斯接见了我，但表情很不自然。

20. It was a chilly day in early spring.

A. 这是早春二月，乍暖还寒的日子。

B. 在初春一个寒冷的日子。

C. 春日萌发，但寒气砭骨。

21. He wanted to learn,to know,to teach.

A. 他想学习，增长知识，也愿意把自己的知识教给别人。

B. 他渴望博学广闻，喜欢追根穷源，并且好为人师。

C. 他要学要懂要卖弄。

22. Tall, thin, elegant, with the air of a thorough-bred, he struck Passy as a curious mixture of a condottiere and Machiavelli.

A. 他身材修长，温文尔雅，风度翩翩。帕西从他身上得到的印象是：他居然奇妙地兼有雇佣兵那种不加掩饰的贪婪和权谋术士那种阴险狡诈，为了达到政治目的而不择手段。

B. 他身材修长，温文尔雅，风度翩翩。帕西从他身上得到的印象是：此人居然奇妙地集雇佣兵头头和权谋术士的特点于一身。

C. 他身材修长，温文尔雅，风度翩翩。帕西从他身上得到的印象是：他成了康多缇和马恰维利的奇怪的混合物。

23. I would not change my present situation for that of my accusers, to escape all that torture can inflict upon me.

A. 我不会因为我的告发者说三道四就改变了我目前的立场，以逃避能使我痛苦的各种折磨。

B. 我不会为了逃避可能加在我身上的种种苦刑而改变我目前的立场，转而采取告发我的人的立场。

C. 我不会改变我的立场，因为我的告发人的现在立场就是避免受到可能加在我身上的种种苦刑。

24. He delivered a message to Neurath, who looked unhappily down his nose.

A. 他给纽赖特一个信，纽赖特看起来很不高兴。

B. 他送给纽赖特一封信，但纽赖特不悦地朝他的鼻子看了一眼。

C. 他送给纽赖特一封信，但纽赖特沉着脸，显出不屑一顾的神气。

25. He accused the majority of the convention of cowardice and imbecility, because they did not at once take the initiative in a physical revolution.

A. 他谴责会上大多数代表懦弱无能，因为他们没有立即采取主动来掀起一场实实在在的革命。

B. 他谴责会上大多数代表懦弱无能，因为他们没有立即采取主动来掀起一场暴力的革命。

C. 他谴责会上大多数代表懦弱无能，因为他们没有立即采取主动来掀起一场物质革命。

26. His trip, incidentally, almost ended in disaster, for the plane in which he was traveling made a forced landing in marshes after engine trouble.

A. 附带地，他的这次出行差一点以灾难告终，他所乘的飞机因发动机出了故障而被迫降落在沼泽地里。

B. 这里说句题外话，他的这次出行差一点以灾难告终，他所乘的飞机因发动机出了故障而被迫降落在沼泽地里。

C. 哪承想，他的这次出行差一点以灾难告终，他所乘的飞机因发动机出了故障而被迫降落在沼泽地里。

27. He has seen little of life.

A. 他已经看透了，活着没什么意思。

B. 他只懂很少世故。

C. 他不懂什么世故。

28. The remembrance of these will add zest to his life.

A. 对于这些事情的回忆将会增加他生活的乐趣。

B. 想起这些将会增加他生活的乐趣。

C. 这些事件的回忆录将会给他的生活增添值得留恋的一面。

29. Administrative measures and words soon poured out of his office.

A. 不久，他的办公室便制定出大量措施，发出许多命令。

B. 不久，他的办公室便发出了大量措施和命令。

C. 不久，行政措施和口述文件便源源不断地从他的办公室传出来。

30. The town itself when approached across the desert is for all the world like a cinema city in the sand.

A. 当越过沙漠临近镇区的时候，镇子好似整个沙漠世界里的影视之城。

B. 我们越过沙漠飞近该镇时，该镇本身完全像一个沙漠中的电影城市。

C. 我们越过沙漠飞近该镇时，看到它活像一座为了拍电影而在沙地上搭起来的布景城市。

31. 今天，专心致志进行现代化建设的中国人民，更需要有一个长期的和平国际环境和良好的周边环境。

A. Today, the Chinese people, who are committing to their modernization, need more than ever a long-term international environment of peace and a favorable neighboring climate.

B. Today, the Chinese people, who are committed to their modernization, need more than ever a long-term international environment of peace and a favorable neighboring climate.

C. Today, the Chinese people are committing to their modernization need more than ever a long-term international environment of peace and a favorable neighboring climate.

D. Today, the Chinese people are committed to their modernization need more than ever a long-term international environment of peace and a favorable neighboring climate.

32. 相互了解，是发展国与国之间关系的前提。唯有相互了解，才能增进信任，加强合作。

A. Mutual understanding is the basis for state-to-state relations. Only with mutual understanding, it would be possible for countries to build trust in and promote cooperation with each other.

B. Mutual understanding is the basis for state-to-state relations. Without it, it would be impossible for countries to build trust in and promote cooperation with one another.

C. Mutual understanding is the basis for state-to-state relations, without it, it would be impossible for countries to build trust in and promote cooperation with each other.

D. Mutual understanding is the basis for state-to-state relations, only with mutual understanding, it would be possible for countries to build trust in and promote cooperation with one another.

33. 合营企业的一切活动应遵守中华人民共和国法律、法令和有关条例规定。

A. All activities of an equity joint venture should comply by the provisions of the laws, decrees and pertinent regulations of the People's Republic of China.

B. All activities of an equity joint venture shall abide with the provisions of the laws, decrees and pertinent regulations of the People's Republic of China.

C. All activities of an equity joint venture shall comply with the provisions of the laws, decrees and pertinent regulations of the People's Republic of China.

D. All activities of an equity joint venture should abide by the provisions of the laws, decrees and pertinent regulations of the People's Republic of China.

34. 按照《联合国海洋法公约》的规定，中国还对广阔的大陆架和专属经济区行使主权和管辖权。

A. As defined by the UN Convention on the Law of the Sea, China also exercises sovereignty and jurisdiction over the vast continental shelves and exclusive economic zones.

B. Defined by the UN Convention on the Law of the Sea, China also exercises sovereignty and jurisdiction over the vast continental shelves and exclusive economic zones.

C. China defined by the UN Convention on the Law of the Sea also exercises sovereignty and jurisdiction over the vast continental shelves and exclusive economic zones.

D. China as defined by the UN Convention on the Law of the Sea also exercises sovereignty and jurisdiction over the vast continental shelves and exclusive economic zones.

35. 做事要有毅力，不要因为事情很难或者麻烦而撒手不干。

A. Practise perseverance or never give up a thing because it is hard or inconvenient.

B. Practise perseverance and not to give up a thing because it is hard or inconvenient.

C. Practise perseverance and never give up a thing because it is hard or inconvenient.

D. Practise perseverance or not to give up a thing because it is hard or inconvenient.

36. 原文：该厂产品的主要特点是工艺精湛，经久耐用。

译文：The products of this factory are chiefly characterized by their fine workmanship and durability.

对于原文中的画线部分，译者采用的主要翻译技巧是？

A. 增词　　B. 减词　　C. 词类转换　　D. 分译法

37. It takes two to tango.

A. 一个巴掌拍不响。

B.两个人跳探戈。

C.跳探戈舞的只有两个人。

38. Jack is a tower of strength to her.

A. 杰克对她来说是一个力量之塔。

B. 杰克对她来说真可谓泰山之靠。

C. 对她来说，杰克具有很大的诱惑力。

39. My wife and I are longing to see Yan'an—Mecca in our minds.

A. 我的妻子和我正渴望去看看延安——我们头脑里的麦加。

B. 我妻子和我渴望去看看我们心中的圣地——延安。

C. 我妻子和我渴望看看延安——我们魂牵梦绕的地方。

40. Cicero's Waterloo was a woman.

A. 西塞罗的滑铁卢战役是一个女人。

B.决定西塞罗命运的是一个女人。

C. 西塞罗毁在一个女人身上。

41. Don't let yourself become envious, for envy is a sort of cancer of soul.

A. 不要让你自己变得妒忌，因为妒忌是心灵上的不治之症。

B. 不要让你自己变得忌妒，因为忌妒是一种灵魂的死敌。

C. 你自己千万别妒火中烧，因为这没什么好处。

42. He is a Napoleon of finance.

A. 他是金融界的巨头。

B. 他是金融界的一个拿破仑。

C. 他有的是钱。

43. Let every Tom, Dick and Harry in on election.

A. 让每一个汤姆、狄克和哈里过来选举。

B. 选举中给汤姆、狄克和哈里留个位置。

C. 让张三李四都参加选举。

44. In American high schools, some of the third grades have got into the evil habit of taking doses of uppers and downers.

A. 在美国的中学生中，有些三年级学生就养成了吸毒的坏习惯。

B. 在美国，有些中学三年级的学生就养成了服用兴奋剂和镇静剂的恶习。

C. 在美国的中学里，三年级的一些学生已经习惯于为人不齿的行为：吸毒，以麻醉自己。

45. I wouldn't work for that. It's chicken feed.

A. 给这点钱我不干，我才不去刨那点儿鸡食儿吃呢!

B. 为了那个，我是不会工作的，它是鸡的饲料

C. 凭什么要我干? 那点零碎活也配我干!

46. She is a lady of blue blood.

A. 她这个女士的血是蓝色的。

B. 她出身高贵。

C. 她这个女的架子挺大呀!

47. This was a view which seems to have escaped the Prime Minister.

A. 这是一种似乎已经脱离首相的观点。

B. 首相似乎没有看到这一点。

C. 这种观点似乎与首相没有任何关系。

48. Some of the slang baffled him.

A. 有些俚语阻碍了他。

B. 有些方言使他困惑不解。

C. 有些行话他听不懂。

49. Words failed me.

A. 我说不出话来。

B.话语失去了我。

C.我说的话失效了。

50. The name slipped from my memory.

A. 这个名字从我的记忆中滑走了。

B. 我一时想不起这个名字。

C. 这个名字我从来没有记过。

翻译试卷 7

I. 选择最佳译文。（每题 1 分，共 10 分）

1. Each was in the highest sense a providential man raised up for his era, and filled with those eminent qualities that enabled him to do the great work of the hour.
   A. 他们都是为各自时代造就的地地道道天降大任的人物，都具有成就当时辉煌的事业的杰出才德。
   B. 他们都是为各自时代造就的最高意义上的天降大任的人物，都具有成就当时辉煌的事业的杰出才德。
   C. 他们都是为各自时代造就的地地道道天意的人物，都具有成就当时辉煌的事业的杰出才德。
   D. 他们都是为各自时代造就的地地道道天降大任的人物，充满了成就那一个小时的事业的杰出才德。
2. It is a long crack in the earth that stretches from Southern to Northern California.
   A. 这个断层是一条地球里的裂缝，贯穿加利福尼亚南北。
   B. 这个断层是一条地下裂缝，从加利福尼亚南部延伸到北部。
   C. 这个断层是一条地下裂缝，纵贯加利福尼亚南北。
   D. 它是一条地下裂缝，从加利福尼亚南部延伸到北部。
3. The sound of their fiddles is like the twittering of sparrows. And they are all in debt to the grocer!
   A. 他们的小提琴声宛如鸟雀的啁啾。他们人人都欠杂货铺老板的债!
   B. 他们的小提琴声宛如鸟雀的啁啾。而且他们人人都欠杂货铺老板的债!
   C. 他们的小提琴声宛如鸟雀的啁啾。况且他们人人都欠杂货铺老板的债!
   D. 他们的小提琴声宛如鸟雀的啁啾。可是他们人人都欠杂货铺老板的债!
4. American adults once placed Jordan fifth on a list of all-time “most respected news-makers”.
   A. 美国成年人一度把他排列在有史以来“最受尊敬的新闻界名人”名单中的第五位。
   B. 美国的成年人一度把他排列在有史以来“最受尊敬的新闻人物”名单中的第五位。
   C. 美国的成年人一度把他排列在一切时间的“最受尊敬的新闻制造商”名单中的第五位。
   D. 美国的成年人一度把他排列在“最受尊敬的专职新闻人物”名单中的第五位。
5. Of the 700 proposals submitted in a design competition, Gustave Eiffel’s was unanimously

chosen.

A. 铁塔设计竞赛中交来的设计700份建议中，古斯塔夫·埃菲尔的被一致选定了。

B. 在铁塔的设计竞赛中，交来的设计方案达700份，结果一致选定的是古斯塔夫·埃菲尔的方案。

C. 在铁塔的设计竞赛中交来的700个建议中，结果一致选定的是古斯塔夫·埃菲尔的建议。

D. 人们在铁塔的设计竞赛中交来的700份方案中一致选定了古斯塔夫·埃菲尔的。

6. 古城为1671年大火焚毁，现已辟为旅游地和高级住宅区。

A. Burned down in the 1671 fire, the Ancient City has been developed into a tourist resort and luxury residential district.

B. Burned down in the 1671 fire, the Ancient City has been developed into a tourist place and high-grade residential district.

C. The Ancient City was burned down in the 1671 fire, has been developed into a tourist resort and luxury residential district.

D. The Ancient City, burned down in the 1671 fire, has been developed into a tourist resort and high-ranking living district.

7. 只因你父亲亡后，我一个寡妇人家，只有出去的，没有进来的。

A. But since your father died and I a widow, have had nothing coming in, only going out.

B. But since your father died, I a widow, I have had nothing coming in.

C. But since your father died and I am a widow, I have had nothing coming in.

D. But since your father died and left me a widow, I have had nothing coming in.

8. 龙船过寨，鸣放铁炮传告亲友。

A. When they approach a village, fire guns to inform their friends and relatives.

B. When they go through a village, guns are fired to announce their arrival.

C. When they pass a village, guns are fired to spread the news to their friends and relatives.

D. When they approach a village, guns are fired to announce their arrival.

9. 在过去的50多年里，由于体育工作者和运动员的共同努力，体育运动取得了可喜的成绩。

A. With the concerted trying of sports organizers and athletes, gratifying achievements have been made in physical culture and sports in the past more than 50 years.

B. With the concerted efforts of sports organizers and athletes, gratifying achievements have been made in physical culture and sports in the past 5 decades.

C. Owing to the concerted efforts of sports organizers and athletes, physical culture and sports have made gratifying achievements in the past 5 decades.

D. The concerted efforts of sports organizers and athletes have made gratifying achievements in physical culture and sports in the past over 50 years.

10. 朱镕基说……布什总统最近两次访华都很成功，你这次在上海和江泽民谈得也很好。

A. Zhu noted that..., pointing to George W. Bush's two visits to China had been successful and Bush's valuable conversation with Chinese President Jiang Zemin in Shanghai.

B. Zhu noted that..., pointing to George W. Bush's two successful visits to China and your conversation with Chinese President Jiang Zemin in Shanghai had been valuable.

C. Zhu noted that..., pointing to George W. Bush's two successful visits to China and Bush's valuable conversation with former Chinese President Jiang Zemin in Shanghai.

D. Zhu noted that..., pointing to that George W. Bush's visits to China had been successful and to that Bush's conversation with Chinese President Jiang Zemin in Shanghai had been valuable.

II. 翻译下列短语。（每题 1 分，共 10 分）

1. magnetically levitated train ______________________________
2. wireless fidelity ______________________________
3. visual pictures and literature ______________________________
4. blue agriculture ______________________________
5. communication satellite ______________________________
6. 作出全面部署 ______________________________
7. 新形势下党的建设 ______________________________
8. 政治体制改革 ______________________________
9. 关系群众切身利益的问题 ______________________________
10. 战胜一系列重大挑战 ______________________________

III. 将适当的词语填在译文中。（每题 1 分，共 10 分）

1. The dialogue was printed on the movie screen.

对白__________________在银幕上。

2. Abraham Lincoln, sixteenth president of the United States, was born in Kentucky in 1809, and died in Washington in 1865, the day after he had been shot by a Southern sympathizer.

亚伯拉罕·林肯是美国第 16 任总统，1809 年出生于肯塔基州，1865 年遭一名南方邦联拥护者______________，第二天逝世于华盛顿。

3. As I passed its threshold, it seemed like stepping back into the regions of antiquity, and

losing myself among the shades of former ages.

我跨进大门，觉得自己已经置身远古，消失于古人的______________之中了。

4. These women and the neurotic women of cities belong to different worlds.

这些女人和都市里______________的女子属于两个不同的世界。

5. He is most famous as the face of Nike, the athletics shoe and clothing company whose products he has endorsed for the past decade.

众所周知，他是耐克公司——生产运动鞋和运动服的公司——的______________，过去10 年一直为该公司做宣传。

6. 游船出了峡谷，驶入了宽阔的加通湖。湖水倒映着远山白云，美丽的小岛时隐时现。

The boat sailed out of the gorge and into the wide Gatún Lake, with white clouds and distant hills reflected in it and pretty isles______________.

7. 或遇秦家煮些腌鱼腊肉给他吃，他便拿块荷叶包了来家，递与母亲。

Whenever the Qins gave him salted fish or meat, he would______________and take it to his mother.

8. 除时间不同外，一般不举行竞赛……

It is celebrated on a different date from that of the Hans'（...）, and generally does not ____________________a dragon boat race...

9. 有受伤的球员，扶下场时，大家也喊着"呼声"祝贺他，安慰他。

Whenever a player of their side was injured and helped out of the football field, they would also yell by way of______________and comforting him.

10. 经工作了解，本届灯展于 1 月 31 日开展后，每日约有 2000 名群众前往游园观灯，现场秩序良好。

Work in this connection______________that, since the show began on Jan. 31, order had been good there with 2000 or so visitors each day.

IV. 修改下列句子的译文。（每题 1 分，共 10 分）

1. In 1928, Walt Disney's Mickey Mouse was first seen in the cartoon, Steamboat Willy.

1928 年，瓦尔特·迪斯尼的米老鼠在卡通片《威利号轮船》中首次被看见。

____

2. He is...nearer the hearts of all Americans because he sprang from the ranks of the common people, and rose from the log hut of birth to the White House.

他出身老百姓，出生时住圆木小屋，却终于入主白宫，所以美国人民的心跟他更亲近。

____

3. Ten pounds for five months' hard work in another man's fields!

在人家地里苦干五个月就得了十英镑！

---

4. As his fortune grew he put money back into the community, creating a foundation to fund athletics facilities and other projects for children from the inner city of Chicago, his adopted home.

他财富愈来愈多，便把钱回报给社会，打下了基础，为他的第二故乡芝加哥内城的儿童们资助运动设施与其他项目。

---

5. The Prince of Wales, later King Edward VII of England, opened the tower.

威尔士亲王，即后来英国的爱德华七世国王，打开了铁塔。

---

6. 这样，船已高出海平面 26 米，进入“桥顶”。

In this way, the boat was now 26 meters above sea level, had got onto the “top of the bridge” .

---

7. 就这样，梅兰芳的眼睛变得越来越有神，为日后演戏奠定了基础。

In this way, his eyes became brighter and brighter, and laid a good foundation for his acting in days to come.

---

8. 狮子峰好像是上苍的杰作，有“天然图画”“面面受奇”的石刻……

Shizi Peak looks like a masterpiece created by Heaven himself, and there are stone inscriptions like “nature’s painting” and “wonders on every side” ...

---

9. 入场券卖每人美金二元，但看的人竟有几千人之多。

Though admission sold as much as two US dollars per person, yet there was a large attendance of several thousand.

---

10. 朱镕基欢迎布什再次访华，对他多年来对中美关系的关心和支持表示赞赏。

Zhu welcomed Bush to visit China again, and voiced his appreciation for Bush’s care and support for the development of Sino-US relations in the past.

____

____

V. **填空。（每题 1 分，共 10 分）**

1. 翻译是作为跨语交际的中间环节的，以语言符号转换为手段，以原文功能、内容与风格尽可能完整的传达为______________的言语、思维活动。

2. 翻译的过程就是“理解—表达”或曰“分析—转换—______________”周而复始的循环过程。

3. The winds from the east go tearing round the mountains like forty thousand devils 译为“东边刮来的狂风像千万个妖魔在山间奔腾”，其中的 the winds from the east 不译为“东风”，在原文中的主要依据是______________。

4. 英汉语在句法上最重要的一个差别在于英语重______________，汉语重意合。

5. Frequently, he would spend days alone, on these hunting expeditions, sleeping outside, and eating small game he had killed. 译为“他往往独自外出打猎，一连几天，在野外露宿，以打到的小野味充饥。”其中 eating 译为“充饥”，是根据他在野外饮食无规律这一特殊情况而使用的______________化译法。

6. Key a1-Qaeda officials were present in the fortified Shah-i-Kot caves of this region just before the recent US attacks. 译为“就在美国不久前发动攻击之前，‘基地’组织一批重要官员曾出现在沙希库特地区坚固的洞穴中。”其中“一批”，跟 hills 译为“群山”中的“群”一样，是翻译英语名词的______________概念的一种方法。

7. “布什一行是应中国人民对外友好协会邀请来华访问的。”译为“Bush and his party are in China as guests of the Chinese People’s Association for Friendship with Foreign Countries.”着眼点从对过去事件的回顾转到对目前情况的描述，用的是“______________转换”法。

8. 翻译的时候，除了传达原句所说的事情，还必须准确传达说话者的____________。

9. “——我的植物教习罗里教授就坐在我的附近，——也拼命地喊着助威的‘呼声’！我心里更不明白了！”译为“I was very surprised to see my professor of botany, Mr. Rolly, who happened to sit nearby, also shouting frantically.”原文按时间顺序一件件事情讲来；译文却先讲自己的反应（I was very surprised），以不定式引出反应的原因（to see my professor of botany），再以 who 引出这位教授在哪里（who happened to sit nearby），再以分词讲他正在干什么（also shouting frantically），这样层层嵌入。这是说明英语多用“葡萄式”结构、汉语多用“______________”结构的一个例子。

10. 翻译单位就是原语在译语中能找到______________的最小单位。

VI. 翻译下列句子。（每题 1 分，共 10 分）

1. Hollywood still attracts people with its magic, but not many movies are made in Hollywood today.

____

____

2. They suggest that the local population—who will be crucial in any campaign to rout out al-Qaeda from this harsh and formidable mountain range—is feeling torn between the US and their Muslim brothers who are calling them to join in a jihad against the dominance of infidels.

____

____

3. 这样连升两级之后，船已经升高了 16 米。

____

____

4. 梅兰芳知道那人另有企图，接过支票后看也不看，就划了根火柴把它烧了。

____

____

5. 西海群峰千姿百态，云雾缥缈、万壑深渊，似有群仙游荡，变幻莫测。

____

____

VII. 翻译下列短文画线部分。（每题 20 分，共 40 分）

A.

Whoever has made a voyage up the Hudson must remember the Kaatskill mountains. They are a dismembered branch of the Appalachian family, and are seen away to the west of the river, swelling up to a noble height and lording it over the surrounding country. Every change of season, every change of weather, indeed, every hour of the day, produces some change in the magical hues and shapes of these mountains, and they are regarded by all the good wives far and near as perfect barometers. When the weather is fair and settled, they are clothed in blue and purple, and print their bold outlines on the clear evening sky; but sometimes when the rest of the landscape is cloudless, they will gather a hood of gray vapors about their summits, which, in the last rays of the setting sun, will glow and light up like a crown of glory.

At the foot of these fairy mountains, the voyager may have descried the light smoke curling up from a village whose shingle-roofs gleam among the trees just where the blue tints of the upland melt away into the fresh green of the nearer landscape. It is a little village of great antiquity, having been founded by some of the Dutch colonists in the early times of the province, just about the beginning of the government of the good Peter Stuyvesant (may he rest in peace!) , and there were some of the houses of the original settlers standing within a few years, built of small yellow bricks brought from Holland, having latticed windows and gable fronts, surmounted with weather-cocks.

B.

徐霞客一生周游考察了十六个省，足迹几乎遍及全国。他在考察的过程中，从来不盲目迷信书本上的结论。他发现前人研究地理的记载有许多很不可靠的地方。为了进行真实细致的考察，他很少乘车坐船，几乎全靠双脚翻山越岭，长途跋涉；为了弄清大自然的真相，他总是挑选道路艰险的山区，人迹稀少的森林进行考察，发现了许多奇山秀景；他常常选择不同的时间和季节，多次重游各地名山，反复观察变换的奇景。

翻译试卷 8

I. 用直译法翻译下列习语。（每小题 1 分，共 10 分）

1. eye for eye, tooth for tooth ______
2. Strike while the iron is hot. ______
3. to show one's cards ______
4. to kill two birds with one stone ______
5. to shed crocodile's tears ______
6. shuttle diplomacy ______
7. Misfortunes never come singly. ______
8. to meet one's Waterloo ______
9. a drop in the ocean ______
10. Example is better than precept. ______

II. 用意译法翻译下列习语。（每小题 1.5 分，共 15 分）

11. to shed crocodile's tears ______
12. to meet one's Waterloo ______
13. at one single stroke ______
14. the stitch in time ______
15. to break the ice ______
16. illusory joy ______
17. to take a French leave ______
18. to leave no stone unturned ______
19. as poor as a church mouse ______
20. to eat no fish ______

III. 根据括号里的要求翻译句子。（每小题 3 分，共 30 分）

21. He favored the efforts to improve relations with all peace-loving countries.（增译法）

______

______

22. The supervisor urged the easing of tensions between them.（增译法）

______

______

23. When the students finished all the books they had brought, they opened the lunch and ate it.（省译法）

24. Like charges repel each other while opposite charges attract.（省译法）

25. A glance through his office window offers a panoramic view of the Washington Monument and Lincoln Memorial.（转换法）

26. Careful comparison of them will show you the difference.（转换法）

27. 我们上星期天在她家尽情地吃了一顿。（语序调整）

28. 许多代表在本届人大会上（at the current session of the National People's Congress）激动地说："我们从来没有看见过这样光明的前途。"（语序调整）

29. 蜗轮传动（worm gear drives）没有噪音，没有振动，而且非常紧凑（compact）。（反译法）

30. 我们在做实验时越小心越好。（反译法）

IV. 翻译下列长句。（每题 5 分，共 15 分）

31. Courage in excess may become foolhardiness; prudence cowardice; thrift avarice; and tolerance weakness.

32. History makes men wise; poetry witty; the mathematics subtle; natural philosophy deep; moral grave; logic and rhetoric able to contend.

33. 蚯蚓把枯叶、杂草及落花拖进它们的洞穴，当这些枯叶、杂草落花腐烂以后，就使得土壤更加肥沃。

V. 翻译下列段落。（每题 15 分，共 30 分）

34. It may be that I am a pessimist, for spring it is, not autumn, that makes me sad. Spring has always rightly been identified with youth, and the sorrows of youth are poignant bitter. The daffodils which challenge so proudly and splendidly the boisterous March winds are soon shriveled and defeated, limply wrinkling to remind us of the inevitable ravages of time. The world is urgent with bursting life, with the wild exciting beauty of youth, but it is an impetuous beauty of scenes racing impatiently into the florid and surfeited luxury of summer. Here is no comfort and fulfillment, only passionate creation of transitory delight.

35. “我一看见他就喜欢上了他！”“她甚至还没有开口说一个字，我就知道她很有趣。”此类叙述（statements）就是“快速判断”（snap judgments）的例子，也就是迅速形成表面看来根本没有充分理由的（on no sound reason）判断。多数人说这种快速判断是不可靠的，甚至是危险的。但他们也承认他们常常会作出快速判断，并且发现这些判断是相当合理的（sound）。

翻译试卷 9

I. Multiple Choice Questions (30 points, 2 points each)

A. Directions: This part consists of ten sentences, each followed by four different versions marked A, B, C and D. Choose the one that is the closest equivalent to the original in terms of meaning and expressiveness.

1. For Britain our membership of the European Union and the World Trade Organization has brought this home.

A. 对英国来说，我们的欧盟成员和世界贸易组织成员身份把这带到了家。

B. 对英国来说，我们参加欧盟和世界贸易组织把我们送到了家。

C. 对我们英国来说，我们参加欧盟和世界贸易组织的经历使我们对这一点深有感触。

D. 对我们英国来说，我们的欧盟成员和世界贸易组织成员身份使我们如鱼得水。

2. So now he contrived an eager, ingratiating smile, which he bestowed on Mr. Squires.

A. 因此他就装出急切的、迷人的笑，并投向史奎尔先生。

B. 因此他就装出殷切的、拍马的笑，并把这笑赠予史奎尔先生。

C. 因此他就对史奎尔先生装出一副殷勤、讨好的笑脸。

D. 因此他就给史奎尔先生设计了一副殷勤、讨好的笑脸。

3. "People disappear in that river every year," one of the policemen said to me that afternoon, half in dismay, half in frustration.

A. "这条河里年年都有人消失，" 当天下午警察中的一个以一种无可奈何的神气沮丧地对我说。

B. "这条河里年年都要死人，" 当天下午一个警察半是沮丧，半是失意地对我说。

C. "这条河里年年都要死人，" 当天下午一个警察以一种无可奈何的神情沮丧地对我说。

D. "年年都有人消失在这条河里，" 当天下午警察中的一个半是沮丧，半是失意地对我说。

4. As recently as the early 1960s, the phrase "environmental law" would probably have produced little more than a puzzled look, even from many lawyers.

A. 早在六十年代初，"环保法" 这个词儿甚至会使许多律师感到纳闷。

B. 早在六十年代初，"环保法" 这个词儿很可能会在人们的脸上引起纳闷的表情，甚至许多律师也是这样。

C. 就在六十年代初，甚至连许多律师接触到 "环保法" 这个词儿，大半也只会感到纳闷而已。

D. 早在六十年代初，“环保法”这个词儿很可能会在人们的脸上，甚至许多律师的脸上，引起纳闷的表情。

5. On behalf of all of your American guests, I wish to thank you for the incomparable hospitality for which the Chinese people are just famous throughout the world.

A. 我谨代表你们所有的美国客人向你们的无可比拟的盛情款待表示感谢。中国人民以这种盛情款待而闻名世界。

B. 我谨代表你们所有的美国客人向你们表示感谢，感谢你们的无可比拟的盛情款待。中国人民以这种盛情款待而闻名世界。

C. 我谨代表你们所有的美国客人向你们表示感谢，感谢你们的闻名世界的无可比拟的盛情款待。

D. 我谨代表你们所有的美国客人感谢你们的无可比拟的盛情款待。中国人民以这种盛情款待而闻名世界，果然名不虚传。

6. Bill was given a chair and asked to wait a little as darkness came on, then suddenly the whole bridge was outlined in lights.

A. 天快黑了，有人给比尔一把椅子，请他坐下等一会儿。忽然电灯全亮了，整座大桥的轮廓被灯照了出来。

B. 给比尔一把椅子，他被要求坐下等一会儿，天快黑了。忽然电灯全亮了，照出了整座大桥的轮廓。

C. 天快黑了，有人给比尔一把椅子，请他坐下等一会儿。忽然电灯全亮了，照出了整座大桥的轮廓。

D. 给比尔一把椅子，他被要求坐下等一会儿，天快黑了。忽然电灯全亮了，整座大桥的轮廓被灯照了出来。

7. 他们要求惩办卖国贼曹汝霖、陆宗舆、章宗祥，并火烧了曹宅，痛打了章宗祥。

A. They called for punishment to be meted out to the traitors Cao Rulin, Lu Zongyu and Zhang Zongxiang. They set fire to Cao's residence. They beat up Zhang.

B. Calling for punishment to be meted out to the traitors Cao Rulin, Lu Zongyu and Zhang Zongxiang, and setting fire to Cao's residence, they beat up Zhang.

C. They called for punishment to be meted out to the traitors Cao Rulin, Lu Zongyu and Zhang Zongxiang, set fire to Cao's residence and beat up Zhang.

D. They called for punishment to be meted out to the traitors Cao Rulin, Lu Zongyu and Zhang Zongxiang. They set fire to Cao's residence and beat up Zhang.

8. 梵蒂冈就在圣彼得教堂附近，是罗马教皇的宫殿，这是一个国中之国。

A. Vatican is near to St. Peter's. It is the palace of the Pope in Rome. It is a country within a country.

B. Standing beside St. Peter's, Vatican, the palace of the Pope in Rome, is a country within a country.

C. Vatican which stands in the neighborhood of St. Peter's is the palace of the Pope in Rome and is a country within a country.

D. Not far from St. Peter's was the Vatican, the palace of the Pope in Rome, constituting a country within a country.

9. 演员们唱完戏还要各自找点活干，有人拉排子车，有人卖破烂，卖烟卷，当小工，拾烟头是普遍现象。

A. After singing they would find other work to do. Some pulled handcarts, some sold junk or sold cigarettes, and others hired themselves out as coolies or cigarette stubs collectors.

B. After acting they had to find other work. Some pulled handcarts, some sold junk or cigarettes, and others hired themselves out as coolies, or collected cigarette stubs.

C. Apart from acting they had to find other work. Often they pulled handcarts, sold junk or cigarettes, hired themselves out as coolies, or collected cigarette stubs.

D. After singing the opera they would find other work for themselves to do. They hired themselves out as carters, junk or cigarette sellers, coolies or cigarette stubs collectors.

10. 相互了解是发展国与国之间关系的前提。唯有相互了解，才能增进信任，加强合作。

A. Mutual understanding is the precondition for international relations. Only with it, it would be possible for countries to build trust and promote cooperation with one another.

B. International relations are preconditioned by mutual understanding with which it would be possible for countries to build trust and promote cooperation with each other.

C. Mutual understanding is the basis for state-to-state relations. Without it, it would be impossible for countries to build trust and promote cooperation with one another.

D. Mutual understanding is the basis for state-to-state relations, without which it would be impossible for countries to build trust and cooperation with one another.

B. Directions: This part consists of five unfinished statements, each followed by four choices marked A, B, C and D. Select the one that best completes each statement.

11. 翻译的基本功在汉译英中主要是指，（1）拼法正确，（2）合乎用法，（3）______。

A. 句子平稳　　B. 语法正确　　C. 修辞准确　　D. 熟悉习语

12. 我国近代翻译理论中最有影响的，要算________提出的“信、达、雅”了。

A. 鲁迅　　B. 茅盾　　C. 严复　　D. 林纾

13. “以效果而论，翻译应当像临画一样，所求的不在形似而在神似。”是________的观点。

A. 傅雷　　B. 茅盾　　C. 朱光潜　　D. 王佐良

14. ________认为，“如果所有的语言形式不同，译者要保存内容，自然就必须改变形式”。

A. 费道罗夫　　B. 奈达和泰伯　　C. 泰特勒　　D. 巴尔胡达罗夫

15. 文学作品中，对话往往占很大比例。对话一般用口语体，与叙述部分使用的语言不同。翻译时，要注意________。

A. 心理描写　　B. 文体差别　　C. 运用反译　　D. 运用直译

II. Phrase Translation.（**20 points, 1 point for each**）

A. Directions: Put the following phrases into Chinese.

16. Industrial Revolution ________________

17. VIP ________________

18. commercial agriculture ________________

19. per capita GNP ________________

20. whet the appetites ________________

21. insinuate oneself into sb's good grace ________________

22. from antiquity ________________

23. in unison ________________

24. turn one's back on ________________

25. environmental law ________________

B. Directions: Put the following phrases into English.

26. 年均增长率 ________________

27. 手语 ________________

28. 深重的民族危机 ________________

29. 中国新民主主义革命 ________________

30. 中低产田 ________________

31. 瓢泼大雨 ________________

32. 不可抗力 ________________

33. 内陆水域 ________________

34. 畜产品 ________________

35. 国际海洋年 ____________________

III. Translation Improvement .（20 points, 2 points each）

Directions: Each of the following translations has one or more inadequacies. Improve the given translations.

36. 原文：Anger and bitterness had preyed upon me.

原文：愤怒和痛苦捕捉了我。

改译：____________________

37. 原文：I tried vainly to put the broken pieces together.

原译：我徒然地试图把这些碎片拼在一起。

改译：____________________

38. 原文："Oh yes, you're right. I'd forgotten it in the middle of all my excitement."

原译："哦，是啦，你讲对了。我在这一阵激动之中把它给忘了。"

改译：____________________

39. 原文：Some families would sell out for nearly nothing and move away.

原译：有几户人家变卖了田地房屋，几乎不要一分钱，迁到别处去了。

改译：____________________

40. 原文："Gruss Gott, Graulein Maria," six voices echoed in unison. Six perfect bows followed.

原译："玛丽亚小姐，您好！"六个声音齐声说道。接着是一本正经的六个躬。

改译：____________________

41. 原文：To protect the whale from the cold of the Arctic seas, nature has provided it with a thick covering of fat called blubber.

原译：大自然为了保护鲸鱼，使它不致在北冰洋受冻，便给它提供了厚厚的一层脂肪，叫鲸脂。

改译：____________________

42. 原文：这个文化运动，当时还没有可能普及到工农群众中去。

原译：At that time this cultural movement was not yet possible to become widely diffused among the workers and peasants.

改译：____________________

43. 原文：有一年的冬初，四叔家里要换女工，做中人的卫老婆子带她进来了。

原　译：Early one winter, my uncle's family wanted a new maid, Old Mrs. Wei the go-between brought her along.

改译：____________________

44. 原文：在文化上，要积极建设面向现代化、面向世界、面向未来的，民族的科学的大众的社会主义文化。

原译：Culturally, we will work hard to develop a socialist culture that is national, scientific and popular, a culture that is faced to modernization, to the world and to the future.

改译：______________________________

45. 原文：合营企业的有关外汇事宜，应遵照中华人民共和国外汇管理条例办理。

原译：An equity joint venture shall handle its foreign exchange affairs in accordance with the regulations on foreign exchange control of the People's Republic of China.

改译：______________________________

IV. Paragraph Translation.（30 points）

A. Directions: Translate the following passage into Chinese.（20 points）

46. Vegetable oil has been known from antiquity. No household can get on without it, for it is used in cooking. Perfumes may be made from the oils of certain flowers. Soaps are made from vegetable and animal oils.

Two metal surfaces rubbing together cause friction and heat;but if they are separated by a thin film of oil, the friction and heat are reduced. No machine would work for long if it were not properly lubricated. The oil used for this purpose must be of the correct thickness;if it is too thin it will not give sufficient lubrication, and if it is too thick it will not reach all parts that must be lubricated.

____

____

____

____

____

B. Directions: Translate the following passage into English.（10 points）

47. 她不很爱说话，别人问了才回答，答的也不多。直到十几天之后，这才陆续地知道她家里还有严厉的婆婆；一个小叔子，十多岁，能打柴了；她是春天没了丈夫的；他本来也打柴为生，比她小十岁，大家所知道的就只是这一点。

____

____

____

____

____

翻译试卷 10

I. Multiple Choice.（30 points, 2 points each）

A. Directions: This part consists of ten sentences; each followed by four different versions marked A, B, C, D. Choose the one that is the closest equivalent of the original in terms of meaning and expressiveness.

1. There are three main groups of oils: animal, vegetable and mineral.

A. 油可以分为三大类：动物油、植物油、矿物油。

B. 油可以分为三组：动物油、植物油、矿物油。

C. 油可以分为三组：动物、植物、矿物油。

D. 油有三大类：动物油、植物油、矿物油。

2. No other country is so dependent on a single lifeline. Egypt's very soil was born in the Nile's annual flood.

A. 任何别的国家都不像埃及这样依赖着唯一的一条生命线。埃及的非常之土地也是尼罗河洪水每年泛滥而带来的。

B. 任何别的国家都不像埃及这样依赖着简单的一条生命线。埃及的土地是尼罗河洪水每年泛滥而带来的。

C. 任何别的国家都不像埃及这样依赖着唯一的一条生命线。就连埃及的土地也是尼罗河洪水每年泛滥而带来的。

D. 任何别的国家都不像埃及这样依赖着唯一的一条生命线，其土地是尼罗河洪水每年泛滥而带来的。

3. His air of complete self-assurance and somewhat lordly bearing would have frightened me, had it not been for his warm and hearty handshake.

A. 他和我握手的时候是那样热情，那样真挚，要不然他那十分自信的神气和略为高傲的派头真会使人害怕。

B. 他和我握手的时候是那样热情，那样真挚，要不然他那十分自信的神气和略为高傲的派头真会使我害怕。

C. 要不是和他热情真挚的握手，他那十分自信的神气和略为高傲的派头真会使我害怕。

D. 他和我握手，热情，真挚，他那十分自信的神气和略为高傲的派头不会使我害怕。

4. Two little boys in particular caught our attention.

A. 两个小男孩特别注意我们。

B. 两个特别的小男孩子尤其引起我们的注意。

C. 两个穿着特别的小男孩尤其引起我们的注意。

D. 两个小男孩尤其引起我们的注意。

5. Two hundred pounds of muscle and sinew, created by hard work and clean living had melted to a hundred and sixty-odd; his former clothing flagged about him.

A. 他的体重曾经重达二百磅，但辛勤地干活加上清贫的生活，使他消瘦下去，只剩下一百六十多磅，过去的衣服穿在身上显得又肥又大。

B. 他的体重曾经重达二百磅，但辛勤地干活加上清贫的生活，使他的肌肉和肌腱只剩下一百六十多磅，过去的衣服穿在身上显得又肥又大。

C. 辛勤地干活加上规矩的生活，使他的体重曾经重达二百磅。可这一身筋肉后来消瘦下去，只剩下一百六十多磅，过去的衣服穿在身上显得又肥又大。

D. 辛勤地干活加上规矩的生活，使他的体重从二百磅减少到一百六十多磅。过去的衣服穿在身上像旗子一样逛逛荡荡的。

6. 申请工作时，有工作经验的优先录取。

A. When applying for a job, those who had worked at a job would receive preference over the ones who had not.

B. When apply for a job, who had worked at a job would receive preference over who had not.

C. When apply for a job, those who had worked at a job would receive preference over the ones who had not worked.

D. When applying for a job, those who had worked at a job would receive preference over who had not worked.

7. 经理是否要参加会议还不知道，但是，我们希望他参加。

A. We will not yet know whether the manager will attend the meeting, but it is hoped he will.

B. We will not yet know whether the manager will attend the meeting, but will hope so.

C. It will not yet know whether the manager will attend the meeting, but hope to attend.

D. It is not yet known whether the manager will attend the meeting, but we hope he will.

8. 人们似乎在追求金钱方面毫无休止。

A. Man seems unsatisfied in the pursuit of money.

B. Man never stops in the pursuit of money.

C. Man goes on the pursuit of money.

D. Man seems unsatisfied in the money.

9. 共有1500多处旅游娱乐景观资源，适合发展海洋旅游业。

A. All together more than 1,500 tourism, scenic and recreational spots are favorable for developing marine tourism.

B. More than 1,500 tourism, scenic and recreational spots are suitable for developing marine tourism.

C. There are more than 1,500 tourism, scenic and recreational spots favorable for developing marine tourism.

D. There are more than 1,500 tourism, scenic and recreational spots for developing marine tourism.

10. 我必须承认，我的时间和精力似乎越来越少了。

A. I should not deny that my time and energy running short.

B. I must admit that my time and energy seem to be running short.

C. I must say that I have fewer time and energy.

D. I must admit that few time and energy.

B. Directions: This part consists of five unfinished statements; each followed by four choices marked A, B, C, D. Choose the one that best completes each statement.

11. 狭义上下文可以分为________。

A. 句法上下文和词汇上下文　　B. 段落上下文和语义上下文

C. 句子范围和语言单位　　D. 句子范围和语言环境

12. ________的差异可以说是我们在汉译英方面研究的主要内容。

A. 句子结构　　B. 词性转换　　C. 文化差异　　D. 语法

13. 所谓翻译，是翻译________，而不是翻译________。

A. 语句，意思　　B. 意思，词句

C. 词句，段落　　D. 段落，词句

14. 英语不喜欢重复，如果一句话里或相连的几句话需要重复某个词语，则用______来代替，或以其他手段避免重复。

A. 名词　　B. 动词　　C. 连词　　D.代词

15. 就句子结构而言，一般说来，________。

A. 汉语多用并列结构，英语也多用并列结构

B. 汉语多用并列结构，英语多用主从结构

C. 汉语多用主从结构，英语也多用主从结构

D. 汉语多用主从结构，英语多用并列结构

II. Word and Phrase Translation.（20 points, 1 point each）

A. Directions: Put the following phrases into Chinese.

16. Industrial Revolution ______________________
17. legal title ______________________
18. popular science ______________________
19. mineral deposit ______________________
20. court of appeals ______________________
21. physical agriculture ______________________
22. sunshine policy ______________________
23. application research ______________________
24. knowledge management（KM）______________________
25. noise pollution ______________________

B. Directions: Put the following phrases into English.

26. 版权 ______________________
27. 中国强制认证 ______________________
28. 沿海地区 ______________________
29. 经济改革 ______________________
30. 和平共处 ______________________
31. 花坛 ______________________
32. 散文集 ______________________
33. 休闲农业 ______________________
34. 高等教育 ______________________
35. 转基因食品 ______________________

III. Translation Improvement.（20 points, 2 points each）

A. Directions: Each of the following translations has one or more inadequacies. Improve the given translations.

36. 原文：I'm filled with wonder when I consider the immeasurable contrast between the two lives which it connects.

原译：当我想到我的生活因它所联系的而变得无法比较，我就感到非常兴奋。

改译：______________________

37. 原文：Two things are outstanding in the creation of the English system of canals.

原译：在创建英国运河体系的过程中，有两件事是非常突出的。

改译：____

38. 原文：The first great rush of population to the far west was drawn to the mountainous regions.

原译：大规模迁往极西地带的移民，被驱赶到山区。

改译：____

39. 原文：Yet the Nile has been changed by modern man in ways not yet fully understood.

原译：然而现代的人们用连他们自己也不完全清楚的方法改变了尼罗河。

40. 原文：Arbitration will take place in Beijing in case no agreement can be reached through consultation.

原译：如果不能通过协商解决的话，仲裁将在北京发生。

改译：____

B. Directions: Each of the following English translations has one or more inadequacies. Improve the given translation.

41. 原文：这几年来，我因行动不便，整天过着“井蛙”的无聊生活。

原译：In recent years, unable to move easily, I have a dull life like that of “a well frog” the whole day.

改译：____

42. 原文：早晨去喊嗓子，我带着一个小篮拾煤核，为了回家取暖。

原译：Each morning when I practised my throat, I took a little basket to scrounge for cinders for our stove.

改译：____

43. 原文：工头就说：“没号了！没号了！”

原译：The foreman would say, “No more numbers! No more numbers!”

改译：____

44. 原文：鼓励外国合营者将可汇出的外汇存入中国银行。

原译：A foreign joint venturer shall be encouraged to deposit the foreign exchange in the Bank of China which is entitled to remit abroad.

改译：____

45. 原文：中国需要进一步了解美国，美国也需要进一步了解中国。

原译：China needs to know the United States better, and the United States needs to know China better too.

改译：____

IV. Paragraph translation .（30 points）

A. Directions: Translate the following passage into Chinese.（15 points）

46. It was a fine day in early spring. Bright sunshine flooded the street where a group of boys in Sunday clothes were playing ball. In most of the tenements the windows were up. Clean-shaven men in collarless shirts or in underwear, women with aprons or sloppy pink wrappers leaned on the sills and gazed with aimless interest at the street, the sky, those who were passing below. Thus they would spend most of every Sunday morning through the coming summer and now, in the first flush of mild weather, they had already taken up their posts.

B. Directions: Translate the following passage into English.（15 points）

47. 中国各族人民坚决贯彻改善经济环境、整顿经济秩序和深化改革的政策。他们取得了重大的成绩，总的经济形势有了好转，国民经济取得了稳定的发展，通货膨胀得到了控制，改革开放取得了进展。

翻译测试参考答案

参考文献

Bibliography

[1] Bassnett S, Lefevere A. Constructing Cultures: Essays on Literary Translation [C]. Clevedon: Multilingual Matters, 2000.

[2] Bassnett S. Translation Studies[M]. Third Edition. Shanghai: Shanghai Foreign Language Education Press, 2004.

[3] Benjamin W. The Task of Translator [C]//The Theory of Translation:An Anthology of Essays From Dryden to Derrida. Chicago & London:The University of Chicago Press, 1923.

[4] Catford J C. A Linguistic Theory of Translation [M]. London: Oxford University Press, 1965.

[5] Davis K. Deconstruction and Translation [M].Shanghai: Shanghai Foreign Language Education Press, 2004.

[6] Derrida J. The Ear of the Other: Otobiography, Transference, Translation [M]. New York: Schocken Books Ltd., 1985.

[7] Derrida J.Positions[M]. Trans. Alan Bass. Chicago: University of Chicago Press, 1981.

[8] Robinson D.Translation and Empire: Postcolonial Theories Explained [M]. Manchester: St. Jerome Publishing, 1997.

[9] Nida E A, Taber C R.The Theory and Practice of Translation [M]. Leiden: Brill Academic Pub,1969.

[10] Schleiermacher F. On the Different Methods of Translating[M]. Trans. Douglas Robinson. Manchester: St. Jerome, 1997.

[11] Goldblatt H. The Writing Life [N]. The Washington Post, 2002-04-28.

[12] Gadamer H G. Truth and Method[M]. Trans. Joel Weinsheimer, Donald G. Marshall. London & New York: Continuum, 2006.

[13] Hatim B, Mason I. Discourse and the Translator[M]. London: Longman,1990.

[14] James J Y Liu. The Interlingual Critic: Interpreting Chinese Poetry[M]. Bloomington: Indiana University Press, 1982.

[15] Munday J.Introducing Translation Studies—Theories and Applications[M]. 李德凤，等译 . 北京：商务印书馆，2007.

[16] Lefevere A. Translation, Rewriting and the Manipulation of Literary Fame[M]. London & New York: Routledge, 1992.

[17] Newmark P. Approaches to Translation [M]. Oxford: Pergamon Press, 1981.

[18] Nord C. Text Analysis in Translation: Theory, Methodology, and Didactic Application of a Model for Translation-Oriented Text Analysis[M]. Amsterdam-Atlanta: Rodopi,1991.

[19] Nord C. Scopos, Loyalty and Translational Conventions [J]. Target, 1991, 3（1）: 91-109.

[20] Nord C. Translating as a Purposeful Activity: Functionalist Approaches Explained [M] . Manchester: St. Jerome Publishing, 1997.

[21] Shuttleworth M, Cowie M. Dictionary of Translation Studies [M]. Manchester: St Jerome, 1997.

[22] Simon S. Gender in Translation—Cultural Identity and the Politics of Transmission [M]. London: Routledge, 1996.

[23] Venuti L. Rethinking Translation: Discourse, Subjectivity, Ideology[M]. London & New York: Routledge, 1992.

[24] Venuti L. The Scandals of Translation: Towards an Ethics of Difference[M]. London & New York: Routledge, 1998.

[25] 蔡基刚 . 英汉汉英段落翻译与实践 [M]. 上海：复旦大学出版社，2001.

[26] 蔡元培 . 五十年来之中国哲学 [N]. 申报馆，1923-12-10.

[27] 曹明伦 . “五失本”乃佛经翻译之指导性原则——重读《摩诃钵罗若波罗蜜经抄序》[J]. 中国翻译，2006（1）: 51-54.

[28] 陈德鸿，张南峰 . 西方翻译理论精选 [M]. 香港：香港城市大学出版社，2000.

[29] 陈福康 . 中国译学理论史稿 [M]. 上海：上海外语教育出版社，1992.

[30] 范晓辉 . 培根《论读书》的审美凝结 [J]. 双语学习，2007（20）: 182-183.

[31] 冯庆华 . 实用翻译教程 [M]. 上海：上海外语教学出版社，2010.

[32] 傅雷 . 翻译经验点滴 [C]// 罗新璋 . 翻译论集 . 北京：商务印书馆，1984.

[33] 傅雷 . 傅雷文集・书信卷（上、下）[M]. 合肥：安徽文艺出版社，1998.

[34] 傅仲选 . 实用翻译美学 [M]. 上海：上海外语教育出版社，1993.

[35] 顾钧 . 鲁迅翻译研究 [M]. 福州：福建教育出版社，2009.

[36] 胡显耀，李力 . 高级文学翻译 [M]. 北京：外语教学与研究出版社，2009.

[37] 金圣华 . 傅雷的世界 [M]. 北京：三联书店，1998.

[38] 金圣华 . 傅雷翻译巴尔扎克的心路历程 [C]// 金圣华，黄国彬 . 因难见巧 . 北京：中

国对外翻译出版公司，1998.

[39] 李枫，田德蓓．局限与突破——反思斯内尔-霍恩比的翻译研究综合方法[J]. 合肥工业大学学报（社会科学版），2012（5）：60-64.

[40] 李枫，田德蓓．解构还是重塑：对韦努蒂翻译理论的再思考[J]. 中国比较文学，2012（4）：30-38.

[41] 李明．翻译批评与赏析[M]. 武汉：武汉大学出版社，2006.

[42] 李玉坤．鲁迅的翻译活动[J]. 中国民航大学学报，1989（3）：83-88.

[43] 连淑能．英汉对比研究[M]. 北京：高等教育出版社，1993.

[44] 刘超先．道安——我国翻译批评的先驱[J]. 中国翻译，1993（3）：51-54.

[45] 刘军平．汉语写作与百科知识[M]. 武汉：武汉大学出版社，2012.

[46] 刘军平．解构主义的翻译观[J]. 外国语，1997（2）：52-55.

[47] 刘军平．西方翻译理论通史[M]. 武汉：武汉大学出版社，2010.

[48] 刘宓庆．当代翻译理论[M]. 北京：中国翻译出版公司，1999.

[49] 刘宓庆．中西翻译思想比较研究[M]. 北京：中国对外翻译出版公司，2005.

[50] 卢少兵．西方翻译理论三个阶段发展论[J]. 武汉理工大学学报（社会科学版），2007（5）：691-694.

[51] 罗新璋．翻译论集[M]. 北京：商务印书馆，1984.

[52] 罗新璋．我国自成体系的翻译理论[C]// 罗新璋．翻译论集．北京：商务印书馆，1984.

[53] 马祖毅．中国翻译简史——“五四”以前部分[M]. 2版．北京：中国对外翻译出版公司，1998.

[54] 毛荣贵．翻译美学[M]. 上海：上海交通大学出版社，2005.

[55] 穆雷，等．翻译研究中的性别视角[M]. 武汉：武汉大学出版社，2008.

[56] 戎林海．翻译问题探微[M]. 南京：东南大学出版社，2010.

[57] 思果．翻译研究[M]. 北京：中国对外翻译出版公司，2001.

[58] 孙致礼．我译《傲慢与偏见》[J]. 解放军外国语学院学报，1991（4）：58-62.

[59] 孙致礼．翻译：理论与实践探索[M]．南京：译林出版社，1999.

[60] 孙致礼．译者的职责[J]. 中国翻译，2007（4）：14-18.

[61] 王秉钦．20世纪中国翻译思想史[M]. 天津：南开大学出版社，2004.

[62] 王福美．“辞达而已矣”——重读支谦的《法句经序》[J]. 上海翻译，2011（4）：77-80.

[63] 简·奥斯汀．傲慢与偏见[M]. 王科一，译．上海：上海译文出版社，1997.

[64] 王佐良．翻译研究论文集[M]. 北京：外语教学与研究出版社，1984.

[65] 王佐良．思考与试笔[M]. 北京：外语教学与研究出版社，1989.

[66] 许钧 . 当代法国翻译理论 [M]. 武汉 ：湖北教育出版社，2001.

[67] 许钧 ：翻译论 [M]. 武汉 ：湖北教育出版社，1999.

[68] 许威治 . 中西翻译理论的差异性比较及其启示 [J]. 语文学刊，2009（9）：100-101.

[69] 许渊冲 . 翻译的艺术 [M]. 北京 ：中国对外翻译出版公司，1984.

[70] 严复 . 严复集（五）[M]. 北京 ：中华书局，1986.

[71] 袁邦株，林长洋 . 翻译研究 ：目的论与规范论的结合 [J]. 四川外语学院学报，2007（6）：116-120.

[72] 张健稳，梁海波 . 文化学派 : 你还要走多远？——对文化学派翻译观的反思 [J]. 山东文学，2007（10）：67-68.

[73] 张经浩 . 与奈达的一次翻译笔谈 [J]. 中国翻译，2000（5）：28-33.

[74] 张丽丽 . 当代西方翻译理论流派的划分 [J]. 南通大学学报（社会科学版）,2006（6）：83-86.

[75] 张美芳 . 功能加忠诚——介评克里丝汀 · 诺德的功能翻译理论 [J]. 外国语,2005（1）：60-65.

[76] 张美芳 . 翻译研究的功能途径 [M]. 上海 ：上海外语教育出版社，2005.

[77] 张淑贞,赵宁 . 图里与翻译规范理论 [J]. 重庆科技学院学报（社会科学版）,2009（6）：136-137.

[78] 庄绎传 . 英汉翻译简明教程 [M]. 北京 ：外语教学与研究出版社，2002.